江苏省人民检察院　编

检察研究

PROSECUTION RESEARCH

3

2023

法律出版社
LAW PRESS·CHINA
北京

图书在版编目（CIP）数据

检察研究. 2023年. 第3辑 / 江苏省人民检察院编
. -- 北京 : 法律出版社, 2023
ISBN 978-7-5197-8543-7

Ⅰ. ①检… Ⅱ. ①江… Ⅲ. ①检察机关－工作－中国
－文集 Ⅳ. ①D926.3-53

中国国家版本馆CIP数据核字（2023）第219729号

《检察研究》2023年第3辑
《JIANCHA YANJIU》2023 NIAN DI 3 JI

江苏省人民检察院 编

责任编辑 许 睿
装帧设计 李 瞻

出版发行 法律出版社
编辑统筹 司法实务出版分社
责任校对 朱轶佳
责任印制 胡晓雅
经　　销 新华书店

开本 787毫米×1092毫米 1/16
印张 10.5 字数 209千
版本 2023年9月第1版
印次 2023年9月第1次印刷
印刷 永清县金鑫印刷有限公司

地址：北京市丰台区莲花池西里7号（100073）
网址：www.lawpress.com.cn
投稿邮箱：info@lawpress.com.cn
举报盗版邮箱：jbwq@lawpress.com.cn

销售电话：010-83938349
客服电话：010-83938350
咨询电话：010-63939796

书号：ISBN 978-7-5197-8543-7
定价：35.00元

凡购买本社图书，如有印装错误，我社负责退换。电话：010-83938349

目录 Contents

检察工作现代化专题研究

以检察工作现代化助力社会治理现代化

李　军*

摘要：习近平总书记高度重视社会治理工作，对江苏推进社会治理现代化提出殷切期望。进入新发展阶段，我国社会治理现代化进程中仍面临着风险预防意识薄弱、协同治理机制不健全、智能化手段运用不充分等突出问题。在以检察工作现代化服务中国式现代化的进程中，检察机关应进一步更新监督理念，助力社会共建共治共享，完善监督体系，提升社会治理参与度，创新监督机制，助力社会风险预防，锻造监督能力，提升社会治理精准度。

关键词：社会治理　现代化　检察建议　风险预防

2023年7月，习近平总书记在江苏考察时，对江苏提出了"在推进社会治理现代化上实现新提升"①的重大要求，强调"江苏必须在保障和改善民生、推进社会治理现代化上走在前列"②，要坚持和发展新时代"枫桥经验""浦江经验"，完善社会治理体系，健全城乡基层治理体系和乡村治理协同推进机制，推进社会治理数字化③。习近平总书记的指示为江苏检察助力社会治理现代化指明了方向，提供了根本遵循。在以检察工作现代化服务中国式现代化的进程中，检察机关进一步廓清职能定位，找准助力社会治理现代化的

---

* 李军，江苏省苏州市人民检察院党组书记、检察长。

① 《在保障改善民生和推进社会治理现代化上走在前——论贯彻落实省委十四届四次全会精神》，载江苏省人民政府网，http://www.jiangsu.gov.cn/art/2023/8/7/art_60095_10975588.html。

② 《在保障改善民生和推进社会治理现代化上走在前——论贯彻落实省委十四届四次全会精神》，载江苏省人民政府网，http://www.jiangsu.gov.cn/art/2023/8/7/art_60095_10975588.html。

③ 张兰青：《践行"浦江经验"，推进基层治理现代化》，载《新华日报》2023年9月5日，第11版。

发力点和落脚点,显得尤为必要。

一、社会治理现代化面临的问题与挑战

(一)新兴领域风险预防意识依然薄弱

在《风险社会》一书中,贝克提出"工业社会在为人类创造了巨大财富的同时,也为人类带来了巨大的风险,人为制造的风险开始充斥着整个世界,在工业社会以后,人类进入一个以风险为本质特征的风险社会"①。当然,风险社会也并不缺少有效应对之策。有学者认为,风险是系统主观判断与自我认识评价的结果,是一种潜在的、非现实的损失,因此要加强对其评估与预防。② 在新的历史时代,习近平总书记反复强调"要善于运用底线思维的方法,凡事从坏处准备,努力争取最好的结果,做到有备无患、遇事不慌,牢牢把握主动权"。③ 习近平总书记的讲话体现的正是风险预防的社会治理理念。党的十八大以后我国进入社会治理模式,各种深层次矛盾和不确定性因素日益凸显,能否在发展改革中管控风险、守住底线是决定各项工作成败的关键。实际上,我国地方党委政府不乏风险预防的意识,但主要集中在社会治安、信访矛盾化解等相对传统的领域,而新兴领域的风险预防意识仍待进一步强化。我国社会已进入新发展阶段,新问题、新矛盾、新风险层出不穷,传统风险的预防模式已不足以应对当前复杂多变的发展环境。

(二)协同治理机制尚不健全

相较于传统的社会管理模式,社会治理作为一种新的国家治理模式,具有民主协商更充分、灵活性更高与回应性更强等优势。但社会治理模式也存在固有缺陷,如目标更难协调、利益冲突更加复杂以及资源分布更不均衡,潜藏着治理失灵的可能。④ 关于社会治理的参与主体与实现路径,党的二十大报告强调要"健全共建共治共享的社会治理制度,提升社会治理效能",即实现社会治理的"社会化"。而社会治理的"社会化"既需要政府机构间的协同,也需要政府与社会组织的协同。长期以来,我国社会组织的发展缺乏适宜的制度土壤和与之匹配的社会条件,多数社会组织尚在起步阶段。现阶段,关键领域社会组织匮乏,多数社会组织发育不健全以及运行不规范等情况并未有效改观,政府与社会组织协同治理的格局尚未形成。各部门合作意识还有待加强,协同治理的潜能未能充分激活。在部分新兴领域,由于立法规范的滞后性,在一定时期内易出现职能分工不清、责任边界模糊的状况,以致问题发生时,极易导致敷衍塞责、推诿扯皮的现象,上述情况很大程度上抵消了社会治理模式的内在优势。

---

① [德]乌尔里希·贝克:《风险社会》,何博闻译,译林出版社 2004 年版,第 2 页。

② 转引自王旭:《论国家在宪法上的风险预防义务》,载《法商研究》2019 年第 5 期。

③ 刘玉瑛:《提高七种能力　解决实际问题》,人民出版社 2020 年版,第 108 页。

④ 参见江必新、王红霞:《社会治理的法治依赖及法治的回应》,载《法制与社会发展》2014 年第 4 期。

（三）社会治理的数字化运用不足

数字化是社会治理现代化的时代要求，习近平总书记指出要"充分利用互联网、大数据、云计算等信息技术创新服务模式"[①]"用好大数据，增强利用数据推进各项工作的本领，不断提高对大数据发展规律的把握能力"。[②] 人工智能时代已然来临，大数据、云计算、智慧城市建设等已经成为提升社会治理效能的重要手段。受制于干部理念认知、基础设施建设、专业队伍素质等因素，多数行政部门推动信息化赋能社会治理的动能不足，部分领域的信息化建设滞后于社会治理需求，致使社会治理问题线索稀缺、应对效率不高、应对手段单一。此外，由于缺乏自上而下的顶层设计以及横向间的部门协同机制，全方位、系统化的信息共享机制尚未形成，各治理主体间的数据壁垒仍然存在，严重制约了社会治理的数字化水平。[③]

二、检察工作现代化助力社会治理现代化的实践

（一）制发社会治理检察建议

社会治理类检察建议既是检察机关延伸办案效果的关键路径，也是检察机关能动履职、深度参与社会治理的重要载体。苏州市检察机关率先改进检察建议工作机制，目前已经取得了一定成效：一是治理领域广泛，近三年，苏州市检察机关共制发300余份社会治理检察建议。检察建议聚焦社会治理领域深层次、典型性问题，覆盖安全生产、未成年人保护、社区矫正、职务侵占以及个人信息保护等社会治理问题多发领域，多数检察建议能够在充分调查、详细论证的基础上提出具有针对性和可操作性的举措。二是协同对象丰富，涉及行政机关、政法机关、事业单位、社会组织、企业等多个组织类别。三是治理成效突出，苏州市社会治理类检察建议实现回复率100%。针对部分易反复问题，检察机关在建议发出后，持续跟踪、督促落实，直接推动相关部门建章立制，实现长效治理。其中，最高人民检察院优秀检察建议2份，全省优秀检察建议20余份，多份建议获得地方党委、政府主要领导批示肯定，直接推动辖区建立专项治理机制或开展专项行动，取得了良好的治理效果。

（二）开展涉案企业合规改革

企业治理是社会治理的重要组成部分，社会治理现代化离不开企业治理现代化。涉案企业合规改革是检察机关充分发挥检察职能优势，服务经济社会高质量发展的一项重要制度创新，对于提升企业核心竞争力、打造法治化营商环境具有重要意义。作为全国首批试点地区，苏州市检察机关深入推进涉案企业合规改革工作，加强涉企案件诉源治

---

① 习近平：《论把握新发展阶段、贯彻新发展理念、构建新发展格局》，中央文献出版社2021年版，第531页。

② 《习近平：实施国家大数据战略加快建设数字中国》，载中国共产党新闻网，http://cpc.people.com.cn/n1/2017/1209/c64094-29696290.html。

③ 参见肖丹：《四维视角：社会治理现代化的困境和对策研究》，载《广西社会科学》2019年第2期。

理，助力打造企业信赖的法治化营商环境。三年来，苏州市两级检察机关不断探索和实践，累计办理合规案件近 80 件，合规案件量约占全省的 1/6。其中，53 件合规案件适用第三方机制，适用率达 69%，居全省前列；2 起合规案件入选最高人民检察院合规试点典型案例。苏州市检察机关在推动涉案企业合规整改的同时，还注重进行两方面的探索：一是落实风险预防理念，检察机关着眼于企业未来发展，注意总结类案风险点，延伸履职广度深度，注重加强诉源治理，增强同行业企业抵御和防控风险的能力，拓展合规成效惠及面，确保合规成果常态长效。二是构建协同治理格局，在对企业采取从轻处理措施后，联合行政监管部门持续关注其合规体系建设、运用情况，及时向行政监管部门提出改进行政监管、堵塞监管漏洞的建议，筑牢预防企业再次犯罪的防线。

（三）探索大数据法律监督

数字检察是检察工作现代化的重要依托，也是社会治理数字化的检察实践。要更好地发挥检察机关法律监督在完善社会治理体系中的职能作用，关键就是要放大检察履职的治理优势，在个案办理到类案监督、系统治理的路径上，打开更大的切入口、突破口。① 近年来，苏州市检察机关积极探索“模型 + 数据”双轮驱动发展路径，紧扣“四大检察”，全面推进大数据法律监督场景覆盖，通过数字赋能，拓宽监督视野、消除监督盲点、延伸监督触角。一是聚焦数据资源，推进共享思路创新。明确“多源互补”“市场优先”“技术赋能”三大数据获取原则，鼓励两级检察院合理区分落地、接口、协查数据三种需求形式，降低获取难度，通过市场化采购等方式打破获取僵局，利用技术手段对异构数据统一处理，降低获取门槛，共归集政法、政务、互联网数据近千万条，与多家行政机关、单位建立数据共享机制。二是聚焦模型建设，推进技术赋能创新。建成“数据处理、模型场景、研判分析”三大平台，畅通检察工作网与政务网、政法网、互联网融合通道，完成“图、文、音、像”四类人工智能能力图谱覆盖，支持八大种类型数据处理，能够对近百种文书进行精准识别、分析，累计为两级检察院推送线索 40,000 余条。如以“数字未检”为切入口，聚焦“三类场所”监管治理和入职查询、从业禁止制度落实等领域构建监督模型，锁定未处罚到位问题场所线索 64 条，成案 13 件；在密切接触未成年人的岗位中排查出 50 人存在相关处罚记录，据此核查处理 24 人，向其他地市移送线索 26 条，制发检察建议、风险提示函 8 份。三是聚焦监督应用，推进社会治理创新。在社会治理“小切口”上做“大文章”，以数据模型“小场景”撬动“大共治”。围绕执法不严、司法不公等问题高发领域，精准切入、靶向监督，如针对以挂靠形式骗取生育保险基金的行为，比对社保、税务、市场监督管理等部门数据摸排线索，立案查处 21 件 55 人，挽回国有资产损失 7120 万余元，并通过检察建议推动全市社保系统健全制度、堵塞漏洞，有力维护社保基金安全。

---

① 参见贾宇：《论数字检察》，载《中国法学》2023 年第 1 期。

三、检察机关助力社会治理现代化实践中存在的问题

(一)检察干警参与社会治理的动能不足

社会治理是检察办案的延伸,但囿于案多人少的现实压力,部分检察干警对参与社会治理尚存在“多此一举”的认识,这引发了两个方面的问题。一方面是拓展新领域的主动性不强。部分干警长期办理危险驾驶、盗窃、诈骗等案件,由于办理传统案件的工作惯性,对新类型案件缺乏深挖、拓展的主动性,而新领域社会治理问题往往隐藏在较为“冷门”的案件类型中。另一方面是新领域专业能力的建设不足。相较于传统犯罪,信息科技、金融证券、知识产权等领域专业性更强,新兴犯罪对检察官的专业能力要求更高,而专业能力的局限一定程度上限缩了干警参与社会治理的视野。

(二)协作共治的理念尚未完全建立

实证研究表明,当前检察机关参与社会治理的广度和深度仍然有限,质量也并非尽如人意,被建议单位形式化回复、无实质性整改、敷衍塞责情况仍然存在。究其原因,对内而言,部分检察官在参与社会治理时依然存在检察主导的思维惯性,突出表现为重寻求刚性权力依托、轻检察建议质量建设。对外而言,社会治理的主体或多或少对检察监督存有戒备心理。以数据共享为例,部分平台未完全对检察机关开放,致使关键数据无法畅通分享,数据壁垒、“数据孤岛”现象仍然存在,检察机关面临着关键信息掌握不充分、收集途径狭隘、收集能力受限等突出问题,人为限制了社会治理的智能化效果。

(三)参与治理的精准度有待提升

相较于有限的司法资源,社会治理存在监督量大、基础面广、治理面复杂的特点,因此,提升检察机关参与社会治理的精准度是客观必要之举。但实际情况并不尽如人意,以社会治理检察建议为例,主要存在以下问题:一是对象选取不合理。当行业内多个主体出现同一类问题时,已充分表明问题的普遍性,针对此种情形,应尽可能选择向行业主管部门制发,但实践中却存在逐一制发现象,限制了检察建议的治理效果。与之相反,亦存在仅有一家单位出现问题,却直接向主管部门制发建议的情况,有小题大做之嫌。而同一问题涉及多个主管部门职能,需要多部门综合施策、同向发力时,若仅向其中一个部门制发建议,无法从根本上解决问题。二是制发建议不及时。及时发现问题并提示风险也是检察建议追求的价值之一,个别检察建议发出时间与案件办结时间间隔较长,原本的苗头性、倾向性问题因未受阻断,可能演绎成现实问题并造成实际后果。三是调查核实不全面。部分建议调查核实程序流于形式,个别建议甚至出现了未核实清楚制发对象职能即轻率制发、制发对象已经采取整改措施又重复制发的情况,有损检察权威。

四、检察机关助力社会治理现代化的路径

(一)以监督理念现代化助力社会共建共治共享

“共建共治共享”是社会治理现代化的内在要求。社会事务的公共性、社会关系的合

作性、社会利益的包容性决定了我们在处理社会问题时既不能仅依赖政府，也不能各说各话，而需要协商共建、合作共治、包容共享。[①] 在双赢多赢共赢的基础上，检察机关参与社会治理还应进一步确立协作式治理理念。法律监督不止于强制性，还具备教育和倡导的功能。完全依赖于刚性效力并非检察机关取得社会治理效果的最佳路径，协作式治理模式同样值得重视。如多数社会治理检察建议案例所示，社会治理类检察建议具有与一般监督权迥异的非强制性、服务性和协商性特质，较为容易获得其他治理主体的认同，能够最大限度地凝聚治理共识，实现社会治理主体间的良性互动。基于协作式治理模式的优势，有理由将其作为检察机关参与社会治理的首选方式。但是，主张协作式治理并不完全排斥刚性效力的支撑作用，只是要遵循比例原则，突出层次性和递进性，即在协作式治理模式失灵时，及时采用借力式赋权模式督促社会治理主体依法履职，直至以提起诉讼的方式维护法律监督权威。

需要注意的是，部分检察干警在参与社会治理的过程中还存在这样一种思维误区，即认为检察机关只有创造了可触可感的治理业绩才是真正地参与社会治理。实际上，有别于经济发展部门的增量思维模式（如税收、财政），除了打击犯罪、服务保障经济发展这一常规的社会治理思维外，检察机关还应树立减量思维，即通过司法干预机制帮助党委、政府解决了多少具体问题、消灭了多少深层隐患，或是提出了哪些成本低、可操作性强的妙招、高招。

（二）以监督体系现代化提升社会治理参与度

社会治理具有监督量大、基础面广、治理面复杂的特点，如何从海量社会问题中寻找到有价值的监督线索，成为检察机关助力社会治理现代化面临的首要问题。当前，检察官往往囿于条线职能就案办案，参与社会治理的视野较为狭窄，社会治理的参与度不高。数字检察虽是检察机关拓展监督范围的重要依托，但构建监督模型的前提是线索的有效挖掘与评估。为此，应当进一步完善检察“纵向一体、横向协同”体系，形成“四大检察”有机贯通、互相支撑、融合发展的格局。通过强化线索发现、线索移送、线索处置，综合运用审查、调查、侦查三种履职方式，有效整合资源，全量归集监督线索，全力提高线索成案率，以体系严密、配合有力、联动高效的法律监督新模式提升社会治理参与度。

（三）以监督机制现代化助力诉源治理

习近平主持召开中央全面深化改革委员会第十八次会议强调，“法治建设既要抓末端、治已病，更要抓前端、治未病……推动更多法治力量向引导和疏导端用力……从源头上减少诉讼增量”[②]。长期以来，我国的司法政策主要采取的是回应型司法规制模式，该

---

① 参见夏锦文：《共建共治共享的社会治理格局——理论构建与实践探索》，载《江苏社会科学》2018 年第 3 期。

② 参见《完整准确全面贯彻新发展理念　发挥改革在构建新发展格局中关键作用》，载《人民日报》2021 年 2 月 20 日，第 1 版。

模式有其明显的缺陷,如无法阻止不可逆损害后果的出现,以及反应的滞后性和修复成本的高昂性等,在环境损害、生态保护等领域尤为明显。实际上,在整个社会治理体系中,相较于负有服务、监管职责的行政机关及其他参与主体,检察机关处于治理环节的后端,这决定了诸多违法性问题最终将汇集到检察机关。检察机关在办理案件的同时,更易察觉到社会治理中存在的普遍性、深层次的风险隐患。检察机关基于自身专业优势,应当善于在总结分析案件的基础上提出法治化的治理方案,更有责任将司法经验转化为治理效能。实际上,社会治理类检察建议、企业合规改革、公益诉讼诉前程序等司法实践都已表明,我国已经构建了与司法规制并重的另一种监督机制——司法干预。司法干预模式构筑了检察机关向治理前端反馈的制度化渠道,其核心要义体现在对风险的前瞻性和预防性上,注重在违法犯罪风险尚未造成实际损害或损害尚未扩大化的情况下对其进行干预和遏制。其背后体现的正是“源头预防、前端化解、关口把控”的预防性治理理念。下一步,检察机关应进一步完善司法干预监督机制的构建,包括从考核评价切入提升检察干警风险预防的主动性,通过案件化办理提升风险预防的规范性。

(四)以监督能力现代化提升社会治理精准度

检察干警长期处在司法办案一线,在法律专业知识的掌握与运用方面具有显著的比较优势。但是,社会治理涉及诸多行业领域,具有专业性强、壁垒性高等特点,检察干警能否全面了解并精准把握各领域专业知识有待评估。实践中,因检察建议的质量问题,部分检察干警曾经遭遇“外行指导内行”的质疑。检察机关赢得认同的关键在于检察建议的质量和价值,而非外在的约束力。检察建议能不能让人信服,从而发挥作用,就在于问题是否把得精准,对策是否提得高明。[①] 因此,监督能力的建设是检察机关参与社会治理的当务之急。要通过开展岗位练兵、组建专业化办案团队、开展社会治理共同体同堂培训,有针对性地提升检察干警各领域专业能力,以过硬的检察队伍为社会治理现代化提供有力支撑。

---

① 参见黄文艺、魏鹏:《国家治理现代化视野下检察建议制度研究》,载《社会科学战线》2020年第11期。

以基层业务考核科学化助推检察工作现代化

薛国骏*

摘要:以检察工作现代化服务中国式现代化是检察机关的中心任务。业务考核作为一种手段,是否科学直接关系到检察工作现代化任务能否落实。目前,理论实务界对检察工作现代化内涵研究较多,但对于如何准确把握最高人民检察院案件质量主要评价指标体系蕴含的价值观、方法论,构建基层检察业务考核体系及发挥相应作用研究不多。只有立足司法实践,找准业务考核体系的定位以及基层检察院的实际需求,才能通过优化管理,助推基层检察工作现代化,实现整体检察工作现代化。

关键词:基层业务　考核科学化　检察工作现代化

中国式现代化是在法治轨道上的现代化,检察工作现代化是法治现代化的重要组成部分,是中国式现代化的重要保障。检察工作现代化重心在基层,离不开基层检察工作现代化。基层检察人员占检察队伍总量的74.5%,每年办案量占检察机关办案总数的90%以上。[①] 既然基层检察工作现代化十分重要,那么我们要探索的路径在哪里?关键变量有哪些?这些都需要加强研究,提出合理化的方案。

一、基层检察业务考核的制度、实践语境

检察工作现代化要在现代化管理制度基础上实现,业务考核是一种制度,是现代组织管理的一部分。检察业务考核要围绕检察工作现代化目标任务,将相关理念、机制等要素融入其中,约束各检察业务部门,指引检察职能履行和检察权运行沿着正确方向前进。

---

* 薛国骏,江苏省淮安市人民检察院党组书记、检察长。

① 参见《最高检:基层检察办案量占总数90%以上,不允许入额不办案》,载澎湃新闻2020年10月14日,https://www.thepaper.cn/newsDetail_forward_9555122?ivk_sa=1023197a。

（一）基层检察工作现代化的目标任务

基层检察工作要紧紧围绕检察工作理念、体系、机制、能力现代化等方面深入调研、扎实推进，不断提升服务中国式现代化的能力和水平。基层检察工作现代化与基层业务考核体系息息相关，实现基层检察工作现代化关键是要把握两个方面：其一，“人”的现代化，即理念、能力的现代化；其二，“案”的管理现代化，即体系、机制的现代化。其中，“案”的管理现代化尤为重要。因为，其既要求高素质人才来进行办理，关系到理念、能力的问题，又对能动履职、法律监督提出更高的要求。对于基层检察院而言，一方面，“老黄牛”式检察人员固然要鼓励，但其更为需要的是能在复杂案件面前一锤定音的检察官，能在法庭上面对著名律师毫不胆怯的公诉人。另一方面，高质效办好每一起案件是基本的价值追求，既要通过业务考核优化管理，引导检察人员树立系统观念、突出业务重点、体现工作实绩、注重社会效果、统筹质量数量，又不能完全依赖考核，不能完全为业务数据所“累”，要避免出现离开考核就不会抓业务工作现象。

（二）基层检察工作现代化的具体实践

现代化是循序渐进的现代化，是内涵不断丰富和拓展的现代化。基层业务考核就是要顺应检察工作现代化的形势，发挥服务、保障、促进作用。近年来，刑事、民事、行政、公益诉讼“四大检察”格局成型，提出了客观公正、能动履职、双赢多赢共赢等理念，构建捕诉一体办案模式，推进认罪认罚从宽、精准量刑等做法；探索民事正卷副卷一并调阅制度，开展虚假诉讼、生效裁判监督等专项监督活动，深化审判违法监督和民事执行监督，履行支持起诉职能；推进行政争议实质性化解、行政执法与刑事司法“双向衔接”；公益诉讼聚焦法定领域“深耕细作”，推进在“等”外领域探索破题。在此过程中，最高人民检察院高度重视检察业务的评价。2020 年 1 月，最高人民检察院首次印发《检察机关案件质量主要评价指标》，建立了以“案—件比”为核心的案件质量评价指标体系，并先后进行两次修订，以更好发挥评价指标“指挥棒”“风向标”的作用。

（三）基层检察业务考核的实证分析

检察工作现代化具有自主性、内生性，全面实现质量变革、效率变革、动力变革。检察业务考核的出发点、落脚点都是服务检察工作现代化。2023 年 3 月，最高人民检察院修订《检察机关案件质量主要评价指标》。在此之前，各地进行了探索，主要有两种模式：一是省检察院统管模式。有的省检察院对基层检察院业务考核制定统一的标准，授权市检察院负责考核，从检察业务运行情况、案件质量状况、公众评价等多维度进行考核。二是市检察院负责考核模式，由市检察院自行组织对基层检察院的考核。其中，有的对各业务条线分别设置不同权重，采取百分制或千分制；有的设置月度优先奖，根据基层检察院月度业务指标排名赋分，纳入年底考评；有的考核案件管理、案件信息公开、调研、检委会以及平等保护民企等工作。大体上，考核主要关注办案数，且条线考核汇总排名，易导致基层检察院忽视办案质量、效果，且业务部门各自为政、监督合力不足。

二、现代化进程中基层检察业务考核需把握的关系

如何实现检察工作现代化,做到“有质量的数量、有数量的质量”? 如何平衡数、质? 如何妥善处理其他关系? 这需要在设置业务考核体系时思考。当前,需要研究的问题有三个:一是从时代背景看,实现“检察一体化”及“四大检察”全面充分协调发展,需要研究对基层检察业务如何进行综合考核。二是从司法理念看,对于“在办案中监督、在监督中办案”等新理念,在基层检察业务考核中要予以体现,对检察人员要加以引导。三是从目标任务看,法律监督已从“能不能监督”“有没有监督”转变为“监督好不好”“质量优不优”的更高层次,需要打破就案办案思维,发挥业务考核体系作用,努力提供更多优质的法治产品、检察产品。

(一)与“检察一体化”的关系

因应四大检察任务,亟须凝聚合力实现检察机关法律监督的总体目标。[①] 过去,基层检察工作存在业务融合不充分,跟进监督、接续监督不严密等问题,这与传统业务考核模式有一定关联,即上级检察院条线考核后汇总成绩再作出评价。在此种考核模式下,易衍生出业务部门各自为政、相互配合程度不高等问题。检察一体化的内涵是上下一体、横向协作、内部协同的检察一体化。[②] 设置基层检察业务考核指标时,要着眼于“检察一体化”的背景,对干什么、怎么干,怎么实现一体监督、接续监督等,以及如何保证质量、效率、效果,作出细致说明。当前,需要解决两个难题:一是对基层检察院考核是整体考核,而检察人员考核是个人考核。既不能把整体指标分解到个人,也不能个体脱离整体,如何实现相互促进,需要加强研究。二是最高人民检察院案件质量指标体系,对于一些地方而言,一些指标能够直接套用,但一些指标需变通适用,而如果变通不当,则可能产生消极效果。

(二)与规范检察权运行的关系

检察权运行规范化是检察工作现代化的保障。“检察权运行机制是检察权能得以实现的一系列制度安排,它是法律监督作用于监督对象的权力结构、运作程序和具体方式。”[③]基层检察业务考核要考虑以下因素:其一,法律监督活动与检察工作之间关系。对基层检察院的考核,除了业务指标外,对于其他的延伸工作,包括服务企业发展、参与社会治理等怎样考核,权重怎么设置? 在大多数指标以“率”形式出现,多数指标均能完成的情况下,如何考核基层检察工作成绩的优劣,如何防止基层检察院过度追求排名从而在延伸检察工作上突破检察履职边界,对此需要进一步思考。其二,公诉(公益诉讼)权、侦查权、监督权涉及运行态势把控。最高人民检察院设置了 46 项“率”指标,突出检察权

---

① 参见刘志刚、平凡:《法律监督体系与监督能力现代化进程中的检察监督》,载《河北法学》2022 年第 11 期。

② 参见韩东成:《检察一体化内涵要义》,载《检察日报》2022 年 7 月 26 日,第 3 版。

③ 吴建雄:《检察权运行机制研究》,载《法学评论》2009 年第 2 期。

运行的质量。但对于基层检察院而言，除了“率”的要求，是否还要评价“数”，最高人民检察院强调的是“质”，但如果不在基层检察业务考核中予以体现，则可能出现“一抓就死”“一放就乱”的现象，业务上怠于履行监督职责，为实现“率”的100%，某项监督就办一个案件，这种情况应当引起警惕。

（三）与检察业务管理的关系

检察管理现代化是检察工作现代化的必然要求。业务考核是检察管理的手段，目的不应当是排出基层检察院的成绩高低，而应当是对检察机关整体工作情况综合分析后，提出措施补齐短板，促进高质量发展。过去，一些检察院主动运用考核提升检察管理水平的意识不强，存在考核与管理“两张皮”现象，为考核而考核，重排定名次、轻业务管理，考核方式过于复杂、增加“考核”负担。有的市级检察院没有对考核指标进行定期评估、动态调整，一套指标用几年，降低了考核效果。总体而言，应通过业务考核，引导基层检察人员正确理解和适用刑事法律，促进民事诉讼理念、政策、导向创新，行政检察“一手托两家”，公益诉讼优化案件结构。

三、基层检察业务考评体系的反思

不断完善案件质量评价指标体系，努力提升以检察工作现代化服务中国式现代化质效。目前，最高人民检察院出台案件质量主要评价指标体系，对于下级检察院而言，关键在于贯彻落实。因此，有必要对基层检察业务体系进行反思，探索构建科学合理的机制。

（一）基层检察院业务考评要达到什么目的

要厘清这个问题，首先要明确业务考评目的、功能是什么？案件质量主要评价指标事关检察机关司法为民、公正司法的初心，事关高质效办好每一个案件的基本价值追求，必须立足检察基本职能，力求科学合理、务实管用，促进全面提升法律监督工作质效，更好地以检察工作现代化服务中国式现代化。站在基层检察院角度看，其期望上级检察院制定的业务考核体系，能够激发和调动基层检察院多办案、办好案的积极性。但如果仅仅是为考核而考核，则容易引起消极对待。过去，基层检察院反映比较多的就是“量化”考核模式，认为“好计算、好操作”，但难以精准评价，且易使基层检察院产生“政绩观”偏差，片面追求加分和排名，忽视发展内涵和质量。总体而言，如果考核方向不准，无论数据多好看，都不能代表检察健康发展的态势。

（二）基层检察业务考核应当是什么样的考核

基层检察业务考评是一项复杂的工程，需要精细化，但要防止“事无巨细、面面俱到”。对于基层检察院而言，对上级检察院的考核体系，不能采取“拿来主义”、照搬照抄，而是要构建一套“本地化”机制，推动固强补弱、扬长避短。比如，行政裁判案件监督率、行政抗诉改变率、行政再审检察建议法院采纳率等，虽然是最高人民检察院案件质量主要评价指标，但对于一些基层检察院而言，没有此类案件就不能不顾实际下达指标，即使下达指标也可能沦为无效指标,失去应有的意义。当然,不是这项业务不要干,也可以通过考核贡献度等方式予以激励。另外,一些基层检察院长期存在的"案多人少"难题,事实上还在加剧。这反映出一方面,检察办案要求越来越高,而考核机制、模式未做大的变动,系统化、精细化跟不上。另一方面,实践中,业务考核是一个框,什么都往里面装,包括信息、调研、宣传等,内容庞杂,眼花缭乱,并不了解或忽视基层检察院在做什么、做了什么,哪些工作需要紧紧抓在手上,哪些工作需要提示提醒,哪些工作还需要补齐短板等,这些都需要改变基层检察业务考核模式。

(三)基层检察业务考核要走向何方

基层检察业务考核是服务检察工作现代化的手段,要避免其成为不当追求成绩的工具。经过多年实践,基层检察业务考核,积累了一些经验方法,但未到成熟的地步。虽然最高人民检察院反复强调要重视业务质效,但就目前基层检察业务考核而言,实质仍是结果评价,也逐步重视过程评价,但业务会商研判机制作用发挥不明显,业务数据通报"制约性、指引性"不强。另外,检察机关要重视服务保障发展大局,对参与市域治理、护航民企发展以及监督线索相互移送、工作协作配合等也要进行评价,但无论如何评价,均要防止叠床架屋、重复评价。同时,由于考核指标绝大多数采用"率"的形式,看起来标准有所降低,要避免基层检察院放松业务工作的要求,要理解新考核指标的实质是防止过去的为数据而数据,该履职的要充分履职,该监督的要积极监督,而且要高质量地监督。

四、构建助推现代化的基层检察院业务考核体系

检察工作现代化是包括基层检察工作在内的现代化。要通过优化业务考核体系,引导基层检察人员树牢现代化理念,高质效办好每一起案件,为大局服务、为人民司法、为法治担当。

(一)准确把握案件质量主要评价指标内涵

推动检察工作现代化,要树立正确的政绩观,坚持严格依法、实事求是,不能有"数据冲动"。[①] 2023 年 3 月,最高人民检察院通过修改后的《检察机关案件质量主要评价指标》,确定了 46 项重点指标,对此要深入理解、贯彻落实,确保基层检察业务考核方向不偏:(1)指标基本价值追求是高质效办好每一个案件。"案—件比"是核心指标,指标类型是"通用指标 + 各类业务指标"。(2)指标评价更加切合实际,如取消"撤回抗诉率",撤回抗诉案件体量小,指标实践意义不大,保留"刑事抗诉率",但在提出抗诉中扣除了撤回抗诉数。(3)指标分为通报值指标、竞争性指标、中性指标,通报值指标以达标计,竞争性指标排名争优、中性指标反映检察办案态势。最高人民检察院设置指标时,对业务质效保持一种理性引导态度,不苛求"极值",鼓励将办案资源更多优化到提升监督质效上。

---

① 参见巩宸宇、常璐倩:《新时代检察履职解读"十问"》,载《检察日报》2023 年 7 月 21 日,第 1 版。

另外，还具有以下特点：(1)注重全面评价。既注重质量，又兼顾合理的数量。立案监督、侦查监督、民事行政裁判监督、公益诉讼等业务中，设置体现力度的监督率与体现质量的采纳率、整改率指标。(2)注重整体评价。强调"评价指标是对一级检察机关业务进行的整体评价，不是对某个部门或者某个部门的某项具体工作的评价"，如内部移送法律监督线索成案率，强化落实监督办案一体化的要求。(3)注重组合评价。将13组28项指标进行组合评价，强调指标之间的协调性、关联性。比如，把民事裁判案件监督率与抗诉改变率、再审检察建议法院采纳率组合评价，兼顾监督力度和质量。(4)注重实绩评价。没有指标不行，唯指标也不行，虚假的指标更不行。中性指标和达到通报值的指标不得排名。在把握最高人民检察院业务考核内涵的基础上，要根据本地案件类型、办案特点等，制定基层检察业务考核体系。

（二）注重基层检察业务考核的针对性

当前，基层检察办案形态主要有：其一，体力型。办理酒驾和交通肇事等简单的案件，办案数量很大，体现为办结案件。其二，质量型。办理重大疑难复杂案件，且能够保证准确无误，体现为办好案件。其三，延伸型。除了办准案件外，还要做好纠正违法、制发再审检察建议、抗诉等工作，体现监督力度和刚性，且自觉向其他部门移送监督线索。其四，品牌型。推出指导性案例等，创新办案方法、工作机制。针对上述办案形态，设置基层检察业务考核体系应当遵循以下原则：一方面要体现"有质量的数量"和"有数量的质量"，可以采取通报方式，对各基层检察院办案数、监督数等进行提示，但不纳入考核。要更加突出质量、监督采纳率、整改率等，且通过设置负面清单形式，加强对责任性判决无罪案件等的考核。另一方面要体现高质效办好每一个案件的价值追求。通过业务考核指引，防止两种倾向：一是认为考核"率"多数指标都能完成，则放松检察业务工作的标准；二是离开过去"约束性极强"的业务考核，基层检察院抓业务无所适从，存在一种"无力"感。另外，既要避免法律监督被动性、碎片化、浅层次，又要推动延伸工作链。如检察机关在刑事诉讼中是参与最全、流程最长的机关，通过考核防止检察人员仅仅满足于办结案件，满足于参与审查批捕、审查起诉、出庭公诉等关键节点，而是要注重积极充分履职，如要加强立案监督、侦查活动监督、审判活动监督、刑罚执行活动监督等，同时要注意做好办案"后半篇文章"，提升服务大局成效。

（三）提升基层检察业务考核的可操作性

案件质量主要评价指标必须立足检察基本职能，力求科学合理、务实管用，更好以检察工作现代化服务中国式现代化。基层检察业务考核指标体系应当是对过去工作总结后，对未来工作情况进行的描述，每一个具体指标的设定都要反映基层检察院在某一方面的价值状态。设计基层检察业务指标时，可以采取以下方法：其一，框定指标大致范围。在最高人民检察院案件质量主要评价指标的基础上，可以结合自身实际，适当增加指标，但不应突破最高人民检察院指标"率"的范围，也就是不得与最高人民检察院指标体系相抵触。其二，注意发挥基层检察院作用。“中国式法治现代化的驱动力量，既有自上而下的推动，也有自下而上的推动。”①设置指标时，要对近年来本地业务状况进行整体分析，并吸纳基层检察人员参与，提出意见建议；根据基层检察工作任务的变化，对指标进行动态调整。其三，要避免业务指标权重过于失衡。实践中，以业务数据论绩效的传统理念和做法由来已久。量化评价，既是多年来市检察院对基层检察业务工作的管控，也形成基层检察院履行职责时予以重点关注的惯性。当前，最高人民检察院强调破除“数”的考核思想，但是对基层检察业务，仍然要通过一定方式对一些业务“数”提醒提示。如诉讼活动监督工作要做优做强，就要保持一定的监督规模。同时，要考虑不同指标的分值权重，如果权重设置不合理，也会影响业务考核功效。司法资源是有限的，必须让资源用在刀刃上，业务指标分值权重应综合考虑业务性质、难易、复杂程度等。如立案侦查司法工作人员职务犯罪难度较大，抗诉采纳率是最能体现刚性监督的“代表性”指标，对此赋予较高分值。其四，注重显性与隐性相结合。显性方面，“刑事司法并不是一项完全以产出为最终导向的活动，而是一项包含了广泛政策目标与更多价值实现的工作”②。通过考核“率”等指标，发挥“风向标”“指挥棒”作用。隐性方面，基层检察业务要体现“三个效果”相统一，建立配套措施，评价服务大局、社会治理领域等，推动基层检察人员不就案办案，把“努力让人民群众在每一个司法案件中都能感受到公平正义”落实到检察工作各方面、全过程。

---

① 彭中礼：《中国式法治现代化的法理意蕴》，载《求索》2023 年第 3 期。

② 郭松：《组织理性、程序理性与刑事司法绩效考评制度》，载《政法论坛》2013 年第 4 期。

检察工作现代化:独立价值、内在规定、整体目标和现实路径

韩彦霞　朱佩佩*

摘要:检察工作现代化是法治现代化在检察领域的具体体现,是法治现代化重要的有机组成部分。如何认知检察工作现代化的独立价值,把握检察工作现代化的内在规定,明确检察工作现代化的整体目标,进而探寻检察工作现代化的现实路径,是新时代检察理论研究必须回答的基本问题。在独立价值方面,检察工作现代化在法律实施体系、现代化监督体系和国家治理体系中产生独立价值;在内在规定方面,检察工作现代化应当具备时代品格、遵循客观规律、传承历史文化、引领法治文明;在整体目标方面,检察工作现代化应当形成检察制度的完备性、提升检察权运行的有效性和实现检察人员素能的适配性;在现实路径方面,应从检察理念现代化、检察体系和检察制度现代化、检察程序和检察机制现代化、检察能力现代化四个层面推进。

关键词:检察工作现代化　独立价值　内在规定　整体目标　现实路径

党的二十大提出"中国式现代化"的宏大命题,为我们深化理论、引领实践确立了新的范式,为我们提出并论证法治现代化及其检察工作现代化提供了理论前提和方法遵循。检察工作现代化是法治现代化在检察领域的具体体现,是法治现代化重要的有机组成部分。因此,如何认知检察工作现代化的独立价值,把握检察工作现代化的内在规定,明确检察工作现代化的整体目标,进而探寻检察工作现代化的现实路径,就成为新时代检察理论研究必须回答的基本问题。

---

* 韩彦霞,江苏省无锡市人民检察院法律政策研究室副主任;朱佩佩,江苏省无锡市梁溪区人民检察院崇安寺检察室副主任。

一、检察工作现代化的独立价值

(一)在法律实施体系中的独立价值

第一,刑事司法中通过与其他权力分工与制约,保障法律正确实施与人权保障。我国《宪法》和《刑事诉讼法》都规定了公检法三机关之间“分工负责,互相配合,互相制约”原则,同时《宪法》和《监察法》还规定了监察机关与审判机关、检察机关、执法部门的互相配合,互相制约。检察机关在刑事诉讼中通过将程序性分工与制约内嵌于法律实施的各个环节,以“持续在场”的方式直接作用于法律实施的过程之中,对于保障法律正确实施具有常态化功效。

第二,民事行政检察中通过诉讼监督,保障法律正确实施与权利救济。民事行政诉讼监督是对私权救济和公权监督的统筹,在监督体系之外,民事行政检察还具有权利救济价值。民事检察保障法律正确实施,必须通过裁判真实保障裁判“正确”。此外,作为深化行政检察的重要制度创新,行政争议实质性化解在行政诉讼监督之外延伸了其定分止争的功能。

(二)在现代化监督体系中的独立价值

第一,通过对规范性法律文件合宪性、合法性的监督,维护宪法权威。《立法法》规定最高人民检察院享有对行政法规、地方性法规、自治条例和单行条例合宪性和合法性提起审查的权利,以及《规章制定程序条例》规定检察机关享有对规章合法性提出审查的建议权。检察机关作为宪法规定的法律监督机关,在加强宪法实施和监督方面具有“分内责任”,并将产生“独特价值”。

第二,通过对诉讼活动中国家公权力的监督,落实人大监督。我国法律规定了人民检察院对民事诉讼、行政诉讼、刑事诉讼实行法律监督原则。诉讼监督贯穿整个刑事诉讼全过程,在民事诉讼和行政诉讼中也具有广泛的监督范围。同时,法律还将司法人员职务犯罪立案侦查的管辖权赋予检察机关,成为诉讼监督的刚性保障。诉讼监督承载了人大最高监督职能具体化的特定价值,强化诉讼监督是落实法律监督宪法职能的重要选择。①

第三,通过对行政违法行为的直接监督,强化行政监督。自党的十八届四中全会提出行政违法行为监督到行政公益诉讼入法,检察机关对行政权的监督从通过行政诉讼对行政权进行间接监督发展到对行政权进行直接监督。检察机关对行政权的直接监督在相当程度上补齐了诉讼监督与法律监督之间的差值。

(三)在国家治理体系中的独立价值

第一,通过检察公益诉讼维护公共利益和弱者权益。党的十九届四中全会通过的《中共中央关于坚持和完善中国特色社会主义制度　推进国家治理体系和治理能力现代

---

① 参见王海军:《“法律监督机关”的立法内涵、演进逻辑及内在机理》,载《现代法学》2022 年第 1 期。

化若干重大问题的决定》，提出要“拓展公益诉讼案件范围”和“完善生态环境公益诉讼制度”。这是通过法治进行国家治理的重要面向，彰显了公益诉讼在国家治理体系中的特殊价值。① 检察公益诉讼通过司法化的程序设计，激活、弥补现有制度机制中失灵、僵化、缺漏的环节，织密、织牢国家治理的制度体系，让其更加完整、完善、有效，从而在法治轨道上推进国家治理体系和治理能力现代化。②

第二，通过宽严相济刑事政策推动从治罪到治理的转变。随着轻微罪时代和法定犯时代的到来，犯罪惩治转向犯罪治理，“治理型司法”③由此形成。司法规律支配下形成的世界范围内的“放弃审判制度”④趋势，也决定了包括我国在内的检察机关在刑事诉讼中承担越来越多的主导责任。刑事司法治理在国家治理体系中更承担着专业性、规制性和强制性的治理角色，检察机关以认罪认罚从宽为依托施行缓和的刑事制裁机制，更是为刑事的刚性治理与国家治理现代化的进一步融合奠定了制度基础。

第三，通过检察机关主导企业合规促进市场治理。企业合规具有三重治理逻辑，合规是企业内部治理的重要方式，是社会犯罪治理的创新模式，是助推国家治理体系和治理能力现代化的重要举措。⑤ 检察机关针对单位犯罪的惩罚可能引发严重的负面影响，如企业破产、失业以及影响资本市场稳定等，这些影响通过企业合规制度体系得以软化甚至化解，以此促进市场治理并使国家在刑事合规中获得治理利益。

二、检察工作现代化的内在规定

（一）具备司法和法律监督的时代品格

第一，权利品格。权利救济方式从私力救济发展到公力救济，由此产生了司法，同时，从公权优位到私权本位，司法文明的现代性得以体现。法治的本质就在于约束权力和保护权利，作为法律监督机关，检察机关更是需要将权利保护作为检察工作现代化的必备品格。“法治语境下的法律监督，必须透过现象看本质，以公民基本权利保护为切入点。”⑥

第二，程序品格。程序正当既是法治现代化的重要标志，也是司法现代化的前提和基础。检察权主要是一项程序性权力，因此，检察权比任何权力都更需要涵养程序品格。

---

① 参见刘艺：《我国检察公益诉讼制度的发展态势与制度完善——基于 2017—2019 年数据的实证分析》，载《重庆大学学报（社会科学版）》2020 年第 4 期。

② 参见孙谦：“中国特色检察公益诉讼的制度与实践”，在第三届中国国家制度研究高峰论坛上的发言，2023 年 4 月于杭州。

③ 李红勃：《通过政策的司法治理》，载《中国法学》2020 年第 3 期。

④ 熊秋红：《比较法视野下的认罪认罚从宽制度——兼论刑事诉讼“第四范式”》，载《比较法研究》2019 年第 5 期。

⑤ 参见董坤：《论企业合规检察主导的中国路径》，载《政法论坛》2022 年第 1 期。

⑥ 魏晓娜：《依法治国语境下检察机关的性质与职权》，载《中国法学》2018 年第 1 期。

以周延性和体系性为主要形式标准和以公正、和谐、效率为主要价值标准的现代化司法程序，[①]对应于检察工作现代化中即要求检察程序具备法定性、逻辑性、时效性和公开性，用以支撑“四大检察”“十大业务”的规范运行。

第三，民主品格。政治、法治一体式现代化进程中，民主与法治互相依存，相互作用，有机统一于人类文明的核心价值和精神，民主更是现代司法文明必须具有的基本品格。对于检察权而言，“民主正当性是法律监督之正当性的根本来源，符合法律的法律监督活动于此意义上得到了政治意义上的确认”[②]。我国《宪法》贯穿着人民主权理念、基本人权理念，只有让民主理念在检察机关法律监督职能中得到充分发挥，人民群众才能对法治主导的中国式现代化更有信心。

（二）遵循司法规律和检察规律

规律是社会活动中本质的、必然的联系，这种联系不断重复出现，在一定条件下经常起着指导作用，并且决定着事物必然向着某种趋势发展的方向。司法规律是指贯穿司法运行并指引司法实现其根本使命的本质必然联系。本质的、必然的联系缘于司法运行中矛盾的相互作用，决定了司法规律具有不以人的意志为转移的客观性。

检察权是一项复合型权力，从权力属性上看，检察权兼具司法权、行政权的权力属性，检察权的运行需要遵循司法规律和检察规律。除了具有司法工作共通的规律外，检察权还有其自身的规律，这种规律不断重复出现，在一定条件下经常起作用，决定着检察工作的发展，其包括确立并开展检察工作的动机、目的以及检察工作构成要素之间的内在联系，以及检察工作与经济基础、宪制、司法、诉讼等事物的外在联系。

从中观和宏观层面来看，检察工作还需遵循法治现代化规律和中国式现代化规律。检察工作现代化从属于法治现代化和中国式现代化的整体进程，其既蕴含具有普遍意义的发展规律，又展现具体实践和现实运动的历史性、特殊性。

（三）传承中国历史文化

列宁指出：“马克思主义的全部精神，它的整个体系，要求人们对每一个原理都要历史地，都要同其他原理联系起来，都要同具体的历史经验联系起来加以考察。”[③]现代化不是与历史和文化的割裂，恰恰相反，现代化正是在吸取历史经验和传统文化的基础上发展起来的。检察工作现代化不能忽视文明的延续和中华民族的自我认同。

我国司法制度自始就是在历史文化的传承中发展壮大的，“人民司法制度是中国共产党在领导中国革命建设和改革过程中形成的适合自己法治发展道路的独特司法制度，深植中华法制文明和中华优秀传统法律文化，深耕中国革命、建设和改革实践，充分借鉴

---

① 参见何挺：《论司法程序现代化的标准》，载《法治研究》2013 年第 1 期。

② 秦前红、石泽华：《新时代法律监督理念：逻辑展开与内涵阐释》，载《国家检察官学院学报》2019 年第 6 期。

③ 中共中央马克思恩格斯列宁斯大林著作编译局编译：《列宁选集》（第 2 卷 · 第 3 版），人民出版社 2012 年版，第 785 页。

国外法治有益成果,既是‘两个结合’在法治领域的生动实践,也是中国式现代化的法治表达,具有无与伦比的生命力”①。

党的二十大报告要求“传承中华优秀传统文化”,检察工作现代化更要体现对历史文化的传承。中华法系包含的德主刑辅、出礼入刑的治理智慧,民为邦本、民贵君轻的民本思想,不禁而止、天下无讼的价值追求,援法断罪、刑无等级的平等观念等,都包含着法治文明的精髓。中国式法治现代化必然是传承中华法治文明的现代化。

(四)引领世界法治文明

人类法治文明新形态是在推进中国式法治现代化进程中创造的法治文明的中国形态,是具有丰厚历史文化资源的中华法治文明的当代形态,是超越“西方文明中心论”的世界法治文明崭新形态。② 中国式现代化的价值意蕴就是对人类文明新形态的创造意义,对西方现代化和传统现代化模式的超越意义,对发展中国家走向现代化的示范意义。③

中国检察工作现代化在丰富人类法治文明的理论内涵,创新人类法治文明的制度形态,拓展人类法治文明的道路选择,为人类文明互鉴提供中国经典范例,为变革全球治理体系贡献力量等方面要发挥引领作用。④ 检察工作现代化必然要为重新定义现代化的文明形态,丰富和拓展文明多样性和人类现代化路径选择的多元性,引领文明形态向更高水平跃迁提供范式。⑤

进入新时代,中国检察制度不断回归本土问题中的内涵发展道路,并且不断产生着检察制度的中国创新。作为具有独立权力形态的检察权、具有独特法律定位的法律监督机关,以及检察权中鲜明的司法性、政治性、人民性,一方面体现出检察制度的中国特色,另一方面也蕴含着检察制度、法政制度乃至政治制度中潜在的普遍规律,在为中国法律监督和检察提供中国方案的同时,也有条件、有能力对世界范围内检察制度形成引领。

三、检察工作现代化的整体目标

(一)形成检察制度的完备性

第一,监督定位科学明确。首先,检察体制改革促使检察权回归法律监督的功能定位。国家监察体制改革以及“四大检察”法律监督格局的形成,推动检察机关不断回归法律监督机关的宪制定位,形成检察机关以“诉”为基础的专业监督形态。其次,检察权的

---

① 郭彦:《传承与创新:人民司法制度的整体性逻辑》,载《法律适用》2023 年第 3 期。

② 参见公丕祥:《关于人类社会发展规律的法哲学阐释:习近平法治思想的原创性贡献初论》,载《江海学刊》2022 年第 1 期。

③ 参见傅慧芳:《中国式现代化:一个研究综述》,载“社科学人”公众号,https://mp.weixin.qq.com/s/VVNw_R7pBM5N0bXx5G9b5w,最后访问日期:2023 年 5 月 6 日。

④ 参见李林:《现代化中华法治文明及其世界意义》,载《中国社会科学》2022 年第 12 期。

⑤ 参见张晓萌:《中国式现代化是全新的人类文明形态》,载《经济日报》2023 年 4 月 20 日,第 10 版。

法律监督功能定位呈现强化趋势。国家监督体系和监督能力的现代化诉求，决定了专门法律监督机关要在提升监督手段、拓展监督范围等方面强化法律监督。最后，“检察权”与“法律监督”体现出历史与逻辑的统一。“检察权”在外延上拓宽法律监督的范围，法律监督更是从职权维度推动“检察权”概念内涵的发展，①“检察权”在坚持“法律监督”功能定位的前提下获得发展。

第二，职能体系成熟定型。其一，职能类型齐备。检察职能应全覆盖配置于民事、行政、刑事、公益诉讼法律领域，不仅要全面配置程序性职能还要全面配置实体性职能，且制约性、监督性、救济性职能要素周全，刚性职能与柔性职能属性相得益彰。其二，职能结构均衡。以“四大检察”“十大业务”为脉络形成的检察职能结构，对内以横向检察一体和不同检察职能全面协调充分发展为要求，对外以检察职能在司法系统、法政系统、法治系统、治理系统中对执法司法制约监督发挥最大效能，进而与其他主体协同推进治理现代化为追求。

第三，组织形式规范健全。检察工作现代化整体目标下，通过规范统一调用辖区内检察官履职、构建职责明确的四级检察机关组织关系、以跨行政区划检察院去行政化，对专业案件类型在机构上进行“四大检察”整合，探索符合现代司法责任规律的办案组织，在检察组织体系内部进行动态调整，形成四级检察机关履职各有侧重、上级检察机关可以整合下级检察机关力量、构建与行政区划适当分离的司法管辖制度，内设机构之间协调履职，办案组织顺应司法责任规律的有序的现代化检察组织体系。

（二）提升检察权运行的有效性

第一，保障法律正确实施。检察权运行从根本上要确保司法裁判正确适用法律，确保法律适用的结果得到有效执行，确保行政违法行为得到及时纠正，确保公共利益受到法律的有力保护。同时，检察权运行还要从根本上实现不同地区之间执法司法标准平衡，实现法秩序统一性原理落实于司法裁判，实现司法裁判从形式公正到实质公正的转化，实现以司法自由裁量权弥合立法失衡。

第二，促进权力制约监督与权利人权保护现代化。权力制约监督和权利人权保护是检察权运行价值现代化的一体两面。作为宪法规定的法律监督机关，检察机关围绕执法权、司法权系统发挥其在国家监督体系中的控权机能，形成检察机关在权力制约监督上的现代化价值。同时，新时代检察机关紧紧围绕“权利”之法治内核解决法治发展不平衡的问题，尊重和保障人权亦构成法治现代化的最典型特征。

第三，推动形成规制之治和秩序之治。“四大检察”职能通过参与诉讼和诉讼监督、法律监督保障法律正确实施，进而推动以规则为治理方式的治理体系的现代化目标。同时，随着风险社会的到来，民事检察在维护平等主体之间权利义务关系、行政检察在促进

---

① 参见王海军：《中国语境下的“检察权”概念考察》，载《中国法学》2022 年第 6 期。

依法行政、刑事检察在打击犯罪维护社会稳定以及公益诉讼检察在特殊领域化解社会风险等方面,都在守卫有序的安全的社会环境现代化上发挥其职能作用。

(三)实现检察人员素能的适配性

第一,检察职业主体达到专业化要求。专业化是特殊职业主体的基本要求。检察职业主体应当适应法治现代化的要求,在法律素能和职业操守等方面具有高度的卓越性,通过检察权的行使获得较高的职业声望,具有法律保障下的优厚地位,达到专业化的实质要求。

第二,检察职业主体具备理性精神和人文精神。理性精神和人文精神是辩证的统一体,二者反馈于规则正义和裁量正义的实践关系中,并最终推动现代法治从形式正义走向实质正义。理性精神要求检察官恪守客观中立义务,坚持程序正当。同时,法律又是促进人们自由且全面发展的保障,法治具有人文主义的侧面。

第三,健全科学的检察管理体制。一是形成现代化的人员分类和绩效评价体系。检察人员分类管理和员额制运行机制要更加科学,绩效评价机制要更加顺应司法规律。二是形成现代化的司法责任追究制。坚持权力、权利、责任高度一致,坚持责罚相当,形成完善的配套制度,具有畅通的救济渠道。三是形成现代化的检察职业保障体系。检察官物质保障和身份保障到位,检察人员具有较高的职业尊荣。

四、检察工作现代化的现实路径

(一)检察理念现代化

第一,政治上践行"以人民为中心"理念。首先,坚持党对检察工作的绝对领导。检察工作中既要依法独立行使检察权,又要发挥党委对检察工作的引领和指导作用。检察工作中要落实向党委请示报告制度,除了向党委和党委政法委员会年度报告全面工作情况外,还应当就特定重大事项进行报告。检察机关内部要通过党组成员与检察委员会委员身份的重合建立党组与检察委员会这一业务领导机构之间稳定的制度化关联。其次,围绕化解新时代社会主要矛盾全方位实现检察为民。检察工作要紧紧围绕新时代司法领域主要矛盾,旨在实现人民对美好生活的向往的新时代司法需求,尤其是实现人民群众在民主、法治、公平、正义、安全、环境等方面的司法需求。同时,检察权运行要积极参与国家治理和社会治理,检察职能超越现有"权力能力"在法律规范的权限内向治理体系延伸。最后,强化刑事法律领域人权保障。进入新时代,要强化刑事诉讼、刑事执行和刑事监督环节人权保障,尤其是要强化犯罪嫌疑人、被告人、被害人的人权保障。例如,探索实化审查逮捕及非羁押强制措施适用机制。再如,明确细化起诉裁量和量刑建议标准。

第二,法律上追求公平正义理念。其一,准确把握实体和程序的关系,深化"法即程序"的正义观。应当重视实体出罪与程序出罪的彼此呼应,实体上对于罪刑法定原则不能机械地理解适用，同时，检察机关在刑事诉讼主导地位中又应当强化程序出罪的一面，探索程序上的出罪机制。其二，秉持客观中立理念。检察官办理案件应当坚持以事实和证据为行使检察权的行为准则，依法履行检察官客观义务。在司法实践中，检察官在侦查合法性监督、收集无罪或罪轻证据、非法证据排除、审判监督等方面，以客观义务的法定要求实现人权保障的独特功能。

第三，监督上树立检察一体化理念。其一，坚持在办案中监督，在监督中办案。一方面，借助诉权的刚性形成"具有法律属性的监督"；另一方面，将监督问题转化为诉讼程序或法律关系中的问题。以诉权为根本向外不断拓展检察职能，有利于"四大检察"自身法律监督功能基本定位的实现。其二，推进"四大检察"平衡发展。检察权不仅要在刑事检察之外充分发挥民事、行政以及公益诉讼检察权能，还要在不同检察权能之内进行与时俱进的变革和调整，充分挖掘检察权的潜在"权力能力"。检察职能在形式设定上遵守特定逻辑，"四大检察"在各自发展过程中，要牢牢把握法律监督这个权力共性的最大公约数，注重检察权力系统中不同职能要素之间的协同运作。

（二）检察体系和检察制度现代化

第一，职能体系现代化。首先，构建符合新时代治理要求的刑事诉讼体系。一是保持控审分离和控辩平等的刑事诉讼关系。要坚持法定证明标准，完善证据规则运用，转变证据审查方式，增强检察人员办案的亲历性，构建完善以证据为核心的刑事指控体系，[①]提高庭审实质化程度。同时，充分发挥律师在构建良性刑事诉讼关系中的作用，推动实现刑事案件律师辩护全覆盖，确保辩护制度的刚性。二是强化检察机关主导责任。刑事检察中以认罪认罚从宽制度和以审判为中心的刑事诉讼制度改革为契机重塑检察机关法律监督与其他国家权力之间的互动关系，强化检察机关在刑事诉讼中的主导责任，并以此为引领强化侦查监督、践行保障人权的现代化价值，重新构建刑事检察中的起诉裁量权等。三是探索刑事诉讼多元治理模式。探索以刑事诉讼多元治理模式替代刑事诉讼二元惩罚模式，构建"治罪"与"治理"并重的中国特色犯罪治理模式。从边际效用原则出发，尽可能地降低刑罚对行为人的社会生活所带来的负面效应，进一步提升刑罚的威慑和预防作用。

其次，以民事法律和行政法律在保护权利和制约权力方面的最广泛性优势，承载民事行政检察职能在"以人民为中心"中的现代化使命。民事检察方面，一是从个案监督转向类案监督。要通过个案监督与类案监督相结合，争取抗诉一件促进解决一个领域、一个地方、一个时期司法理念、政策、导向的问题，发挥对类案的案例指导作用，通过精准监督在更高层次上充分发挥法律监督功能。二是激发民事检察多元监督的结构效益。要统筹民事检察的多元监督权能或监督方式，如将调查核实权、抗诉权与检察建议、纠正违

---

① 参见陈国庆：《中国式刑事检察现代化的若干问题》，载《国家检察官学院学报》2023 年第 1 期。

法意见组合运用,激发民事检察多元监督的结构效益,破解检察建议“软”、办案效果“平”、监督合力“弱”等制约民事检察监督成效的问题。① 行政检察方面,要补强行政违法行为检察监督和抽象行政行为法律监督等新的职能。一是强化行政违法行为检察监督。一方面,充分融合行政公益诉讼与行政违法行为检察监督职能,实现无缝对接。另一方面,积极探索行政公益诉讼与行政违法行为检察监督一体化工作机制,实现行政公益诉讼与行政违法行为检察监督的整体性和同步性。二是探索对抽象行政行为的法律监督。检察职能行使中涉及合宪性审查的事项,应由最高人民检察院根据《立法法》提出审查要求。需配套合宪性审查工作机制和方式,将审查提请权融于检察机关的日常履职和司法办案之中。要对行政法规、地方性法规、自治条例和单行条例的合宪性和合法性行使审查权,对行政规章与行政规范性文件等抽象行政行为实现法律监督。②

最后,通过公益诉讼专门立法,促进检察公益诉讼体系化、规范化建设。通过立法明确检察机关在公益诉讼中的公诉人地位,采取“重点列举 + 概括兜底”的方式规定公益诉讼案件范围,完善公益诉讼调查取证程序,完善公益诉讼制度配套措施。同时,构建公益诉讼制度实施格局,通过公益诉讼职能在化解社会矛盾风险、服务发展大局和参与社会治理中的独特功能推动检察权的现代化演进。

第二,组织体系现代化。其一,针对“去地方化”和“去行政化”进行更为彻底的接续改革。继续推动地方检察机关人、财、物的省级统管改革,明晰中央和省级的经费保障责任。要继续推进跨行政区划检察院的设置,探索与巡回法庭相对应的巡回检察机构。要从保障检察权依法独立行使出发,平衡检察权和检察管理权之间的关系。要全面落实司法责任制,保障检察官在检察权运行中的主体地位。其二,完善检察一体化和内部监督制约的检察机关基本组织形态。推动检察组织体制整体性构造,强化检察权一体化行使,健全立体化内部监督制约,确保检察权运行的整体性和统一性。进一步完善业绩考评体系,注重“四大检察”一体化运行的目标导向,创新构建顺应检察一体化机制特定规律的研判保障激励机制。同时,关注检察一体化运行中的司法责任制的特殊性,理顺检察一体化与检察官责任承担的关系。

第三,制度规范现代化。随着法治监督体系的不断演进,检察机关法律监督体系在角色定位和功能发挥等方面都要进行相应变革。因此,检察职能配置在外部适应性方面,既要着眼于顶层设计意义上的制度性探索,又要寻求地方改革层面的制度性探索。条件成熟时可考虑制定专门的监督法,统合不同诉讼法中检察机关法律监督的内容,形成协调、完备的检察机关法律监督职能结构。

---

① 参见庄永廉、郑新俭等:《如何健全协调发展的多元化民事检察监督格局》,载《人民检察》2017 年第 5 期。

② 参见刘志刚、平凡:《法律监督体系与监督能力现代化进程中的检察监督》,载《河北法学》2022 年第 11 期。

(三)检察程序和检察机制现代化

第一,在刑事检察方面,首先,推动符合轻罪治理要求的程序体系构建。一是建立不同刑事诉讼程序之间的协调衔接。对不同刑事诉讼程序进行协调衔接,理顺不同刑事诉讼程序之间的关系,提高不同刑事诉讼程序之间的有效整合程度。二是采取全流程简化办案模式。“对轻罪公诉案件实行侦查、起诉、审判一体化考量”①,将流程简化前移至侦查环节和检察环节。其次,提升刑事普通程序中的庭审实质化程度。一是充分发挥检察机关在诉前主导、审前过滤、庭审指控中的作用。检察机关通过提前介入侦查和侦查监督、补充侦查,从源头上提高案件在证据方面的质量,通过事实和证据审查,在审前发挥案件分流作用。二是落实被追诉人的诉讼主体地位。通过被追诉人的权利主张对庭审实质化形成张力,增强刑事诉讼各方在庭审中监督、制约的本体地位。三是强化刑事普通程序中的律师辩护权。要保障关键程序环节的律师辩护权,规定从立案阶段就覆盖律师辩护权。最后,推动刑事执行及其附随规定创新。一是健全刑罚和非刑罚处罚措施执行。扩大非监禁刑在刑罚中的比例,监禁刑与非监禁刑在刑罚体系中的结构应当科学合理。强化再社会化原则,通过刑罚的变更执行赋予刑罚执行惩罚和再社会化的双重功能。二是调整关于附随后果的规定。建议全面清理具有牵连性质或者与犯罪不具有实质关联的前科规定,尽量不设置或少设置终身制的前科规定。对于轻罪的前科记录,可以着手构建犯罪记录封存或犯罪记录清除考察期等前科清除制度。

第二,在民事检察方面,要着力破解民事检察工作基础薄弱以及监督功能有限等制约因素。其一,实化监督手段。通过检察机关对司法人员职务犯罪的侦查权对违法审判形成的威慑,赋予民事检察权更强的刚性。应以检察一体化工作机制保障民事检察中调查核实权的运用。其二,完善民事检察精准监督机制。要进一步完善检察机关阅卷、调卷等监督实施机制,依法打击虚假诉讼、拒不执行判决裁定等妨害民事司法的犯罪。设置听证意见强制反馈机制,健全专家咨询工作机制。

第三,在行政检察方面,要跟进新晋职能的程序、机制建设。其一,明确监督程序。明确涉及公民人身、财产权益的行政强制措施检察监督程序,系统落实行政检察助推依法行政工作。明确特定行政强制措施监督介入程序,强化过程监督。其二,完善协作机制。将行政检察监督借助行政权的运行体系实施,尽可能依托其他监督机制和行政系统内部机制作用的发挥。② 完善履职过程中发现行政违法违规线索的处置机制,建立健全协作机制。其三,推动行政检察监督信息化建设。加强相关职能部门的统筹协调,不断优化综合研判平台,实现检察监督案件和线索信息的快速发现、智能检索、智能研判和指挥决策等目标。

---

① 高勇、胡月:《论中国轻罪制度建构的依据与程序构想》,载《学术交流》2017 年第 10 期。

② 参见肖中扬:《论新时代行政检察》,载《法学评论》2019 年第 1 期。

第四，在公益诉讼检察方面，检察工作机制的构建要符合“公共性”统摄下的特殊属性与特定规律。一方面，要建立客观诉讼机制。具有公法诉讼性质的公益诉讼，在受案范围、立案程序、诉讼请求、证据规则、审理规则、责任形式、判决类型等方面都应当符合客观诉讼的特征。另一方面，要强化公益救济机制。以侵权诉讼程序为基础的环境民事公益诉讼等公益诉讼类型，体现了对于权利救济的公法机制的内在诉求。由此，需要赋予其根本性的具有公法色彩的权力规则。

（四）检察能力现代化

第一，强化检察职业主体的政治能力、业务能力及职业精神建设。首先，强化政治能力建设。检察职业主体应当坚持底线思维，思想上坚守马克思主义的政治底线，纪律上保持廉洁自律的底线；遵守政治原则，遵从检察权的政治性，恪守检察权运行中的人民主体地位。检察职业主体要不断提升政治判断力、政治领悟力、政治执行力，在案件办理和社会矛盾化解中努力实现三效统一。其次，强化业务能力建设。一是完善检察教育培训制度。深入推进检察教育培训体制、运行机制、培训内容和方式改革。分层分类开展覆盖各条线的高质量业务培训，持续深化法律职业共同体同堂培训，加大涉外法治人才培训力度，推进实战练兵常态化。二是优化人才队伍管理。畅通特殊专业人才入职绿色通道，加大引进检察紧缺人才力度，构建多层次的人才培养体系。有计划地开展检察人员交流、挂职，推进检察人才跨地域、跨层级、跨系统学习锻炼。最后，强化职业精神建设。推动以检察官职业内涵为核心的检察职业精神建设，把维护法律公平正义和保障法律正确实施作为实现自我价值的路径。从制度和规范层面充分引导检察职业主体认知检察职业的功能、价值和定位，把职业价值和人生价值关联起来，激发自我实现内在需求。

第二，增强检察官权责担当能力及检察职业保障能力。其一，增强检察官权责担当能力。合理设置检察官权力清单，实现检察官权责统一。科学设置检察办案组织，建立有效的办案责任认定、追究和纠错机制。① 完善检察人员全员、全面、全时考核工作机制，优化考核指标设置，强化考核结果运用。其二，增强检察职业保障能力。创设检察官依法履职人身安全保护和不实举报及时澄清机制。创立检察人员身心健康保护机制，调整完善检察人员因公牺牲伤残优抚政策。

结语

中国式现代化是具有鲜明中国特色的人类文明新形态，这就决定了作为其重要组成部分的检察工作现代化的本质属性，其不是对域外法治形态的照搬照抄，而是根植于深厚的中华优秀传统法治文化，具备独创性的先进理念和制度设计承载着服务保障中国式现代化的历史使命和重大责任。因此，检察工作现代化根本上应当坚持党对检察工作的

---

① 参见舒国兵：《新时代检察文化建设论纲》，载《西南民族大学学报（人文社科版）》2020 年第 3 期。

绝对领导，坚持中国特色社会主义法治道路，坚持为大局服务、为人民司法、为法治担当，坚持检察办案与法律监督有机融合，以检察理念、检察体系和检察制度、检察程序和检察机制、检察能力全面现代化实现“四大检察”“十大业务”高质量发展，以检察履职、法治之力服务中国式现代化。

法学专论

论"涉案企业合规"的本土文化及法治传统

尹　吉*

摘要：当下的主流观点认为"涉案企业合规"是舶来品，有悖于客观事实。我国有悠久的"合规"文化传统。自中华人民共和国成立以来，检察机关、行政机关、监察机关在党的领导下结合办案促进企业整改，开展了预防犯罪工作，维护了法治和促进了企业的健康发展。应当坚持文化自信传承好我国悠久的"合规"文化，并且充分借鉴域外有益的经验，全面构建现代涉案企业合规的话语体系。

关键词：涉案企业合规　规矩文化　法治传统　话语体系

当下的主流观点认为"涉案企业合规"是舶来品，认为"较之国外，我国企业合规制度建设方面起步较晚……'合规'是舶来品"①。多数学者亦持该观点，提出"作为一种制度舶来品，如何将企业合规制度融入我国的公司治理、犯罪治理体系……"②认为"企业合规制度最早发源于美国，其制度设计的目的在于激励企业合规经营"③，等等。事实上，我国具有悠久的"合规"文化，"合规"是中国本土文化的固有组成部分。④ 自中华人民共和国

---

* 尹吉，东南大学法学院教授，最高人民检察院民事检察研究基地东南大学民事检察研究中心主任，东南大学企业合规检察研究基地副主任。

① 最高人民检察院涉案企业合规研究指导组编：《涉案企业合规办案手册》，中国检察出版社2022年版，第16页。

② 李本灿：《企业合规程序激励的中国模式》，载《法律科学(西北政法大学学报)》2022年第4期。

③ 隋莉莉、徐建军：《涉案企业合规刑事立法路径探索》，载《中国检察官》2022年第13期。

④ 参见刘红霞主编：《企业合规师考试辅导教材(高级)》，法律出版社2022年版，第18页。"企业合规师"是2021年3月由人力资源和社会保障部等单位联合发布的新型职业，其等级为高级、中级和初级。根据《企业合规师职业技能评价标准》实施国家统一考试。

成立以来,党和国家十分重视推进企业守法经营,一方面,出台了大量的相关法律法规;另一方面,检察、行政、纪委监察等机关在党的领导下,结合办案促进涉案企业整改,广泛地开展了预防企业违法犯罪工作。

一、“企业合规”概念的本土溯源

(一)企业合规概念的界定

企业管理学领域的“合规”也即企业合规。“企业合规”是“涉案企业合规”的基础。在企业管理学领域,对“企业合规”的解读不尽一致,其主流观点认为,它分为狭义与广义两类,狭义的“企业合规”为强化合规经营,反对商业腐败。广义的“企业合规”泛指企业组织及其个人在行为上要遵守:(1)法规,即遵守公司总部所在国和经营所在国的法律法规及其监管规定;(2)规制,即遵守企业内部规章制度包括价值观、商业行为准则及行业性规定等;(3)规范,即遵守社会公序良俗、道德规范等。[①] 在法学领域,涉案企业合规是指涉嫌单位犯罪的企业或者实际控制人、经营管理人员、关键技术人员等涉嫌实施与生产经营活动密切相关的犯罪,在检察机关等国家机关或者第三方组织的监督下,通过制定和实施合规整改计划,强化企业自治,建立健全预防违法犯罪的合规体系。[②]

(二)企业合规的本土溯源

自古以来,中国就有深厚的“合规”文化。众所周知,伏羲和女娲是华夏民族人文的先始。在《伏羲女娲图》[③]中,伏羲持“矩”,女娲持“规”,“规矩”便由此而生。孔子的“礼”是更加广泛的“规矩”。在当时的社会形态中,“它既是正义的原本,诚信的准绳,又是判断过失的依据”[④],“礼”是多层面且具体的“规矩”。“信”(诚信)是儒家文化的根本,“唯利是图”“见利忘义”“利令智昏”“损人利己”等贬性成语均是我国古代社会商贸文化等的重要印记,并且流传至今。“规矩”文化是具有悠久历史的中华文化的重要组成部分。

综观企业管理学等经济学领域,“规矩”始终是我国的企业文化和管理机制的核心。讲规矩是创建世界一流企业的根本要求,是企业良性发展的必然要求,是塑品牌、树形象的坚实平台,是企业做大做强的有效保证,是企业发展安全和各级管理者职业安全的需要,是团结干事,建立和谐企业的基础。[⑤] 多年来,在企业管理学等经济学领域,“规矩”与“合规”是同一语。

---

① 参见刘红霞主编:《企业合规师考试辅导教材(高级)》,法律出版社 2022 年版,第 4 页。

② 参见最高人民检察院涉案企业合规研究指导组编:《涉案企业合规办案手册》,中国检察出版社 2022 年版,第 9 页。

③ 《伏羲女娲图》于 1965 年在新疆阿斯塔那出土,现藏于新疆维吾尔自治区博物馆。

④ 刘红霞主编:《企业合规师考试辅导教材(高级)》,法律出版社 2022 年版,第 18 页。

⑤ 参见曹西京:《规矩文化对国有企业发展影响的思考》,载《企业科技与发展》2018 年第 9 期。

新中国开国领袖们亦十分重视"规矩",如1949年,在七届二中全会上毛泽东给各级领导及党员领导干部,同时也是给他自己,定下了"六条"规定。[①] "讲规矩"是习近平新时代中国特色社会主义思想体系中的重要内容。习近平同志对广大党员干部多次强调"讲规矩",曾引用过"不以规矩,不能成方圆""木受绳则直,金就砺则利"[②]。对非公有制企业负责人,习近平同志进一步强调"守法经营,这是任何企业都必须遵守的原则,也是长远发展之道……"[③]这些重要论述是传承我国的"规矩"文化和开展涉案企业合规建设的指导理论。

二、中华人民共和国成立以来检察机关开展了大量的涉案企业合规建设

(一)新中国成立初期检察机关涉案企业合规建设工作

新中国成立以来,党和国家始终重视各类所有制企业的守法经营工作。检察机关在党的领导下,结合查办的涉案企业案件,会同相关部门分析犯罪原因、帮助建章立制、堵塞漏洞,在预防犯罪领域做了大量工作,取得了丰硕成果。

在工商业社会主义改造时期,政务院出台一批法律法规强化企业守法经营。例如,1950年12月30日,政务院出台的《私营企业暂行条例》第7条规定,企业应切实执行政府一切有关劳动法令。1952年3月11日,政务院批准了《北京市人民政府在"五反"运动中关于工商户分类处理的标准和办法》,把私营工商户分为守法户、基本守法户、半守法半违法户、严重违法户、完全违法户五类进行定案处理。1952年4月18日,由中央人民政府委员会批准的《惩治贪污条例》[④],以及1954年9月5日政务院出台的《公私合营工业企业暂行条例》等法律法规中均有规范企业守法经营的规定,有力地促进了各类所有制企业的守法经营。

根据《中央人民政府最高人民检察署暂行组织条例》、《各级地方人民检察署组织通则》和第一届全国人民代表大会第一次会议于1954年9月21日通过的《人民检察院组织法》,我国检察机关借鉴苏联实行"一般监督"[⑤],检察机关既查办了大批涉企案件,又

---

① 六条规定是:"一、不做寿。二、不送礼。三、少敬酒。四、少拍掌。五、不以人名作地名。六、不要把中国同志和马恩列斯平列。"邢浩:《毛泽东立规矩 不做寿不送礼》,载《人民日报》2016年9月20日,第18版。

② 林乾:《坚持和完善党和国家监督体系 从"不以规矩、不成方圆"到坚持全面从严治党》,载中央纪委国家监委网,https://www.ccdi.gov.cn/yaowen/202003/t20200316_213539.html,最后访问日期:2023年3月16日。

③ 《习近平:在民营企业座谈会上的讲话》,载中央人民政府网,http://www.gov.cn/xinwen/2018-11/01/content_5336616.htm。

④ 该条例中的"贪污"并非单指现行刑法中的贪污罪,其调整范围广于现行《刑法》分则第八章"贪污贿赂罪",该条例第2条规定,一切国家机关、企业、学校及其附属机构的工作人员,凡侵吞、盗窃、骗取、套取国家财物,强索他人财物,收受贿赂以及其他假公济私违法取利之行为,均为贪污罪。

⑤ 根据《中央人民政府最高人民检察署暂行组织条例》、《各级地方人民检察署组织通则》和第一届全国人民代表大会第一次会议于1954年9月21日通过的《人民检察院组织法》,我国检察机关对于国务院各部门、地方各级国家机关、国家机关工作人员和公民是否遵守法律,行使检察监督。

深入分析企业犯罪原因并促其整改。如在“三反”“五反”[①]中，许多地方检察机关在机关依法实施“一般监督”中，“组成的增产节约检查组，成为运动的突击力量，投入到问题严重的重点单位，查处大要案”[②]。

新中国成立初期出台的《惩治贪污条例》《私营企业暂行条例》等法律法规及其实施细则，可以看作新中国涉案企业合规建设的源头。众所周知，党和国家出台的大量法律法规并非借鉴欧美国家，而是立足现实国情，维护经济秩序，巩固人民政权的重大举措，也是对我国悠久的“合规”文化的传承。

（二）改革开放以来检察机关的涉案企业合规建设

1979 年至 1996 年，我国《人民检察院组织法》《刑事诉讼法》赋予了检察机关广泛的立案侦查权。[③] 各级检察机关结合办案积极开展了涉案企业合规建设。根据《刑法》、《刑事诉讼法》和全国人大常委会作出的《关于严惩严重破坏经济的罪犯的决定》（1982 年 3 月 8 日发布，已失效）、《关于加强社会治安综合治理的决定》（1991 年 3 月 2 日发布）等法律文件，检察机关结合立案侦查涉企业的经济犯罪和法纪犯罪[④]案件，坚持打防并举，标本兼顾，重在治本的方针，全面开展了涉案企业的预防工作。在各级党委的领导下，“五年来（1983 年至 1987 年），各级检察机关把综合治理的各项内容寓于法律监督活动之中，结合办案，针对有关单位工作上、制度上存在的问题，及时提出‘检察建议’，督促有关单位堵塞漏洞，建立健全规章制度，改善经营管理，发展生产。据 12 个省、自治区、直辖市检察院统计，去年（1987 年）通过办案，促使 300 多个濒临倒闭的企业摆脱困境，帮助 1400 多个企业扭亏为盈”[⑤]。1992 年，全国检察机关“大力加强预防贪污贿赂犯罪的工作，针对发案单位暴露出来的漏洞主动提出‘检察建议’，推动整改，促进会计、审计、监督、管理等规章制度的完善，健全防范机制”[⑥]。

1996 年修改后的《刑事诉讼法》（于 1997 年 1 月 1 日起施行）较大地限缩了检察机关

---

① “三反”指反贪污、反浪费、反官僚主义，“五反”指反行贿、反偷税漏税、反盗骗国家财产、反偷工减料、反盗窃国家经济情报。

② 李士英主编：《当代中国的检察制度》，中国社会科学出版社 1988 年版，第 48 页。

③ 1979 年的《人民检察院组织法》第 11 条规定：“人民检察院发现并且认为有犯罪行为时，应当依照法律程序立案侦查，或者交给公安机关进行侦查……”根据《人民检察院直接受理的经济检察案件立案标准的规定（试行）》、《人民检察院直接受理的法纪检察案件立案标准的规定（试行）》[1986 年 3 月 24 日〔86〕高检发（二）字第 4 号发布，均已失效]，假冒商标、偷税抗税、重大责任事故等犯罪均由检察机关立案侦查。对于“领导机关交办的投机倒把、走私贩私、诈骗犯罪的重大案件”检察机关亦立案侦查。

④ 1978 年检察机关恢复重建时设有“经济检察”和“法纪检察”部门，其立案侦查的案件被称为“经济犯罪案件”和“法纪犯罪案件”。1996 年修改后的《刑事诉讼法》，将检察机关立案侦查的范围限缩为国家工作人员与职务相关的犯罪，后来“经济检察”“法纪检察”部门分别更名为“反贪污贿赂工作局”和“反渎职侵权局”，其立案侦查的案件统称为“职务犯罪案件”。

⑤ 时任最高人民检察院检察长杨易辰于 1988 年 4 月 1 日在第七届全国人民代表大会第一次会议上所作的工作报告。

⑥ 时任最高人民检察院检察长刘复之于 1993 年 3 月 22 日在第八届全国人民代表大会第一次会议上所作的工作报告。

立案侦查的管辖范围。各级检察机关根据党的十五大提出的依法治国的方略,结合办案依法治企,继续坚持打防并举,有力地维护了社会主义市场经济秩序,有效地促进和保护了企业的发展。全国检察机关根据国务院《关于整顿和规范市场经济秩序的决定》(国发〔2001〕11号),积极参加整顿和规范市场经济秩序工作,严惩经济领域的犯罪活动,并且深入企业开展预防工作,促进了涉案企业的合规建设。自2001年无锡市出台我国第一部预防职务犯罪的地方立法——《无锡市预防职务犯罪条例》①后,全国各地陆续出台了58部专门性的地方性法规,逐步形成了检察机关主导的法治化和社会化的大预防格局。"(1998年至2002年)最高人民检察院与中央有关主管部门联合部署,在金融证券、国有企业、海关、税务、工商、建筑、医药等行业和领域开展了预防工作……各级检察机关共向党委、政府和有关部门提出预防建议75,000多条,推动建立社会化预防组织6300多个……一些地方形成了党委统一领导、有关部门齐抓共管、检察机关发挥职能作用的预防职务犯罪网络,对教育、警示和保护干部,防止和减少职务犯罪起到了积极作用。"②2013年全国两会期间,习近平总书记在参加江苏代表团讨论时指出:"职务犯罪确实使我们的损失很大。预防职务犯罪出生产力,我很以为然。"③

改革开放以来,在党的领导下,检察机关结合法律监督权行使,在促进企业守法经营和预防犯罪工作上有了较大的发展。其主要特点为:一是以坚持检察工作服务大局,保障经济体制改革的顺利进行为价值取向,树立起打防并举的检察理念。二是涉案企业合规主要适用于检察机关立案侦查管辖的犯罪,即经济犯罪案件和法纪犯罪案件,特别是在法纪犯罪案件中,立案侦查了大批涉企的重大责任事故案件,有力地促进了企业安全生产。④ 三是对于涉案企业管理人员和科技人员慎重采取强制措施和侦查措施,维护企业的正常生产经营活动,避免了查办一个案件,倒一个企业的现象发生。四是较为系统地构建了检察预防犯罪的顶层制度设计,同时促进相关的地方立法发展;在党委领导下,构建了由检察机关主导,有关机关和企业行业等组织配合,社会各方参与的社会化法治化的大预防格局。

三、我国行政机关和监察机关涉案企业合规建设

(一)我国行政机关是涉案企业合规建设的重要力量

对于企业进行常态性合规监管或者涉案后的合规整改,是行政机关的重要职责。在

---

① 该条例于2001年6月29日,由江苏省第九届人民代表大会常务委员会第二十四次会议批准。

② 时任最高人民检察院检察长韩杼滨于2003年3月11日在第十届全国人民代表大会第一次会议上所作的工作报告。

③ 张荣臣主编:《做党和人民的栋梁之才:年轻干部练好内功提升修养六讲》,人民出版社2022年版,第62页。

④ 根据1979年《刑事诉讼法》的规定,重大责任案由检察机关立案侦查。1996年修改后的《刑事诉讼法》将该类犯罪转由公安机关立案侦查。

《药品管理法》《食品安全法》《安全生产法》《银行业监督管理法》《证券法》等法律中，行政执法机关均有权依法责令企业对存在的问题隐患或者违法犯罪问题进行整改。行政执法机关将涉企案件移送公安机关立案侦查的，并不会因为案件进入刑事诉讼，而停止对涉案企业的合规整改。

以重大责任事故等危害安全生产的犯罪为例，根据《安全生产法》和相关的行政法规，行政机关的相关职能涵盖了涉案企业合规建设。首先，政府有关部门是行政合规监管的法定主体。《安全生产法》第 115 条规定了应急管理部门、公安机关等的监管职责和行政处罚等事项。此外，根据《人民警察法》的规定，维护公共安全和预防犯罪是公安机关的基本职责；《治安管理处罚法》也设有"妨害公共安全的行为和处罚"的专节。在安全生产领域，应急管理部门和公安机关等是企业安全生产常态性合规建设的监管主体。其次，政府有关部门是提出合规整改意见的法定主体。政府在发生重大责任事故等犯罪后依法成立由多个行政执法部门等组成的事故调查组①，检察机关则应邀或者主动参与。根据《安全生产法》以及《生产安全事故报告和调查处理条例》（国务院令第 493 号）第 25 条的规定，事故调查组的 5 项职责中包括"总结事故教训，提出防范和整改措施"。例如，天津港"8 · 12"瑞海公司危险品仓库特别重大火灾爆炸案等一系列重大或者特大责任事故犯罪案件的整改工作均由政府有关部门主导，检察机关配合。最后，政府有关部门是安全生产领域实施合规整改与监督的法定主体。《安全生产法》第 86 条第 3 款规定："负责事故调查处理的国务院有关部门和地方人民政府应当在批复事故调查报告后一年内，组织有关部门对事故整改和防范措施落实情况进行评估，并及时向社会公开评估结果；对不履行职责导致事故整改和防范措施没有落实的有关单位和人员，应当按照有关规定追究责任。"由行政机关主导合规整改的时段，通常交叉于审查起诉甚至一审宣判。行政执法部门并不会因为案件进入刑事诉讼而中断或者终止其合规整改。总之，在安全生产领域，行政机关不仅是常态性的监管主体，而且在涉案企业合规建设中担负着主导性角色。

（二）我国监察机关亦是涉贪腐企业合规建设的重要力量

依据党的十五大形成的党和国家反腐败体制（党委统一领导，党政齐抓共管，纪委组织协调，部门各负其责，依靠群众的支持和参与），对涉贪腐企业开展合规建设是纪检监察机关的重要职能。国家监察体制改革后，监察机关在国家反腐败治理体系中的角色更显重要，在涉贪腐企业合规建设领域也不例外。

首先，根据《监察法》《国有企业领导人员廉洁从业若干规定》《中央企业合规管理办

① 公安机关在该领域具有行政执法和刑事执法双重角色，就执行《安全生产法》、《治安管理处罚法》以及《生产安全事故报告和调查处理条例》等而言，其为行政机关。

法》[①]等的规定，“持续惩治国有企业腐败问题，强化廉洁风险防控”[②]始终是监察机关的重要职责。《监察法实施条例》第20条亦规定，监察机关应当以办案促进整改、以监督促进治理，在查清问题、依法处置的同时，剖析问题发生的原因，发现制度建设、权力配置、监督机制等方面存在的问题，向有关机关、单位提出改进工作的意见或者监察建议，促进完善制度，提高治理效能。第36条规定，监察机关应当跟踪了解监察建议的采纳情况，指导、督促有关单位限期整改，推动监察建议落实到位。很显然，监察机关开展廉洁风险防控，并不会因为案件进入刑事诉讼阶段而终止或者中断对涉贪腐企业的合规建设。

其次，纪检监察机关开展了涉贪腐企业合规建设。《十九届中央纪律检查委员会向中国共产党第二十次全国代表大会的工作报告》在第一部分“党的十九大以来的工作回顾”中指出，“深化以案为鉴、以案促改、以案促治。坚持不敢腐、不能腐、不想腐一体推进，惩治震慑、制度约束、提高觉悟一体发力，以发现问题推动查补漏洞，以查办案件促进整改整治，以典型案例开展警示教育。针对案件暴露的漏洞和短板，提出纪检监察建议……建立健全跨境腐败治理工作协调机制，加强企业境外廉洁风险防控和合规建设”。监察机关开展企业合规建设的类型可分为常态性的合规建设与专项性（针对已涉贪腐的企业）的合规建设。常态性的合规建设表现为依法依纪对公有制企业中的党员干部，特别是主要领导干部进行常态性的监督，防患于未然。专项性的合规建设表现为结合查办职务违法犯罪案件，提出监察建议并且监督落实。监察机关在查办非公有制企业向国家工作人员的行贿案件中，亦开展了合规建设。

四、推进中国化的现代涉案企业合规建设（代结语）

坚持文化自信，传承好我国悠久的“合规”文化，必须立足现实国情，并且充分借鉴域外有益的经验，才能全面构建中国化的现代涉案企业合规的制度体系和话语体系。一方面，自新中国成立以来，在党的领导下，检察等机关积累了丰富的具有中国特色的涉案企业合规建设的实践经验；另一方面，我们也要看到美国等西方国家在涉案企业合规的文化建设、制度建设和理论体系等方面的发展和经验。如需要借鉴《美国检察官手册》中“检察官可以基于起诉标准即公司合规计划是否有效、是否予以真诚善意实施、是否及时调整完善、与政府相关部门的合作是否有效等情况决定控告或者控辩双方协商，并且在起诉策略方面，以暂缓起诉协议和不起诉协议为基础”等内容，将其吸收融入我国的“合规”文化和诉讼文化，适当扩大我国检察官在起诉企业犯罪时的检察裁量权；同时，也要借鉴《美国组织量刑指南》等有益经验。

---

① 《中央企业合规管理办法》第40条规定，地方国有资产监督管理机构参照该办法，指导所出资企业加强合规管理工作。

② 赵乐际同志于2021年1月22日在中国共产党第十九届中央纪律检查委员会第五次全体会议上的工作报告。

论司法解释在电信网络诈骗犯罪中的共犯立场

马荣春　霍介涛　鲍尤作*

摘要:观察电信网络诈骗共同犯罪的案件事实可以发现,电信网络诈骗共同犯罪中存在意思联络薄弱、合并审理困难以及正犯与共犯罪量分置的现实困境。面对此困境,《关于办理电信网络诈骗等刑事案件适用法律若干问题的意见》(以下简称《电信诈骗意见》)的相关争议条款被质疑绕过了刑法对共同犯罪的立法定性,不符合任意共犯的经典理论,进而有学者以单一制、行为共同说、最小从属说等共犯理论对其进行解释。《电信诈骗意见》与同类司法解释对部分共犯内容采用了推定的证明方式,引起学者误读其实体内涵;司法解释的立场是缓和地对待行为的"定型性"。基于"定型性"的缓和立场,包括《电信诈骗意见》在内的诸多同类司法解释都未突破共同犯罪的理论框架,也未在解释论上采取"共犯行为正犯化"的立场,而是选择对相关行为作单方化、个别化分析。

关键词:《电信诈骗意见》　实行行为　共犯行为正犯化　单方化

当前,理论和实务界的主流观点对《电信诈骗意见》有所误读,从而得出电信网络诈骗司法解释突破《刑法》第25条共同犯罪理论的结论。本文认为,应仔细甄别《电信诈骗意见》区分电信网络诈骗共同犯罪的实体内涵与证明规则的方案设计,同时需要理解《电信诈骗意见》对行为的"定型性"所采取的缓和立场。

一、电信网络诈骗共同犯罪的理论困境

(一)意思联络薄弱

电信网络诈骗案件在共犯问题上首先存在意思联络的特殊性。从电信网络诈骗的现实处理来看,其重要犯罪特征是犯罪链条长,人员混杂。在公安机关的实际侦办过程

---

* 马荣春,南京航空航天大学人文与社会科学学院教授;霍介涛,江苏省东海县人民检察院党组书记、检察长;鲍尤作,江苏省东海县人民法院党组成员。

中，电信网络诈骗往往具有跨国性、团体性、匿名性三个特征。跨国性指的是电信网络诈骗的 IP、服务器等网络通信设施设置在国外，在管辖权上并不当然隶属于我国公安机关。团体性指的是电信网络诈骗通常分工明确，人数较多，各自提供的原因力各不相同。匿名性指的是电信网络诈骗通常并非基于"明确的"意思联络而形成团伙，反而是在上下线之间出现互不知晓的情形，如行为人可能明知下游买家是以犯罪目的购买相应的通信设备或软件，但此类意思沟通实际上是匿名进行的。也有学者基于事实性观察，将电信网络诈骗的各个环节概括为拨打诈骗电话等通信流和资金流。① 而无论按何种标准划分，电信网络诈骗犯罪中的"共同犯罪"都是极为特殊的，因为犯罪团伙通过黑市获得犯罪工具时，其与帮助者之间互相并不显名。除此之外，犯罪团伙中还有不少"意志自由"残缺的参与者，如在缅甸北部的诈骗集团中，不少参与者是被胁迫参加的胁从犯。② 这一犯罪现实说明，基于传统共同犯罪理论，尤其是以意思联络为基础的共同犯罪理论的分析，似乎在电信网络诈骗的共同犯罪上有所失真。

（二）合并审判困难

除了意思联络认定上的困难外，在对犯罪的侦查中，公安机关很难将电信网络诈骗犯罪链条上的所有参与者"一网打尽"。一方面，行为人为了隐藏真实位置和身份，会尽其所能地使用各类网络工具隐藏最终端的真实网络 IP，如使用某种特别浏览器将其 IP 地址在不同服务器之间层层转移，而这种转移跨越国度，侦查机关必须经过所在国的许可，才能够继续追踪 IP，因而给侦查机关带来极大困难。除了跨境侦查上的困难以及理论上的时间成本，电信网络诈骗共同犯罪的参与人无法悉数落网，也导致罪责轻重的评估容易失真。对于共同犯罪的审理程序问题，我国的刑事司法体制原则上采合并审理的方案。最高人民检察院 2007 年颁布的《关于公诉案件撤回起诉若干问题的指导意见》第 5 条第 1 项规定，"……发现遗漏的同案犯罪嫌疑人或者罪行可以一并起诉和审理的，可以要求追加起诉"。上述司法解释还进一步指出，在某些特殊情况下，即便是符合追加起诉条件，案件最终也有可能是分案审理。如该司法解释第 6 条规定："……在案件提起公诉后、作出判决前，发现被告人存在新的犯罪事实需要追究刑事责任的，人民检察院如果在法定期限内能够追加起诉的，原则上应当合并审理。如果人民法院在法定期限内不能将追加部分与原案件一并审结的，可以另行起诉，原案件诉讼程序继续进行。"

合并审判具有不可替代的优势，1984 年 6 月 15 日最高人民法院、最高人民检察院和公安部联合颁布《关于当前办理集团犯罪案件中具体应用法律的若干问题的解答》，该解答第 3 点明确原则上合并审理："办理共同犯罪案件特别是集团犯罪案件，除对其中已逃

---

① 参见孙少石：《电信诈骗是如何"组装"的——对犯罪组织及其形成机理的考察》，载《法律和社会科学》2018 年第 2 期。

② 参见于扬：《轻信高薪招工传言周口小伙被骗至缅甸赌博 周口警方奔赴千里之外将小伙成功解救》，载《大河报》2017 年 6 月 3 日，第 5 版。

跑的成员可以另案处理外，一定要把全案的事实查清，然后对应当追究刑事责任的同案人，全案起诉，全案判处……”但在电信网络诈骗的共同犯罪中，由于侦查困难，“一网打尽”“一锅端”的情况并不多见，司法机关往往只能基于现有的侦查成果，对个别行为人进行分离审判，而分离审判又不利于评估共同犯罪中的行为人责任。

（三）罪量不均衡

二元制传统共犯理论认为，帮助犯与教唆犯对正犯具有从属性。虽然存在多种争议，但通说认为，从属性既包括犯罪形态的从属，也包括罪量的从属，甚至罪名的从属。但在电信网络诈骗共同犯罪中，罪量对于正犯和共犯而言是相同的构罪门槛，且罪量通常被认为是对违法性程度的描述，也被理解为构成要件的质量。① 如果分离考察，则至少否定了违法性的从属。“在传统共同犯罪中，一般不存在对正犯与共犯分别设置不同之罪量要素的必要性，正犯在因欠缺罪量要素不构罪的前提下，共犯亦不成立的法理结论应不会发生问题。”②最高人民法院、最高人民检察院、公安部发布的《办理跨境赌博犯罪案件若干问题的意见》对不同类型的共同犯罪参与者的罪量标准采取了“分置”的措施。虽然在电信网络诈骗的共同犯罪中尚无司法解释直接规定对不同类型参与者的罪量进行分置处理，但考虑到电信网络诈骗“一网打尽”的困难程度，必定会出现的情形是，因关键人物未到案以及侦查线索中断，司法机关只能对不同行为人采取不同的罪名进行应对和评价，而这间接导致在同一共犯关系中，不同犯罪人的作用、罪名匹配混乱，不仅难以辨别真正的正犯，还无法依据从属性理论对狭义共犯进行精准评价。

二、电信网络诈骗共同犯罪的应对方案及解读

至少从形式上看，《电信诈骗意见》及同类司法解释均有背离区分制共犯理论的迹象，也印证了“共犯行为正犯化”在解释论中的判断。

（一）单一制解读

同众多网络犯罪一样，电信网络诈骗犯罪在共犯领域面临着背离基础理论的质疑，相关司法解释也受此质疑。正如网络犯罪与普通犯罪因网络世界的虚拟性和技术性存在重要区别，电信网络诈骗与普通诈骗的区别也能够归因于网络技术对行为的变异。不过一般意义上的“变异”仅仅被概括为犯罪数量倍增和危害性加剧，暂时并无颠覆共同犯罪基础理论之可能。然而，随着网络通信技术不断发展，电信网络诈骗呈现出共同犯罪的异化趋势，尤其是《电信诈骗意见》的出台，引起共同犯罪责任的相关质疑。

理论界有人认为，电信网络诈骗等网络犯罪的共同犯罪形态出现了不同于总则任意共犯一般行为类型的特别趋势：电信网络诈骗中，单向意思联络的犯罪形态更常见；电信

---

① 参见梁根林：《但书、罪量与扒窃入罪》，载《法学研究》2013 年第 2 期。

② 阎二鹏：《网络共犯中的罪量要素适用困境与教义学应对》，载《中国刑事法杂志》2020 年第 1 期。

网络诈骗中,无意思联络的"心照不宣型"犯罪引发聚集效应。[①] 所谓单向意思联络与传统共同犯罪命题中的片面共犯并无本质不同,即参与犯罪之人仅负责为"正犯"提供犯罪工具或其他便利条件,以促进犯罪实施。例如,参与人可以开发用于犯罪的软件,上传至网络,而软件的下载者与开发者素不相识,也无直接的意思联络。所谓"心照不宣",则是对"不明显意思联络"的概括,如在犯罪链条中,上家将犯罪工具以浏览器插件的形式散布于网络中,实现自动售卖,而下家则通过软件自由购买犯罪工具。针对这两种情形,《刑法修正案(九)》增设了帮助信息网络犯罪活动罪,印证了"共犯行为正犯化"的学术命题。由此观之,社会治理意义上的处罚必要性无法借由共同犯罪理论实现,应对方案要么是增设新罪将共犯行为正犯化,要么是从解释上突破共犯理论的限制。

(二)《电信诈骗意见》"背离"区分制共犯理论

学术界与司法解释的共同任务在于,基于罪责自负原则,准确评价参与犯罪之人的责任。基于教义学的体系化追求,"共犯行为正犯化"的方案是将问题思维置于体系思维之上,也是从学术上对网络世界中的共同犯罪问题提出不同于传统共犯理论的方案。

传统的共同犯罪理论框架无法做到准确评价犯罪参与者的责任,而这是缘于网络犯罪参与者角色的变化。该特别趋势的根源是虚拟网络系统的匿名性。参与者通过虚拟的网络进行信息交流,组织者并不暴露自己的真实身份,只是一个虚拟的人物或用代码、程序符号代替,其往往提供的仅是一个犯罪的契机,而其他参与者也并不是由于服从组织者的领导和组织而实施犯罪行为,更多地表现为行为人之间因网络连接而发生一系列聚合效应。[②]

针对此犯罪现象,《电信诈骗意见》第四部分第 2 项规定,"多人共同实施电信网络诈骗,犯罪嫌疑人、被告人应对其参与期间该诈骗团伙实施的全部诈骗行为承担责任……"根据该司法解释对规范目的的说明,其主要是为了对电信网络诈骗犯罪实现所谓"全链条全方位打击,坚持依法从严从快惩处"。从文义上看,《电信诈骗意见》似乎不再认为"共同故意"或"意思联络"是认定电信网络诈骗共同犯罪的基础要件,反而使用了"共同实施"一词,从而有转向行为共同说、废弃意思联络标准的迹象。在学术界,此类规定引起了相当程度的反响,也被相当多的学者视为共犯理论突破通说的例证[③],进而引起行为共同说[④]或单一制犯罪参与理论[⑤]的倡议。

(三)同类司法解释的佐证

以《电信诈骗意见》为代表的司法解释被引为"新型共犯理论"的佐证,除《电信诈骗

---

① 参见江溯:《帮助信息网络犯罪活动罪的解释方向》,载《中国刑事法杂志》2020 年第 5 期。

② 参见卢敏:《电信网络诈骗共犯的责任区分》,载《人民检察》2019 年第 8 期。

③ 参见江溯:《帮助信息网络犯罪活动罪的解释方向》,载《中国刑事法杂志》2020 年第 5 期。

④ 参见阎二鹏:《我国网络犯罪立法前置化:规范构造、体系检讨与路径选择》,载《法治研究》2020 年第 6 期。

⑤ 参见江溯:《帮助信息网络犯罪活动罪的解释方向》,载《中国刑事法杂志》2020 年第 5 期。

意见》之外，论者还找到其他类似的司法解释，以论证网络犯罪中的共犯形态已经逐渐抛弃正犯与共犯的区分模式。例如，2010 年最高人民法院、最高人民检察院《关于办理利用互联网、移动通信终端、声讯台制作、复制、出版、贩卖、传播淫秽电子信息刑事案件具体应用法律若干问题的解释（二）》（以下简称《淫秽信息解释（二）》）将 4 种类型的传播淫秽物品的网络技术支持行为，如建立电子群组、网站及提供互联网接入、网络存储空间等传统意义上的帮助行为，不再作为传播淫秽物品罪、传播淫秽物品牟利罪的共犯论处，而是直接认定为传播淫秽物品罪、传播淫秽物品牟利罪的实行行为。2010 年最高人民法院、最高人民检察院、公安部《关于办理网络赌博犯罪案件适用法律若干问题的意见》（以下简称《网络赌博犯罪意见》）也有类似规定，从而被学者质疑"网络共犯行为其罪量要求不同于正犯之罪量要求，当正犯因罪量要求达不到相应标准不构罪时，共犯行为却可能已符合自身之罪量要求因而构成相应犯罪之帮助犯，反之亦然"①。

基于此，对电信诈骗共同犯罪刑事责任的解读也是同理：或抛弃传统学说的限制，或反驳"共犯行为正犯化"命题。

三、电信网络诈骗共同犯罪的理论澄清

立场在先的解释方案混淆了《电信诈骗意见》对证明规则与实体内涵的区分，应当予以澄清。

（一）基于传统共犯立场的反驳

典型网络诈骗犯罪并未突破刑法总则对任意共犯的一般性说明，这可以如下四条理由为根据。

1.《电信诈骗意见》还列举了八项"关联犯罪"，对于前五项犯罪，特别提出，"实施上述行为，事前通谋的，以共同犯罪论处"。可见，对于共同犯罪的认定问题，《电信诈骗意见》并未突破任意共犯的意思联络标准，而是将"事前通谋"作为《刑法》第 25 条"共同故意犯罪"的注解。如果认为"多人共同实施电信网络诈骗，犯罪嫌疑人、被告人应对其参与期间该诈骗团伙实施的全部诈骗行为承担责任"能够被解释为单一制或否定意思联络的佐证，那么《电信诈骗意见》在共犯问题上显然是采取了矛盾立场，既不符合体系性原则，也可能导致司法实践的莫衷一是。实际上，对责任范围的规定属于证明规则上的推定，与其实体内涵无直接关联。

2.《电信诈骗意见》中的"共同实施"与《刑法》第 25 条的"共同故意犯罪"或分则、其他司法解释中所用的词汇——"共犯"显然不是同义词。将"共同实施"的含义偷换为"共犯"是立场先行，再找论据，也是对《电信诈骗意见》的精神进行的曲解。认为《电信诈骗意见》突破共犯理论的观点在条文用语上并未坚持统一的内涵界定。

---

① 参见阎二鹏：《网络共犯中的罪量要素适用困境与教义学应对》，载《中国刑事法杂志》2020 年第 1 期。

3."对其参与期间该诈骗团伙实施的全部诈骗行为承担责任"不是对"共同犯罪"框架内"部分实行全部责任"这一归责原理的重申。《电信诈骗意见》对结果归属范围的说明并非必须在共同犯罪的框架内进行分析，而是个别化地分析每一位"参与人"的责任范围。此处需要运用"单方化"思维，①即对个别参与人刑事责任的分析应当全面考虑该行为人对客观条件的利用，及其在犯罪中掺入的原因力。因为行为人主观上明知其参与行为对具有社会危害性的犯罪行为贡献了原因力，所以应当把相应结果归属于行为人。值得注意的是，这里的"参与"并非德日刑法共犯语境下的"参与"，而是为犯罪贡献原因力的客观分析，涉及的是客观归属或因果关系问题。

4.根据《立法法》第119条，最高人民法院、最高人民检察院作出的属于审判、检察工作中具体应用法律的解释，应当主要针对具体的法律条文，并符合立法的目的、原则和原意。换言之，在对相关条款进行解释的立场上，应当认为，司法解释并无超越《刑法》条文的效力，具体到该问题，即《电信诈骗意见》不能在事实上突破《刑法》第25条对共同犯罪的理论预设。因此，"对其参与期间该诈骗团伙实施的全部诈骗行为承担责任"仅仅是对"坚持全链条全方位打击，坚持依法从严从快惩处"的具体化，而非重构共同犯罪的基础理论，更不是通过司法解释行立法之实。

（二）实体内涵与证明规则的区分

1.在批判基础理论上的"革命冲动"后，应当认为，电信网络诈骗共同犯罪的基础理论与《刑法》总则第25条对任意共犯的前提性规定并不冲突，也完全能够以《刑法》第25条为基础解释电信网络诈骗共同犯罪的刑事责任问题。在具体内容上，电信网络诈骗共同犯罪并未突破《刑法》第25条确立的"共同故意"标准。《电信诈骗意见》不过是从证明规则上推定行为人承担电信网络诈骗结果归属的范围，并从原则上强调"坚持全链条全方位打击，坚持依法从严从快惩处"的刑事政策。但是，这种政策性的强调更偏向于事实认定的程序导向，而不是对实体标准的变更。换言之，《电信诈骗意见》所言"多人共同实施电信网络诈骗，犯罪嫌疑人、被告人应对其参与期间该诈骗团伙实施的全部诈骗行为承担责任"实际上是程序性规定，其意义限于刑事证明活动，即推定行为人明知其参与行为可能造成的危害结果，还要为犯罪贡献原因力，即应当将所有危害后果归属于行为人。根据证据法原理，推定是可以被推翻的。只要行为人能够自证其行为对危害结果并未提供大的助力，即可推翻依据《电信诈骗意见》作出的司法推定。

司法解释着眼于解决实践问题，所以在条款部门法属性的界定上并非如学术研讨一般清楚，这也经常导致实体法学者误将司法解释中的证明规则当作对实体规范的补充。《电信诈骗意见》规定的证据准则可联系《刑法》第14条对故意犯罪的规定理解。根据我国《刑法》第14条，行为人构成故意犯罪需要认识到行为的社会危害性。借用《德国刑

① 参见王志远：《共犯制度的根基与拓展：从"主体间"到"单方化"》，法律出版社2011年版，第1页。

法》第 16 条构成要件错误与第 17 条禁止错误(违法性认识错误)的“外行人平行评价标准”,可以说,行为人对自身行为可能具有的社会危害性是一种笼统的认识。换言之,无论是否“心照不宣”,只要行为人笼统地认识到了其参与行为具有危害社会的可能性,那么最终借他人之手实现的危害结果即应当归属于参与者的行为。例如,甲编写黑客程序,上传到互联网,后多人下载并使用,造成严重破坏。实际上,甲未必对危害后果有清晰的认识,但甲仍能够抽象地认识到其行为引发严重社会危害性之可能。《电信诈骗意见》所规定的内容不过是推定行为人对所有社会危害结果抽象明知。

2.《电信诈骗意见》与《刑法》第 25 条构建出的共犯制度究竟是何种关系?《电信诈骗意见》实际上是细化而非推翻《刑法》第 25 条的“共同故意”要件。在排除了“多人共同实施电信网络诈骗,犯罪嫌疑人、被告人应对其参与期间该诈骗团伙实施的全部诈骗行为承担责任”颠覆共犯基础理论的命题后,《电信诈骗意见》对电信网络诈骗共同犯罪的细化解读实际上体现在该司法解释的第四部分——“准确认定共同犯罪与主观故意”。其第 3 项规定了明知他人实施电信网络诈骗犯罪的若干情形①,对此应以共同犯罪论处,但法律和司法解释另有规定的除外。“明知他人实施电信网络诈骗犯罪”,应当结合被告人的认知能力、既往经历、行为次数和手段、与他人关系、获利情况、是否曾因电信网络诈骗受过处罚、是否故意规避调查等主客观因素进行综合分析认定。

可见,电信网络诈骗共同犯罪主观要件的关键在于“明知”,即明知他人要从事相关犯罪而提供助力即构成共犯。这样的解读不仅能够应对电信网络诈骗共同实施犯罪行为却无紧密意思联络的现实,也能够应对共同犯罪基础理论中“片面共犯”的入罪需求。因此,电信网络诈骗共同犯罪的责任问题应当联系《刑法》第 14 条理解,即参与人对社会危害结果“明知”,且该“明知”不必是十分清晰的认知。所谓“共同故意”不可能容纳毫无意思联络的犯罪参与人,如行为共同说所提倡的共同过失,但应当能够容纳“片面共犯”的单向意思联络。最终,电信网络诈骗共同犯罪的责任问题应当立足于主客观相一致标准,即行为人主观上明知自己的参与行为助力了犯罪实施,客观上仍然做出参与行为,则应当对其原因力所及的犯罪危害结果承担刑事责任。

(三)弱化司法解释的形式遵循

忽视司法解释中的“推定式证明规则”,不仅会导致罪名选择的无序,也会导致裁判机关过于注重行为人主观面,从而扩大打击范围,影响共同犯罪理论在电信诈骗共同犯罪中的运用。同样地,正是由于刑事司法评价具有无序性,法院极为“依赖”罪量标准清

---

① 这些情形包括提供信用卡、资金支付结算账户、手机卡、通信工具的;非法获取、出售、提供公民个人信息的;制作、销售、提供“木马”程序和“钓鱼软件”等恶意程序的;提供“伪基站”设备或相关服务的;提供互联网接入、服务器托管、网络存储、通信传输等技术支持,或者提供支付结算等帮助的;在提供改号软件、通话线路等技术服务时,发现主叫号码被修改为国内党政机关、司法机关、公共服务部门号码,或者境外用户改为境内号码,仍提供服务的;提供资金、场所、交通、生活保障等帮助的;帮助转移诈骗犯罪所得及其产生的收益,套现、取现的。

晰具体的司法解释,但这种“依赖”的副作用是司法机关对涉数据网络犯罪的定性具有一定的僵硬性,导致罪刑不均衡。《关于办理非法利用信息网络、帮助信息网络犯罪活动等刑事案件适用法律若干问题的解释》第 12 条规定,为 3 个以上对象提供帮助的即构成帮助信息网络犯罪活动罪,而这一形式规定被严格贯彻,会导致帮助信息网络犯罪活动罪趋于“口袋化”。在“解封微信号案”①中,实务部门对该司法解释所规定的“3 个以上”即存在形式化解读的问题。在部分帮助信息网络犯罪活动罪中,行为人虽然接受了 3 个自然人的委托,但 3 人却隶属于同一犯罪团伙,委托事项也存在重复。此时,僵化理解“为 3 个以上对象”的效果是,仅仅根据行为所表征的行为人危险入罪,而行为人所提供的帮助行为在客观上并未间接助力于严重的危害社会行为。基于同样的逻辑,应当认为:当行为人的行为达到司法解释规定的罪量标准时,应当推定其对电信网络诈骗中的犯罪链条是明知的,从而推定其构成共同犯罪,但应当允许行为人对其不存在主观意思联络进行举证和反驳。此即“推定的共同犯罪说”。“推定的共同犯罪说”是在共同犯罪的传统框架内结合证据规则,进而产生了存在理论争议的相关司法解释。

其他同类司法解释所采取的是相同的共犯立场。以《淫秽信息解释(二)》为例,该司法解释将四种类型的传播淫秽物品的网络技术支持行为,如建立电子群组、网站及提供互联网接入、网络存储空间等传统意义上的帮助行为,不再作为传播淫秽物品罪、传播淫秽物品牟利罪的共犯论处,而是直接认定为传播淫秽物品罪、传播淫秽物品牟利罪的实行行为。实际上,论者先入为主地认为“实行行为”必须是“亲手犯”,而否认了以间接正犯解释该认定规则之可能。对于建立电子群组、网站及提供互联网接入、网络存储空间等行为,并非必须理解为“帮助行为”,因为,当作出前述举动的行为人明知其行为会被他人所利用仍执意为之时,该行为已经实质性地转化为实行行为。在技术越发复杂的当代社会,过于教条地理解“行为定型”已经不可能应对复杂的社会生活,正如故意杀人行为既可以是亲手杀死受害人,也可以是放狗咬死受害人,传播淫秽物品罪的正犯行为既可以是亲自传播淫秽物品,也可以是假他人之手传播淫秽物品。认为网络犯罪中的相关司法解释突破了传统共犯理论的观点,实际上是过于保守地对待行为类型,对实行行为之理解过于狭隘,将不必以共同犯罪框架进行分析的犯罪行为套入共同犯罪,从而陷入对共同犯罪理论的困惑。

结语

《电信诈骗意见》并无推翻《刑法》第 25 条任意共犯的实践意图。该意见中部分条文的表述引人误解,实为证明意义上的推定规则被错当作实体标准;也是因为司法解释对网络犯罪中“实行行为”的定型性采取了相对缓和但符合社会生活的理解。由于《电信诈

---

① 参见庄永廉等:《恶意帮助他人解封微信号的行为如何定性》,载《人民检察》2021 年第 6 期。

骗意见》及同类司法解释如《淫秽信息解释(二)》《网络赌博犯罪意见》等司法解释都无突破共犯理论之意,因而应将引起争议的条款抽离出共同犯罪的框架进行简单化分析,并在《刑法》第 25 条的共同犯罪理论框架内,结合司法解释惯用的“推定式证明”对其进行规范解读。

困境与出路：网络暴力行为刑事规制实证研究

——以 306 份判决为样本

彭安岩　于振楠　刘　晨*

摘要：尽管法学界对“网络暴力”的内涵与外延尚未形成完全一致的意见，但造成严重后果的网络暴力应受刑法规制的意见得到了绝大多数学者的支持。传统观点是将网络暴力进行类型化，具体细分为“网络语言暴力”、“人肉搜索”以及编造、传播虚假信息三类并分别以侮辱罪、诽谤罪及侵犯公民个人信息罪和寻衅滋事罪来定罪处罚。然而通过对相关判决的分析，在司法实践中，司法机关在裁判过程中存在规范适用混乱、裁判逻辑不清晰、寻衅滋事罪滥用以及产生“罪刑倒挂”等问题。因此，为实现对网络暴力良好的处治效果，有必要厘清司法裁判思路为规制网络暴力开辟新路径。

关键词：网络暴力　侮辱罪　诽谤罪　寻衅滋事罪

互联网带来便捷的信息交互体验的同时，也极大助长了信息类违法犯罪的蔓延。近些年，诸如利用信息网络泄露他人隐私、恶意辱骂他人、发布虚假信息等现象屡见报端，更令人痛心的是近年来因遭受网络暴力而选择轻生的群体呈现出低龄化趋势。根据中国社会科学院发布的《社会蓝皮书：2019 年中国社会形势分析与预测》，有近三成的青少年在短视频、社交软件、微博等网络场所遇到过辱骂信息。① 可见，遏制网络暴力、规范网民行为、净化网络生态已然迫在眉睫。

2022 年 4 月中央网络安全和信息化委员会办公室开展“清朗 · 网络暴力专项治理行动”，对网络暴力进行专项治理。同年 11 月，中央网络安全和信息化委员会办公室秘书

---

* 彭安岩，江苏省徐州市铜山区人民检察院党组成员、办公室主任；于振楠，暨南大学法学院 2022 级硕士研究生；刘晨，暨南大学法学院 2022 级硕士研究生。

① 参见李培林、陈光金、张翼主编：《社会蓝皮书：2019 年中国社会形势分析与预测》，社会科学文献出版社 2019 年版，第 179 ~ 202 页。

局印发《关于切实加强网络暴力治理的通知》,表示要进一步压实网站平台主体责任,健全完善长效工作机制,有效保障广大网民合法权益,维护文明健康的网络环境。[①] 2023 年 9 月 20 日,最高人民法院、最高人民检察院、公安部《关于依法惩治网络暴力违法犯罪的指导意见》(以下简称《指导意见》)发布,进一步明确针对网络暴力的刑法规制手段。

尽管如此,对于网络暴力问题的处治仍未达到理想的效果。无论是刘某某事件还是“网课爆破”事件,刑法的应对都稍显困顿,就目前来看刑法在适用上仍存在不足。因此,本文将通过对最近 10 年的 306 份司法判决进行分析,[②]揭示司法现状,梳理目前司法实践中在规制网络暴力时面临的困境,试图为惩治网络暴力提供解决思路。

一、网络暴力行为模式

网络暴力归根结底是一种利用网络而进行的不法信息传播行为,而不同的网络信息传播行为类型对人的伤害有直接或间接之分,但同时某些中伤他人的网络信息传播行为之间又存在密切联系,彼此经常互为目的和手段。传统观点认为网络暴力仅包含网络语言暴力,“人肉搜索”,编造谣言、传播虚假信息三种形式。[③]

(一)网络语言暴力

从表层含义来看,网络语言暴力是指以互联网为平台,利用语言、文字、符号、图片、视频、表情包、弹幕等信息发布方式对特定人进行人格侮辱、诽谤与诋毁。网民借助信息平台的匿名性,使用恶俗的语言并以非理性的宣泄方式来对他人进行持续且大规模的羞辱。

(二)“人肉搜索”型网络暴力

不同于正当目的的信息发布,“人肉搜索”是行为人以助推受害人遭受或进一步遭受网络攻击为目的,将攻击对象的姓名、年龄、住址、联系方式、工作单位等私密信息在网络上散布,从而使受害人“裸露”在网络社会中。这一行为不但使攻击对象更加明确和特定,而且极易使对受害人的暴行由人格侮辱转向对其日常生活的侵扰。

(三)“虚假信息”型网络暴力

编造谣言、传播虚假信息包括但不限于我们日常所了解的“网络谣言”。除了足以扰

---

① 参见《中央网信办印发〈关于切实加强网络暴力治理的通知〉》,载中央网络安全和信息化委员会办公室网,http://www.cac.gov.cn/2022-11/04/c_1669204414682178.htm。

② 样本来源说明:第一,之所以选取近 10 年(2013 年以后)的判决是由于 2013 年 9 月最高人民法院、最高人民检察院发布了《关于办理利用信息网络实施诽谤等刑事案件适用法律若干问题的解释》。自此,对于利用信息网络侮辱、诽谤他人确立了统一的入罪标准。第二,笔者通过北大法宝平台以“侮辱罪”、“诽谤罪”、“寻衅滋事罪”、“侵犯公民个人信息罪”以及“网络”为关键词进行检索同时通过“法宝联想”功能对《关于办理利用信息网络实施诽谤等刑事案件适用法律若干问题的解释》第 5 条进行相关司法案例检索,经过筛选共计得到 306 份判决书。其中涉嫌构成侮辱罪的共有 15 份,涉嫌构成诽谤罪的共有 106 份,涉嫌构成寻衅滋事罪的共有 171 份,涉嫌构成侵犯公民个人信息罪的共有 1 份,涉嫌构成强制侮辱罪的共有 2 份(因包含 12 件无罪判决以及数罪并罚,因此总数不等于 306)。

③ 参见徐才淇:《论网络暴力行为的刑法规制》,载《法律适用》2016 年第 3 期。

乱公共秩序的"谣言"外,利用技术手段——如通过图像合成技术——制作并传播能够造成对他人社会评价降低的虚假的音频、图像、视频等行为亦属此类。同时在自媒体时代,自媒体为博眼球而歪曲事实、断章取义或不当渲染,制造足以引起社会公众误解的信息并加以传播,严重扰乱社会秩序的,也应划归为编造、传播虚假信息。

二、网络暴力刑事规制现状

为规范网络信息传播活动,目前司法实践中常见的做法是通过解释现有《刑法》条文,试图使行为人的行为与现有规范相契合,从而达到规制网络暴力的预期,然而此举在实践中却产生了一系列新问题。

(一)网络暴力行为刑事认定及规范适用

目前来看,实务界对网络暴力的规制是在现行刑法体系下根据上文所提及的三种划分方式将网络暴力进一步确定为利用信息网络侮辱、诽谤他人的行为,利用信息网络侵犯公民个人信息的行为和利用信息网络编造、传播虚假信息的行为,从而在刑事司法实践中分别以侮辱罪、诽谤罪、侵犯公民个人信息罪以及寻衅滋事罪来分别定罪处罚。其中,寻衅滋事罪与诽谤罪居前二(见图1),除此4项罪名外,有的法院在审理相关案件时还判定了其他罪名,如强制侮辱罪。

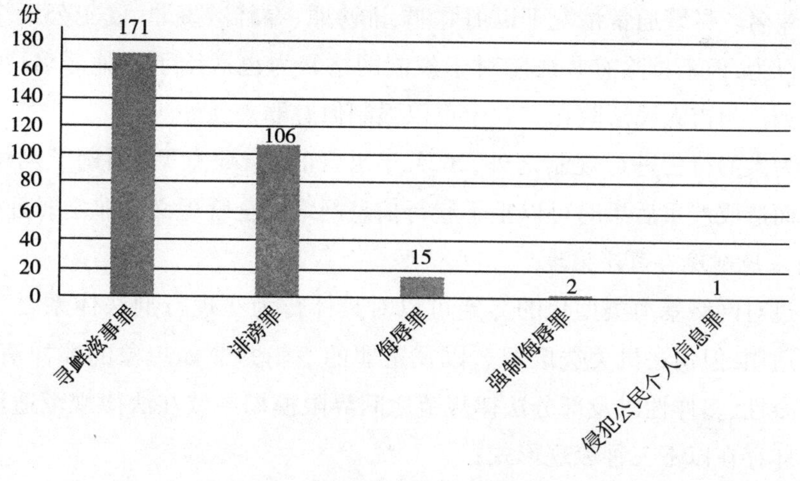

图1 规制网络暴力适用的罪名

具体而言,法院根据行为人不同的行为方式将行为人的行为纳入刑法体系来进行评价,如果满足对应罪名的构成要件即构成犯罪。

1. 侮辱罪与诽谤罪。《刑法》第246条规定了侮辱罪、诽谤罪。如果行为人利用信息网络在互联网平台对他人进行侮辱、诽谤,情节严重,行为人即可构成此罪。与此同时,最高人民法院、最高人民检察院《关于办理利用信息网络实施诽谤等刑事案件适用法律若干问题的解释》(以下简称《网络诽谤解释》)中对于入罪标准的"情节严重"进行了细化。而且,《网络诽谤解释》还进一步明确了自诉转公诉的情形。

2. 寻衅滋事罪。《网络诽谤解释》第 5 条规定:“利用信息网络辱骂、恐吓他人,情节恶劣,破坏社会秩序的,依照刑法第二百九十三条第一款第(二)项的规定,以寻衅滋事罪定罪处罚。编造虚假信息,或者明知是编造的虚假信息,在信息网络上散布,或者组织、指使人员在信息网络上散布,起哄闹事,造成公共秩序严重混乱的,依照刑法第二百九十三条第一款第(四)项的规定,以寻衅滋事罪定罪处罚。”由此可知,行为人在互联网平台编造并传播虚假信息造成秩序混乱的,则常以寻衅滋事罪定罪处罚。同时,该条第 1 款也进一步强调,行为人利用信息网络辱骂他人,破坏社会秩序的以寻衅滋事罪定罪处罚。

3. 侵犯公民个人信息罪。2015 年《刑法修正案(九)》对互联网信息犯罪进行了较大程度的补充并对《刑法》第 253 条之一作出了较大修改,将犯罪主体扩大至一般普通公民。2017 年最高人民法院、最高人民检察院《关于办理侵犯公民个人信息刑事案件适用法律若干问题的解释》(以下简称《侵犯公民个人信息解释》),对于“个人信息”范围,“提供公民个人信息”行为方式以及“情节严重”的入罪标准作出了更加清晰的规定。这也意味着行为人“通过信息网络或者其他途径发布公民个人信息”达到“情节严重”标准时即构成犯罪。由此,对于行为人实施的“人肉搜索”行为通常是以此为依据以侵犯公民个人信息罪进行定罪量刑。

4. 其他罪名。尽管通常情况下以侮辱罪、诽谤罪、寻衅滋事罪、侵犯公民个人信息罪来规制网暴行为,但不排除有些法院对于规制网络暴力也适用了其他罪名,如广东省汕头市潮阳区和化州市人民法院在实践中也以强制侮辱罪来惩处。①

除对行为人的行为进行规制之外,2023 年出台的《指导意见》明确了网络平台不履行相关义务而造成严重后果时可以拒不履行信息网络安全管理义务罪定罪处罚。

(二)网暴规制现存司法困境

尽管通过对网络暴力类型化的界定可以对具体行为在现行刑法体系之下找到相对应的罪名来适用,但司法机关选取罪名以及定罪的逻辑并非如想象的那样清晰明了,网暴行为的复杂性、多样性以及部分法律规范之间界限模糊导致在法律规范适用上存在较大分歧。具体存在以下三种表现形式:

1. 规范交叉。在现行刑法体系和刑法理论之下,存在行为人的某一行为可能满足不同罪的入罪标准而同时触犯不同罪名的情况,刑法理论中称为“竞合”。通常而言,无论是想象竞合还是法条竞合,处理方式均为择一重罪论处。但在具体司法实践中,放到规制网络暴力视域下却存在认定上的分歧。其中一个重要原因是侮辱罪、诽谤罪与寻衅滋

---

① 两个案件的案情极为相似,均为行为人将受害人的裸体照片以及性爱视频发布至网络,同时捏造虚假事实(恶意捏造受害人从事卖淫服务)并伴随有侮辱语言和辱骂信息,两地法院都认为行为人的行为触犯《刑法》第 237 条,从而以强制侮辱罪定罪处罚。

事罪的有关规定之间存在交叉。

上文提到的《网络诽谤解释》第 5 条规定了行为人利用信息网络辱骂、恐吓他人，情节恶劣，破坏社会秩序的，以寻衅滋事罪定罪处罚。此条承接的是《刑法》第 293 条第 1 款第 2 项规定的“追逐、拦截、辱骂、恐吓他人，情节恶劣的”，与此同时，最高人民法院、最高人民检察院《关于办理寻衅滋事刑事案件适用法律若干问题的解释》（以下简称《寻衅滋事解释》）第 3 条第 4 项规定“引起他人精神失常、自杀等严重后果的”应当认定为《刑法》第 293 条第 1 款第 2 项规定的“情节恶劣”。总结而言，按照上述规范，如果行为人利用信息网络辱骂他人，造成受害人精神失常、自杀等严重后果，即达到了寻衅滋事罪的入罪标准。但问题在于，《网络诽谤解释》第 2 条同样规定，利用信息网络诽谤他人，造成被害人或者其近亲属精神失常、自残、自杀等严重后果的，应当认定为《刑法》第 246 条第 1 款规定的“情节严重”，即构成侮辱罪或诽谤罪。可见，刑法规范的规定在此处存在明显的交叉（见图 2），由此导致的问题是，如果行为人利用信息网络发布对受害人辱骂、侮辱等信息，造成受害人自杀、精神失常，到底应该定寻衅滋事罪还是侮辱罪？

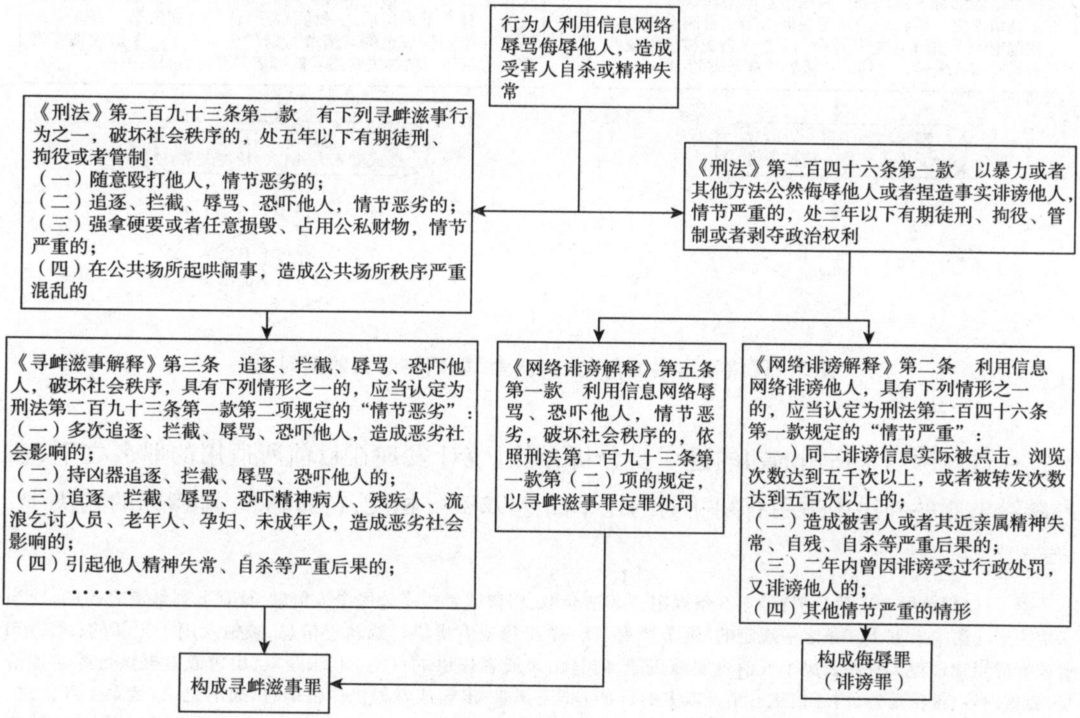

图 2　利用信息网络侮辱他人定罪路径

2.“罪刑倒挂”。除了司法解释在侮辱罪、诽谤罪与寻衅滋事罪之间存在规定上的交叉融合外，在规制“人肉搜索”型网络暴力时，司法解释中的规定也存在值得商榷的地方。通过图 3 的对比不难发现，对侵犯公民个人信息罪的处罚分为“情节严重”和“情节特别严重”两级。《侵犯公民个人信息解释》第 5 条对此作了进一步细化，[①]其中第 5 条第 2 款第 1 项规定“造成被害人死亡、重伤、精神失常或者被绑架等严重后果的”即符合“情节特别严重”的情形，这也就意味着行为人将会被判处 3 年以上 7 年以下有期徒刑。而根据《网络诽谤解释》第 2 条的规定，利用信息网络诽谤他人，造成被害人或者其近亲属精神失常、自残、自杀等严重后果的将被认定为达到“情节严重”的程度，行为人将会被处以 3 年有期徒刑以下刑罚。简言之，行为人利用信息网络对受害人“人肉搜索”造成受害人精神失常或自杀自残时，将会被判处 3 年以上 7 年以下有期徒刑，然而行为人利用信息网络对受害人实施侮辱诽谤造成受害人自杀或精神失常的却被判处 3 年有期徒刑以下刑罚（见图 3），此难言合理。

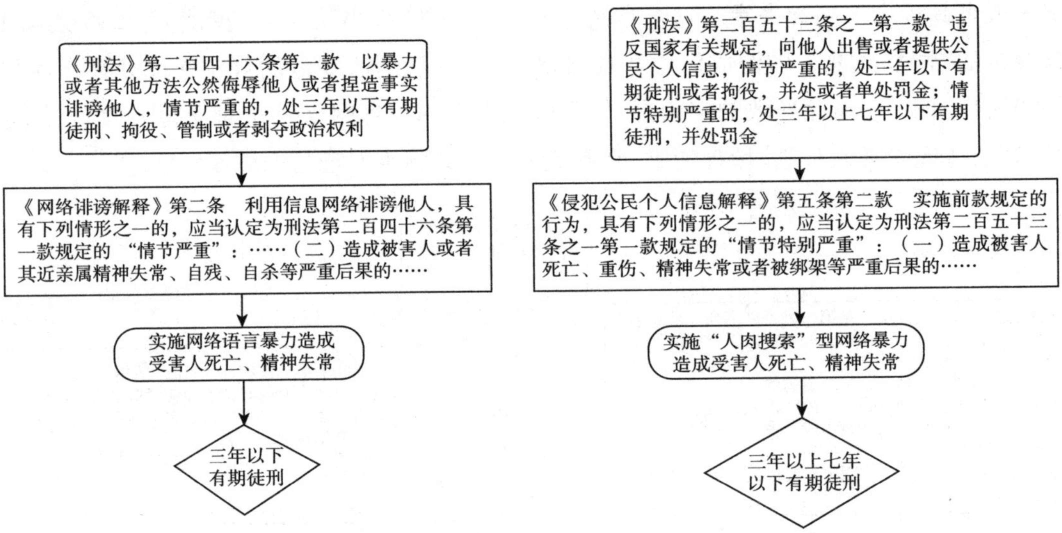

图 3　网络语言暴力与“人肉搜索”型网络暴力罪刑对比

通过对网暴者适用刑罚的进一步分析，经过统计发现在目前所适用的罪名之下，在寻衅滋事罪的判决中适用有期徒刑的比率高达 92%。相反，在侮辱罪、诽谤罪的判决中，

---

① 《侵犯公民个人信息解释》第 5 条规定：“非法获取、出售或者提供公民个人信息，具有下列情形之一的，应当认定为刑法第二百五十三条之一规定的‘情节严重’：（一）出售或者提供行踪轨迹信息，被他人用于犯罪的；（二）知道或者应当知道他人利用公民个人信息实施犯罪，向其出售或者提供的；（三）非法获取、出售或者提供行踪轨迹信息、通信内容、征信信息、财产信息五十条以上的；（四）非法获取、出售或者提供住宿信息、通信记录、健康生理信息、交易信息等其他可能影响人身、财产安全的公民个人信息五百条以上的；（五）非法获取、出售或者提供第三项、第四项规定以外的公民个人信息五千条以上的；（六）数量未达到第三项至第五项规定标准，但是按相应比例合计达到有关数量标准的；（七）违法所得五千元以上的；（八）将在履行职责或者提供服务过程中获得的公民个人信息出售或者提供给他人，数量或者数额达到第三项至第七项规定标准一半以上的；（九）曾因侵犯公民个人信息受过刑事处罚或者二年内受过行政处罚，又非法获取、出售或者提供公民个人信息的；（十）其他情节严重的情形。实施前款规定的行为，具有下列情形之一的，应当认定为刑法第二百五十三条之一第一款规定的‘情节特别严重’：（一）造成被害人死亡、重伤、精神失常或者被绑架等严重后果的；（二）造成重大经济损失或者恶劣社会影响的；（三）数量或者数额达到前款第三项至第八项规定标准十倍以上的；（四）其他情节特别严重的情形。”

有期徒刑的适用率为67%,而且免予刑事处罚的比例也达到5%。整体而言,法院在适用寻衅滋事罪时刑期整体要高于适用侮辱罪与诽谤罪的刑期,通过取其中位数的方式可以发现,寻衅滋事罪的适用刑期的中位数落在12—18月区间,而侮辱罪与诽谤罪适用刑期的中位数则落在6—12月区间。此外,由于案件数量较少,目前的以侵犯公民个人信息罪定罪的一起案件中7名被告人分别被判处3年到6年不等的有期徒刑(具体数据见图4“网络暴力刑罚适用数据看板”)。所以可以得出的结论是,就目前的司法实践来看在刑罚轻重适用方面侮辱罪、诽谤罪<寻衅滋事罪<侵犯公民个人信息罪,即刑罚更注重打击“人肉搜索”型网络暴力,“虚假信息”型次之,最后才是网络语言暴力。然而,这种处罚程度上的差异却与行为人对受害人造成伤害的程度以及社会危害性不相匹配。

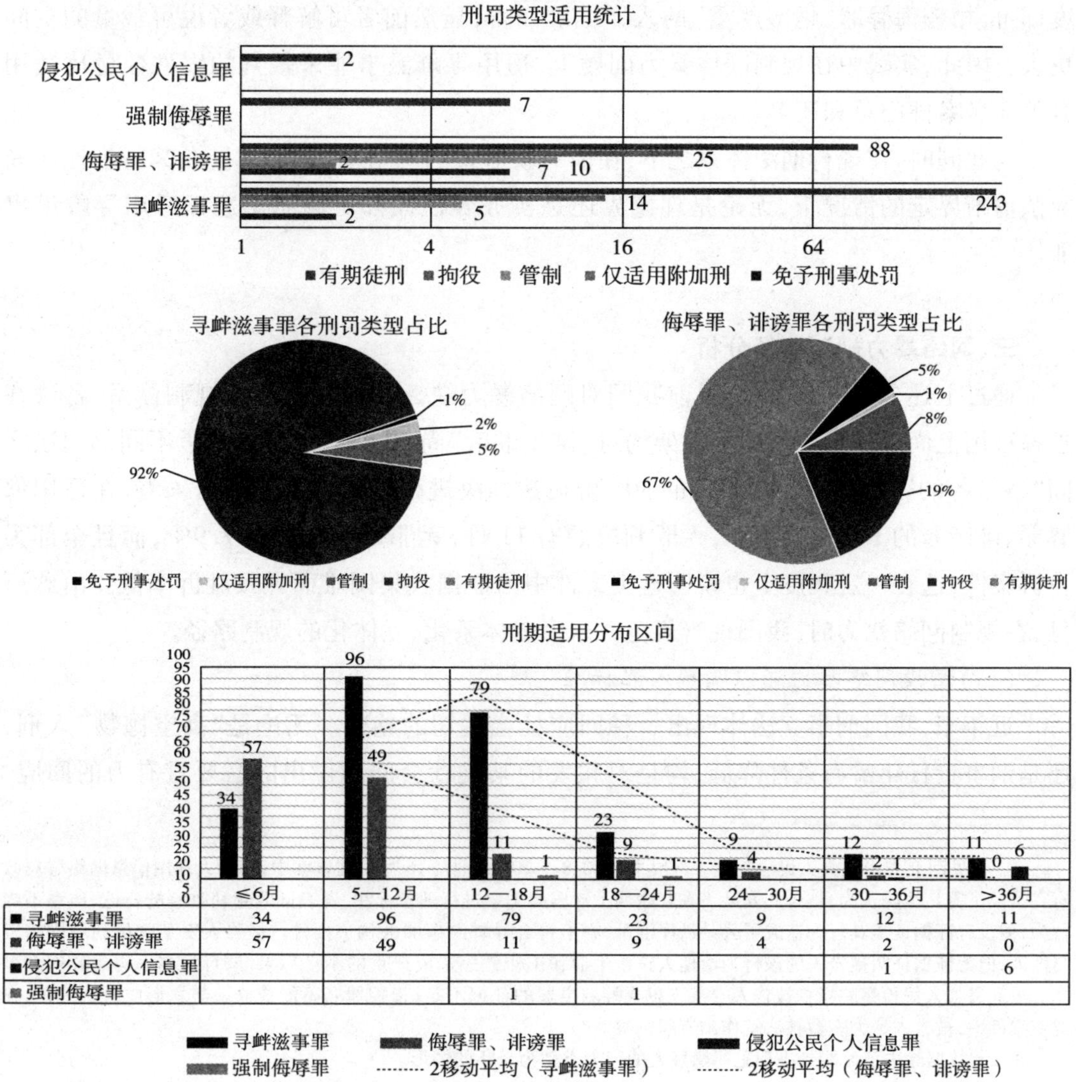

	≤6月	5—12月	12—18月	18—24月	24—30月	30—36月	>36月
寻衅滋事罪	34	96	79	23	9	12	11
侮辱罪、诽谤罪	57	49	11	9	4	2	0
侵犯公民个人信息罪						1	6
强制侮辱罪			1	1			

图4　网络暴力刑罚适用数据看板

综上所述，司法解释之间的交叉规定加剧了司法机关裁量困难，导致司法机关在罪名选择上容易陷入矛盾。然而寻衅滋事罪相对于侮辱罪、诽谤罪而言乃重罪，在现行刑法体系之下，该如何在这些罪名之间进行取舍目前还缺乏明确的指引。此外，在当前司法实践中甚至一度也出现了类似情形下不同司法机关存在罪与非罪的分歧的情况。①

3. 寻衅滋事罪滥用。承接上文，同样是利用信息网络辱骂他人，在具体司法实践中，经过检索发现，在适用《网络诽谤解释》第 5 条以寻衅滋事罪定罪量刑的 171 件司法判决中，适用第 1 款的有 53 件，②而适用《刑法》第 246 条以侮辱罪定罪的仅有 15 件。显而易见，在司法实践中，寻衅滋事罪的适用率要远高于侮辱罪的适用率。相较而言，适用寻衅滋事罪不需要考虑受害人自诉与否，而且构成寻衅滋事罪只要达到"破坏社会秩序"的程度即可，相较侮辱罪"情节严重"的入罪标准而言，显然前者可解释或者说可裁量的空间更大。因此，实践中在规制网络暴力问题上，适用寻衅滋事罪来裁判的案件数量比适用其他罪名案件的总和还多。

与此同时，在现行刑法体系之下，在面对新形式的网络暴力行为时，在其行为性质尚无法清晰界定的情况下，无论是理论界还是实务界往往都更倾向于选择适用寻衅滋事罪。③

三、网络暴力规制路径分析

通过上述分析不难发现，目前我国对网络暴力缺乏立体化的法律规制体系，各法在选择适用上尚未形成合理的层次架构对"谁先谁后"尚不清晰，因此导致了不同部门法之间"各管各的"局面。从 10 年来的 306 份司法判决进行分析得出的数据来看，在适用侮辱罪、诽谤罪的 140 件案件中，无罪判决的有 11 件，无罪判决率达到 7.9%，而且全部为自诉案件，这在一定程度上也说明这类案件中因证据收集困难而导致胜诉率低。由此可见，在规制网络暴力时，我国现行规范并未形成体系化、立体化的规制路径。

（一）增设网络暴力罪以明确入罪标准

近年来，我国刑事立法体现出一种回应社会关切的趋向。无论是"高空抛物"入刑，还是刑事责任年龄有条件降低，均是对频发的某类社会问题做出的必要且有力的回应。

① 参见河北省尚义县人民法院刑事判决书，(2018)冀 0725 刑初 16 号。在该案中，行为人利用信息网络辱骂政府官员及民警。法院认为，被告人安某飞在互联网上对国旗图案进行随意标注、发表诋毁党和政府的言论，虽系不当行为，但没有证据证实其行为造成了公共秩序混乱，亦不符合寻衅滋事罪的构成要件。被告人安某飞虽利用网络辱骂他人，但无证据证明被告人的该行为给他人正常生活和工作秩序造成严重的不良后果，该行为亦不构成寻衅滋事罪。故尚义县人民检察院指控被告人安某飞犯寻衅滋事罪的证据不足，指控罪名不能成立。与之形成对比的是，在类似案件中，被告人绝大多数被法院作出有罪判决。

② 此数据除去了无罪判决和犯罪嫌疑人的行为类型为恐吓的情形。

③ 例如"网课爆破"事件中，已经有不少声音认为，行为人实施"网课爆破"的可能涉嫌构成寻衅滋事罪。表明此立场的文献参见张庆立：《"网课爆破"行为涉罪分析》，载《检察风云》2023 年第 1 期；赵丽：《"网课爆破"污秽不堪涉嫌违法犯罪》，载《法治日报》2022 年 11 月 5 日，第 4 版。

而在《民法典》将人格权独立成编的背景下,刑事立法在保障公民人格尊严方面的反应稍显迟滞。结合前文所述,即使目前针对利用网络进行不法信息传播的行为已经有了进一步的规定,但在具体实践中依然无法摆脱法律适用混乱的局面,这或许也可以解释为何在相关司法解释出台后,网暴事件依然层出不穷甚至大有泛滥趋势。可见,通过司法解释来规制网暴行为收效甚微,而且在网络空间如何对"公共秩序"作出合理的解释亦是难点。

对于这种涉及人数众多的违法行为,甚至可以将受过行政处罚作为入罪的前置条件。申言之,网暴行为常体现为一种群体性的不法行为,因此以刑法惩处每个施暴者显然不现实。所以在利用刑法的手段惩处网暴者时,可以借鉴聚众类犯罪的处罚模式,可以根据行为人发帖数量、行为性质、危害程度以及是否曾因网暴受到过行政处罚等因素,定位发起者、积极参加者、幕后策划和组织者,再按照行为人行为的性质,危害程度施加不同的刑罚。

针对网络暴力专设罪名,国外已有相关先例,法国刑法规定有"精神骚扰罪",指出使用公共在线交流服务以言语或行为反复骚扰他人,使对方精神健康受到损害,最多可被判2年监禁和3万欧元的罚款。[①] 可见,将网络暴力罪名化并非毫无可能。

(二)完善行政处罚与刑法衔接

网络暴力犯罪具有明显的群体性特征,所以在刑罚无法惩处所有网暴参与者的情况下,行政法规应当补齐刑法的短板从而能够像处置涉及人身、财产的违法行为一样实现行刑有效衔接和"良好互动"。基于此,行政法规需要进一步明确各方主体责任,通过行政立法明确网民、网络平台、执法部门等有关各方的义务范围。在复杂的网络环境下充分发挥行政手段的优势,明确对网暴者适用资格罚、财产罚、自由罚情形,针对网暴者不同程度的网暴行为划分不同的处罚梯度。从轻到重分别科处警告、罚款、行政拘留,同时并处禁言、记入社会信用档案等处罚。由于网暴行为常常会给受害人造成巨大的心理创伤,因此遏制网暴重在事前预防而非侧重事后打击。而且在网络时代,利用网络平台发言是一种重要的民意表达途径同时也是一种重要的维权手段,在不少情况下行为人常常因难以抑制情绪在批评中逾越法律的红线,所以要扩大"警告"的适用范围,切不能以粗暴的罚款、拘留来代替必要的提醒和警告。对于正在发生或者已经发生的网络暴力,网络执法部门可以通过弹窗、私信等手段对网暴者进行提醒或警告。

只有完善以上行政措施,对于尚未达到入罪标准的施暴者,行政法规制手段才能做到有效衔接,而且通过发挥行政手段灵活的优势,通过预防与打击相结合,做到预防为主、打击为辅,才能够将网络暴力扼杀在摇篮之中。

---

① 参见《最新法国刑法典》,朱琳译,法律出版社2016年版,第99页。

（三）探索建构禁令制度

域外法中，在新加坡，网暴受害人不但可以提起一般侵权诉讼，还可以向法院申请保护令、紧急保护令、停止发布令、更正令等禁令。针对网暴者匿名困境，在新加坡根据有关法律，可以通过任何其他唯一标识符来识别该方。同时，新加坡法律还明确了警方在侦查网暴违法犯罪方面的职责。针对网络平台，新加坡法律要求其不可再以纯粹“中立者”身份自居，而是应主动参与防治，要求其坚决服从法院签发的相关禁令。①

针对网暴应更加注重事前预防，然而在网暴中，受害人常处于极度弱势地位，因此拓宽受害人的救济渠道乃化解网暴治理难的有效路径。因此，可以参照新加坡的方案，赋予受害人向司法机关申请禁令的权利，进而要求网络平台、行政机关切实履行相应的责任。

（四）引入公益诉讼以克服受害人取证难弊端

2021 年实施的《个人信息保护法》第 70 条赋予了人民检察院等部门针对违法处理个人信息，侵害众多个人权益的行为向人民法院直接提起诉讼的权力。因此，针对“人肉搜索”型网络暴力，人民检察院等单位或组织提起公益诉讼似乎已有法可依。基于此，对于网络侮辱、网络诽谤甚至是“网课爆破”等大规模利用信息网络侵害他人权益的行为，引入公益诉讼可以有效克服受害人因取证难而无法及时获得救济的困境，从而真正实现惩恶扬善。

（五）必要时制定“反网络暴力法”

目前网络暴力犯罪呈现出屡禁不止的局面，网络暴力形式的多样性以及变幻莫测的特征使现行规制手段在应对上已经呈现出明显的不足。面对网络暴力屡禁不止的态势，有必要通过专门立法来对其进行打击。近年来，我国针对长期困扰的“社会顽疾”问题，通过专项立法的方式予以打击，如 2022 年 5 月 1 日实施的《反有组织犯罪法》在打击“黑恶势力”的违法犯罪活动上取得明显成效。而且世界范围内有不少国家已经开始就规范网络行为制定专门法律规范。2021 年澳大利亚联邦政府的反网络暴力法案在议会上获得通过。② 此外，美国也已有 22 个州的反欺凌法将网络欺凌纳入其中。③

根据全国人民代表大会监察和司法委员会于 2022 年 10 月公布的《关于第十三届全国人民代表大会第五次会议主席团交付审议的代表提出的议案审议结果的报告》，已经

---

① 参见王彩玉、曾铉：《新加坡网络暴力防治的立法审视与实践考察》，载《现代世界警察》2023 年第 7 期。

② 参见《澳参议院通过反网络暴力法案　霸凌者面临重罚》，载中国新闻网 2021 年 6 月 24 日，https://baijiahao.baidu.com/s?id=1703438854826739974&wfr=spider&for=pc。

③ 参见《虚拟世界，何以制止欺凌行为》，载人民网，http://world.people.com.cn/n/2015/0513/c1002-26991026.html。

有不止一件关于制定反网络暴力法的议案向全国人大提出。① 而且学术界也有声音提出"制定'反网络暴力法'作为规制网络暴力的专门立法,是长效治理网络暴力的必然之举"②。我们有理由相信,未来如果网暴行为无法得到有效的遏制,制定"反网络暴力法"不乏是一项可行且有效的措施。

四、结语

我国现行的刑事法律和行政规范对于人身权益的保护普遍局限于对人外在身体完整和身体健康的保护,对于心理健康和精神损害缺乏必要的关注。相较法国刑法惩处精神上的欺凌,我国无论是刑法还是行政法在惩处造成他人精神损害行为这一方面已与社会发展相脱节。对于诸如网络暴力这类造成他人极大心理痛苦和精神损伤的行为,只能依据《民法典》的规定寻求民事救济,反映出我国现行法律体系在规制网络暴力问题上存在缺漏。因此,为了回应《民法典》对保护人格权的关切,行政法、刑法应当作出及时且有效的反馈,各自发挥在惩治违法犯罪方面的优势,形成一种以民法为基础,以刑法为保障,以行政法为补充的立体化的规范体系,从而实现法律之间的默契配合和良性互动,有效避免网暴行为对他人、对社会的伤害。

---

① 参见《全国人民代表大会监察和司法委员会关于第十三届全国人民代表大会第五次会议主席团交付审议的代表提出的议案审议结果的报告》,载中国人大网,http://www.npc.gov.cn/c2/c30834/202210/t20221029_320051.html。

② 刘艳红:《理念、逻辑与路径:网络暴力法治化治理研究》,载《江淮论坛》2022年第6期。

轻伤害案件诉讼机制研究

江苏省沭阳县人民检察院课题组*

摘要:我国轻伤害案件采取自诉与公诉并行的双轨制诉讼模式,在实践中逐渐异化为公诉处理的一元化格局。从诉权失衡现象,剖析轻伤害案件刑事诉讼面临的刑事和解制度虚化、自诉制度休眠、诉权变更障碍等问题,可以探索增设司法属性的“诉前调解”机制,推动轻伤害案件诉前分流;建立“自诉为主、公诉为辅”原则,激活刑事自诉;当公诉权面临被害人诉权变更选择自诉或者申请撤销案件,不再追究行为人刑事责任时,秉承谦抑理念,适时作出撤销案件、撤回起诉、不起诉或者免予刑事处罚等实体轻缓处理,优化诉权冲突时轻伤害案件程序分流与非刑罚处理。

关键词:轻伤害　诉权失衡　诉前调解　刑事自诉　诉权变更

根据我国《刑事诉讼法》规定,轻伤害案件实行自诉与公诉并行的双轨制追诉模式,旨在实现诉讼公正与效率的价值衡平。然而,随着公民诉权在刑事诉讼领域逐渐式微,轻伤害案件公诉化处理的一元格局日益成型,反观由此引发的案件数量激增、天价索赔、信访矛盾等法律与社会问题,司法效果很不理想。2022 年 1 月 17 日召开的全国检察长(扩大)会议提出研究制定办理轻伤害案件指导意见,折射出革新轻伤害案件公诉化处理弊端的现实性、紧迫性,各地检察机关相继进行了轻伤害案件委托人民调解、设立刑事和解室、赔偿保证金等系列探索。2022 年 12 月 22 日,最高人民检察院、公安部联合发布《关于依法妥善办理轻伤害案件的指导意见》,要求坚持严格依法办案,注重矛盾化解、诉源治理,落实宽严相济刑事政策等,提升轻伤害案件办案质效,促进矛盾化解和诉源治理,从宏观上为轻伤害案件刑事诉讼程序分流与实体上的轻缓处理提供指引。课题组以

---

* 课题负责人:张海涛,江苏省沭阳县人民检察院党组书记、检察长。课题组成员:徐海涛,江苏省沭阳县人民检察院党组成员、副检察长;张涛,江苏省沭阳县人民检察院第一检察部副主任。本文系 2022 年度江苏省人民检察院检察理论研究课题“轻伤害案件诉讼机制研究”(课题编号:SJ2022B12)的成果。

诉权失衡现象为引，检视轻伤害案件诉讼机制运行中遇到的法律与实践障碍，从刑事诉讼流程视角探索构建科学合理的轻伤害案件诉讼机制，推进案件程序分流与实体性的非刑罚处理。

一、问题提出——双轨制诉权失衡与实证检视

（一）轻伤害案件双轨制诉讼模式失衡

"诉权，指人民为保护自己权利而向国家请求救济之权利"。[①] 根据我国《刑事诉讼法》第 19 条、第 114 条、第 210 条和最高人民法院《关于适用〈中华人民共和国刑事诉讼法〉的解释》第 1 条等的规定，轻伤害案件属于被害人有证据证明的轻微刑事案件，刑事诉讼立法将诉权选择的权利赋予被害人，当遭受犯罪行为侵害导致轻伤时，被害人有权选择向法院提起自诉，或者向公安机关报案进入公诉程序进行救济。相较而言，公诉模式在惩罚犯罪、维护被害人权益方面具有得天独厚的公权力优势。如通过自诉可以进行调解、自行和解或者撤回起诉，去犯罪化处理能够在兼顾被害人诉权救济的同时，实现对被告人以非刑罚办法进行惩罚的可能。探究立法原意，轻伤害案件采取自诉与公诉并行的双轨制诉讼模式，绝不是为了片面追求案件的实体真实或者程序正义，而是更加注重定分止争。从双轨制诉讼模式运行来看，刑事诉权逐渐从公民行使为主，转向由专门的司法机关行使，自诉权与自诉制度逐渐弱化。究其原因，很重要的一点便在于国家追诉与公民个人防御被视为刑事诉讼中的矛盾主线。[②] 就刑事自诉而言，自诉人承担与公诉模式中司法机关同等的证明责任和诉讼风险，而在诉讼收益上却毫无优势，基于功利考量，必然导致被害人优先选择公诉。[③] 就司法机关而言，少数侦查机关甚至存在绩效考核"人头"现象，轻伤害案件常见、多发、易办，自然成为司法办案首选。这也导致本来能够通过自诉程序消解的轻伤害案件，人为地涌入公诉程序。加之我国奉行起诉法定主义，检察机关对于事实清楚、证据确实充分的轻伤害案件，即便双方达成刑事和解，也会公诉至法院，轻伤害案件公诉化处理格局逐渐成形。

（二）轻伤害案件公诉化处理的效果检视

司法资源不应平均分配到不同案件中，诉讼程序也不应对所有案件一视同仁，否则将会造成有限司法资源下整体审判程序的拥挤和草率，诉讼程序迟延的直接结果是诉讼的不公正。[④] 调研发现，当前轻伤害案件办理集中呈现以下特点：一是案件数量大。检察机关受理的轻伤害案件，多因婚姻、家庭、邻里纠纷或者偶然事件等引发，是常见多发的

---

① 郑兢毅编著：《法律大辞书》，商务印书馆 2012 年版，第 1346 页。

② 参见梁君瑜：《诉权概念的历史溯源与现代扩张》，载《西部法学评论》2018 年第 1 期。

③ 参见黄京平：《刑事和解的政策性运行到法制化运行——以当事人和解的轻伤害案件为样本的分析》，载《中国法学》2013 年第 3 期。

④ 参见吴小帅、周长军：《社会转型期告诉才处理制度的价值根基与范围重构》，载《理论学刊》2015 年第 4 期。

典型"小案"。二是复杂程度高。轻伤害案件在证据审查、证明标准把握、化解矛盾、是否批捕公诉等方面并不比大案简单,有的还属于疑难复杂案件。例如,正当防卫认定、伤害行为与损害结果的因果关系等,都是司法实践常见难题。三是刑罚轻缓率高。轻伤害案件刑事和解率往往高达 90% 以上,对于"犯罪事实清楚,证据确实充分",被告人自愿认罪认罚的,人民法院往往会判处有期徒刑、拘役并适用缓刑,甚至免予刑事处罚,部分地区轻缓刑比例达 48.1% 。四是申诉信访比率高。在"事实不清、证据不足",由检察机关不批捕、不起诉的案件,或者证据薄弱但仍提起公诉的案件中,定罪分歧贯穿诉讼始终,矛盾化解困难重重,当事人容易因矛盾未化解或者对案件处理结果不满而提出申诉。近 3 年全国刑事申诉 4 万多件,轻伤害案件占比 25% 左右。如果按照传统的司法办案模式,以批准逮捕、提起公诉倒逼行为人认罪服法、刑事和解,难免有滥用国家追诉资源之嫌,极易诱发涉法涉诉风险。实践表明,轻伤害案件公诉处理,易出现重惩罚、轻保护,重报应、轻恢复的报应刑痕迹,既耗散司法资源,也加剧社会对立,不利于社会治理。一些轻伤害案件处理甚至反衬出被害人的图财之恶,行为人的畏刑之弱。从实践中"一拳头一套房""钱到位才谅解"等畸形现象即可窥一斑,其已严重背离轻伤害案件双轨制诉讼模式初衷,无论是从司法办案的政治效果、法律效果还是社会效果来看,答案都是否定的。

二、轻伤害案件诉讼机制运行弊端

轻伤害案件是典型"小案",但是"小案"却无法简办,探究轻伤害案件双轨制诉讼运行实践,不难发现其在当事人和解、自诉权运行、诉权变更等方面的问题,主要表现在以下几个方面。

(一)缺乏司法属性的"诉前调解"机制

在轻伤害案件中,被害人的利益主要包括有效的精神和物质补偿、公正的司法待遇,[①]调解与诉讼为主要纠纷解决机制。被害人往往从被侵害之初惩罚犯罪的诉求强烈,逐渐回归理性选择相应的民事赔偿,至于提出自诉还是以公诉方式实现诉求,仅是权利救济的手段而已。实践显示,在刑事和解前提下,被害人往往选择谅解行为人,希望司法机关不再追究刑事责任,以刑罚惩罚行为人不再是被害人的必然诉求。《刑事诉讼法》对当事人和解的公诉案件规定的特别程序,成为司法机关追求行为人惩戒、被害人救济与法益恢复的现实选择。然而,轻伤害案件和解制度在公诉应用中呈现出一定的"附庸性"。一方面,由于当事人对司法权威的信赖、民事赔偿标准预期等功利需求,传统的人民调解、行政调解力不从心,检察机关、法院的和解职能具有滞后性,面临提前介入障碍。另一方面,司法机关往往缺乏主动调解的积极动因,多为面对轻伤害案件事实不清、证据

① 参见雷小政:《比较与借鉴:刑事诉讼价值权衡的方法论基础》,载《法律科学(西北政法大学学报)》2009 年第 1 期。

不足、信访纠纷等因素时被动调处，实际上仍有赖于当事人自行和解。调研发现检察机关作出相对不起诉的案件中，当事人和解比例不到20%，个别地区刑事和解率不到2%，其中七成以上是当事人自行和解。鉴于此，在轻伤害案件刑事诉讼流程中建立具有司法属性的诉前调解机制，将刑事和解制度价值普适化、前置化，对于从源头上推动以非刑罚方式处理轻伤害案件具有现实意义。

（二）刑事自诉制度逐渐为"休眠条款"

根据《刑事诉讼法》第114条规定，对于自诉案件，被害人有权向人民法院直接起诉，并在第三编第二章第二节对刑事自诉案件范围、审查处理、调解、和解、撤回自诉等作了规定。对于轻伤害自诉案件，《刑事诉讼法》设定开庭审判的审查条件为"犯罪事实清楚，有足够证据"。被害人实际上承担着严格举证责任，缺乏罪证的，如果提不出补充证据，面临被动撤回自诉，或者被法院裁定驳回的法律后果。案件进入审理程序后，被害人的举证责任并未减轻，仍需承担控诉责任，如果控诉不力，败诉风险在所难免。结合我国国情，自诉主体往往面临法律专业知识欠缺、自我调查取证困难、举证不力、缺乏律师代理获取有效法律帮助等缺陷，现行立法以罪证足够作为自诉案件开庭审理的门槛，无形中将能够通过自诉处理的案件进行程序分割，推向公安机关管辖进而进入公诉流程。此外，最高人民法院《关于适用〈中华人民共和国刑事诉讼法〉的解释》规定，对于人民检察院没有提起公诉，被害人有证据证明的轻伤害案件，被害人直接向人民法院起诉的，人民法院应当依法受理。这是否意味着轻伤害案件必须以公诉程序为前提，无论从文义解读上看，还是就诉讼实践而言，其都隐含着"公诉优先"理念，刑事诉讼法律关于自诉案件的诉权行使条件的规定并不明确，容易引发管辖混乱。综上，公诉模式特有的制度优势，势必裹挟自诉人的功利选择，助推轻伤害案件公诉处理替代自诉救济，易使刑事自诉相关法律规定失去应有的诉讼价值。

（三）诉权变更存在法律障碍

《刑事诉讼法》第212条规定，对于自诉案件，人民法院可以进行调解；自诉人可以同被告人自行和解或者撤回自诉。轻伤害案件进入公诉流程以后，被害人往往伴随着刑事和解转而选择自诉、申请撤销案件，放弃追究行为人的刑事责任，阶段性的诉权变更导致案件继续公诉化处理失去法律价值与社会效果。有观点认为，当自诉权与公诉权发生矛盾时，当事人在哪一环节达成和解，诉讼就应当在哪个环节终止。① 但是，就我国刑事诉讼流程构建而言，对于事实清楚、证据确实充分的普通轻伤害案件，公诉程序往往具有不可逆性。被害人一旦选择以公诉方式进行救济，在案件进入公诉流程以后，无论双方当事人是否调解或者达成和解，都将面临刑事责难，轻伤害案件的非刑罚化处理面临法律适用障碍。例如，在侦查环节，对于达成和解的轻伤害案件能否撤销缺乏明确的法律规

---

① 参见李恒、齐文晗：《轻伤害案件自诉与公诉的协调处理机制》，载《中国检察官》2011年第23期。

定;在检察环节,贯彻落实宽严相济刑事政策,检察机关作出不批准逮捕、不起诉决定的职能尚未充分发挥;在审理环节,即便法院判处轻缓刑,相较于自诉案件撤回起诉的民事化处理,都难言权益均衡。因而,在轻伤害案件诉讼过程中,能否尊重被害人的诉权选择,适时由侦查机关撤销案件,检察机关作出不起诉、撤回起诉决定,或者由法院判处免予刑事处罚,及时实体性终止公诉流程,推动非刑罚处理值得探讨。

三、完善我国轻伤害案件诉讼机制的路径选择

刑事诉讼的本质是一个利益分配、利益冲突、利益衡量的过程。[①] 如何以诉讼制度为用,从实体上推进轻伤害案件办理质效,课题组结合域外刑事诉讼立法与实践的有益成分,建议对轻伤害案件双轨制诉讼模式进行优化,促进案件程序分流与非刑罚化处理。

(一)增设司法属性的"诉前调解"机制

法律的增设实际上只是由于缺乏其他途径,诉讼并非解决纠纷的最有效办法。[②]《德国刑事诉讼法》规定轻伤害案件通过自诉追究,并将调解作为前置程序,被害人只有在司法管理部门指定调解机构调解无果后,才能对犯罪行为起诉。[③] 为发挥刑事和解制度效用,建议增设司法属性的"诉前调解"机制。就路径而言,检察机关与公安机关普遍联合设立侦查监督与协作配合办公室,开展监督协作、繁简分流等工作,可充分发挥办公室侦诉衔接职能,在各自刑事调解(和解)室仅能根据诉讼环节分散发力的基础上,整合公安、检察、法院、基层组织调解力量,组建具有法律专业、司法权威的调解组织。公安机关在受理轻伤害治安案件后,根据案件情节、危害后果等评估调解可能性,告知双方诉讼权利并征求意见,在刑事立案前委托诉前调解。对于达成调解协议并履行的,公安机关可以不予立案,作治安案件处理;未达成调解协议,或者达成调解协议后不履行的,告知被害人向法院自诉。被害人同意自诉的,将其具体意见制作笔录加以固定,依法提供伤情鉴定及必要法律帮助;被害人不愿自诉,且不同意调解或者调解不成的,公安机关应当说服被害人向法院自诉;被害人坚持要求公安机关处理,以及证据不足,或者存在可能判处 3 年有期徒刑以上刑罚等法定情形的,应当立案侦查启动公诉流程,初步实现诉前分流。同时,还应注重诉前调解与诉讼程序衔接,由公安机关在行政调查阶段完成询问当事人、伤情鉴定、勘验检查、调取视听资料等基础调查取证工作,避免因立案滞后导致后期取证困难,无法维护被害人权益,并将刑事和解贯穿于后续诉讼流程,在前端促成当事人和解,实现案件轻缓化处理。

---

① 参见雷小政:《比较与借鉴:刑事诉讼价值权衡的方法论基础》,载《法律科学(西北政法大学学报)》2009 年第 1 期。

② 参见[美]唐·布莱克:《社会学视野中的司法》,郭星华等译,法律出版社 2002 年版,第 85 页。

③ 参见[德]克劳思·罗科信:《刑事诉讼法》(第 24 版),吴丽琪译,法律出版社 2003 年版,第 581 页。

(二)刑事自诉制度的激活与前置

"迟到的正义是非正义"。微罪自诉制度,契合被害人第一时间实现诉权救济目标和行为人通过赔礼道歉、经济赔偿等方式获取从宽处理的功利动机,有利于节约司法资源,即时恢复被损害法益,促进社会治理。对于轻伤害诉讼,建议采取"自诉为主、公诉为辅"原则,有效激活刑事自诉,形成自诉与公诉互补衔接的良性运作机制。就路径而言,轻伤害自诉作为实体因素与程序因素的集合,一是要合理划定轻伤害公诉案件边界。对于再犯、累犯以及雇凶伤人、携带凶器伤人、涉黑涉恶、寻衅滋事、聚众斗殴等恶性犯罪致人轻伤的,①即使双方当事人委托诉前调解,或者达成和解,也应结合伤害行为的社会危害性予以刑事立案、移送审查起诉,追究行为人的刑事责任。达成刑事和解的,可以在量刑时作为酌情从轻处罚情节。除此之外,限于诉前调解无果、证据不足的轻伤害案件进入公诉流程,调抑诉权失衡所致的畸形发展格局。二是对于诉前调解无果的轻伤害案件,被害人选择报立刑事案件,且"犯罪事实清楚,有足够证据"的,公安机关应告知被害人自行向法院起诉,采用轻缓化方式化解矛盾、解决纠纷;证据不足的,予以立案,通过公诉实现刑事追责与权利救济。② 此外,加强刑事自诉制度辅助。人民法院可以根据自诉人及其代理人的申请或者依职权调取侦查机关收集的证据材料,并可借鉴刑事诉讼领域法律援助律师全覆盖经验,探索轻伤害自诉法律援助律师代理制度,保障被害人诉权行使效果。

(三)诉权变更程序的实体优化

西谚云:"无利益则无诉讼。"就恢复性司法而言,被害人有选择公诉的权利,在诉权已获救济,诉讼归于无价值之际,应享有撤回告诉的权利。《德国刑事诉讼法》规定轻伤害属于自诉案件,起诉程序作为非独立的审前程序,检察官有权根据案件事实和法定条件决定是否提起公诉。如果案件已经提起公诉,经检察院和被起诉人同意,在法院审判前可以撤销案件。③《新加坡刑事诉讼法》第 232 条规定,在被指控人就任何指控被宣告无罪之前或者已经被查明有罪,但在量刑决定作出前,检察官如果认为适宜,可以通知法院不会就该项指控继续追诉,此时诉讼程序必须停止,被指控人得因此被解除指控。④ 根据我国最高人民法院《关于适用〈中华人民共和国刑事诉讼法〉的解释》第 296 条、《人民检察院刑事诉讼规则》第 424 条的规定,对于"情节显著轻微,危害不大,不认为是犯罪的",可以撤回起诉并作不起诉处理。轻伤害行为人一般具有自首、坦白、刑事和解、获得谅解、认罪认罚等法定或者酌定从轻、从宽处罚情节,属于典型微罪案件。根据《刑法》第

---

① 参见黄汉勇:《轻伤害案件刑事和解的实践与完善》,载《法治论丛(上海政法学院学报)》2007 年第 6 期。

② 参见李扬:《轻微刑事案件自诉效果评析与优化——基于 257 例轻伤自诉判决的实证分析》,载《政法论坛》2017 年第 4 期。

③ 参见宋英辉等:《外国刑事诉讼法》,法律出版社 2006 年版,第 439 页。

④ 参见《世界各国刑事诉讼法》编辑委员会编译:《世界各国刑事诉讼法(亚洲卷)》,中国检察出版社 2016 年版,第 610 页。

37 条、《刑事诉讼法》第 177 条第 2 款等的规定,犯罪情节轻微,不需要判处刑罚的,可以酌定不起诉或者免予刑事处罚,或者根据《刑事诉讼法》第 16 条规定的"情节显著轻微、危害不大,不认为是犯罪的",不追究刑事责任。对于当事人和解的轻伤害案件,被害人在侦查、起诉、审理阶段提出诉权变更,不再追究行为人责任的,只要不抵触国家利益和公共利益,应当秉承谦抑理念,分别作出撤销案件、不起诉或者撤回起诉决定,或者由法院判处更为轻缓的刑罚甚至免予刑事处罚。① 在侦查环节达成和解的,根据江苏省高级人民法院、江苏省人民检察院、江苏省公安厅《关于办理轻伤害案件的暂行规定》,公安机关可以在移送审查起诉之前撤销案件。就普适性而言,诉权变更程序尚需从指导意见、司法解释,甚至刑事诉讼立法层面推动;在检察环节达成和解的,应充分释放和应用不起诉权,推动案件非刑罚化处理;在法院环节达成和解的,为平衡刑事自诉撤回起诉的制度效果,探索由检察机关撤回作不起诉处理,或者免予刑事处罚。对此,要优化绩效考核,放宽非因案件质量问题产生撤回起诉、免予刑事处罚的负面责任,避免公诉权适用陷入僵局,强化不起诉权适用,促进诉前分流。对于免予刑事处罚的,可以根据案件情况予以训诫、责令具结悔过、赔礼道歉、赔偿损失,或者由主管部门予以行政处罚或者行政处分,促成当事人和解,强化恢复性司法效果。

---

① 参见何正华:《自诉案件公诉化的弊端及完善》,载《人民检察》2012 年第 16 期。

行政公益诉讼规范性文件附带审查制度探究

吴一苇*

摘要:行政诉讼中规范性文件附带审查制度相对成熟,为行政诉讼中违法的规范性文件审查和纠正提供了合理的办法和充分的法律依据。但是,行政公益诉讼中规范性文件附带审查仍处于真空状态。行政公益诉讼在请求主体和管辖等方面与行政诉讼存在差异,《行政诉讼法》中有关规范性文件附带审查的条文并不能直接套用于行政公益诉讼。因此,必须构建专门的行政公益诉讼规范性文件附带审查制度。

关键词:行政公益诉讼　规范性文件　附带审查　制度构建

规范性文件附带审查制度,也称为规范性文件一并审查制度,是2014年《行政诉讼法》修正时确立的一种制度。规范性文件附带审查制度只存在于传统的行政诉讼中。行政公益诉讼作为2017年建立的新型诉讼制度,不同于传统的"民告官"式的行政诉讼。检察机关对行政行为提起行政公益诉讼要求附带审查规范性文件没有直接且明确的法律依据。因此,行政公益诉讼中规范性文件附带审查制度处于空白状态。

规范性文件是行政机关作出行政行为的依据之一,文件的合法性对行政行为是否损害国家利益和公共利益具有重要影响。通过附带审查的方式审查出相关规范性文件的不合法之处不仅能达到及时止损的效果,而且能完善相关法律法规以求更好地维护公共利益。行政公益诉讼规范性文件附带审查制度的构建也有助于完善行政公益诉讼制度。因此,研究行政公益诉讼中规范性文件附带审查问题具有一定的理论与现实意义。

一、行政公益诉讼中规范性文件审查之必要

(一)从源头上纠正行政违法行为的需要

行政规范性文件,是指除国务院的行政法规、决定、命令、部门规章和地方政府规章

---

* 吴一苇,江苏省淮安市清江浦区人民检察院检察官助理。

外,由行政机关或者经法律、法规授权的具有管理公共事务职能的组织依照自身法定权限、法定程序制定并公开发布,涉及公民、法人以及其他社会组织的权利义务,有普遍约束力,可以在一定期限内反复适用的公文。[①]

行政规范性文件体现行政管理权和行政强制力,直接影响公共利益、社会秩序和公民个人权益。不公的立法相较于不公的判决而言危害更甚,立法的效力呈现抽象性,而判决只有具体的个案效力。相对地,违法的规范性文件的危害性不亚于不公的立法。因为规范性文件的效力同样具有抽象性,能够针对不特定的主体、可以反复适用,并且规范性文件具有制定主体多、数量大、程序阙如等特点,相较立法而言容易出现问题。[②] 当下,此类违法的规范性文件仍然存在,一些行政行为依照此类违法文件做出。如果说行政行为是使国家利益、社会公共利益以及公民权益遭受损失的水流,那么其源头就是做出此类行政行为所依据的规范性文件;如果不能对违法的规范性文件加以纠正,就很难消除行政行为的违法之源。[③]

“规范性文件是行政行为的依据和源头,要纠正违法和不当的行政行为,有必要正本清源,从源头开始审查和纠正”。[④] 行政诉讼中设立规范性文件附带审查制度是为了更好地维护行政相对人的合法权益。为了更好地维护国家、社会公共权益,行政公益诉讼更应该建立规范性文件附带审查制度。

(二)行政公益诉讼实践需要

检察公益诉讼试点期间,检察机关以行政公益诉讼案件的办理为工作重心,办案数量达 1029 件,占比 89.47%。但全面展开实践后,这一趋势发生明显转变。2019 年数据显示,行政公益诉讼提起量仅占公益诉讼提起量的 8.9%,可见旨在维护客观法律秩序的行政公益诉讼并未成为检察公益诉讼的重心。[⑤] 2021 年,行政公益诉讼提起率降至约 7.38%。[⑥] 之所以出现这种现象,一方面是因为行政公益诉讼相关配套制度尚未完全建立,另一方面是因为检察机关提出以诉前程序实现维护公益目的为最佳司法状态,从节约司法资源的角度,将大批量公益诉讼案件终结在“诉前程序”。2019 年的数据表明,约

---

① 参见国务院办公厅《关于加强行政规范性文件制定和监督管理工作的通知》(国办发〔2018〕37 号)。

② 参见马得华:《我国行政诉讼规范性文件附带审查的模式与效力难题》,载《政治与法律》2017 年第 8 期。

③ 参见王春业:《从全国首案看行政规范性文件附带审查制度完善》,载《行政法学研究》2018 年第 2 期。

④ 信春鹰主编:《中华人民共和国行政诉讼法释义》,法律出版社 2014 年版,第 139 页。

⑤ 参见刘艺:《我国检察公益诉讼制度的新发展与新挑战——基于 2017 ~ 2019 年数据的理论反思》,载中国政法大学法治政府研究院主编:《中国法治政府发展报告(2019)》,社会科学文献出版社 2020 年版。

⑥ 参见胡卫列、田凯、张嘉军主编:《中国检察公益诉讼发展报告(2023)》,社会科学文献出版社 2023 年版,第 33 页。

80.3%的案件集中在诉前程序阶段被化解;[①]2021年,约93.5%的案件被化解于诉前阶段。[②] 在上述各种因素的作用下,履行诉前程序的案件与提起诉讼案件的"倒挂"现象越发严重。检察公益诉讼制度以检察行政公益诉讼为中心,目前行政公益诉讼制度运行偏离了初心和重心,且诉前程序的检察建议存在刚性不足的问题。这种现象不应被回避而应被正视和重视。

建立行政公益诉讼中规范性文件附带审查制度,可以有效解决诉前程序案件与提起诉讼案件的"倒挂"现象,弥补检察建议的不足,并完善行政公益诉讼制度。

(三)完善行政诉讼法立法的需要

《行政诉讼法》第25条第4款规定行政机关在生态环境和资源保护等领域出现违法行使职权或不作为的情形,在经过诉前程序后行政机关仍拒绝履行法定职责的,检察机关将提起行政公益诉讼,但缺乏对相关规范性文件进行监督的程序规定。而且,以相对人利益保护为基调的普通行政诉讼的规范性文件附带审查制度,与行政公益诉讼并不兼容。最高人民检察院和最高人民法院联合制定的《关于检察公益诉讼案件适用法律若干问题的解释》对行政公益诉讼作出的相关规定,也未涉及对规范性文件进行监督的内容。《人民检察院检察建议工作规定》对检察建议适用的相关问题做了规定。分析检察建议适用范围,未涉及对规范性文件的监督,尤其是在行政公益诉讼中,更没有涉及对规范性文件的监督问题。[③]

湖南省常德市金泽置业有限公司等欠缴土地出让金公益诉讼案是最高人民检察院2019年发布的一则典型案例。[④] 该案中,检察机关在督促原常德市国土资源局依法履职时,发现常德市住房和城乡建设局制定的规范性文件《常德市市直管建设工程前期施工监管制度(试行)》存在明显违法问题:一是违反建筑法相关规定;二是无发文对象、发文日期;三是未向社会公布、未向法制部门备案。其属于典型的违法规范性文件。对此,检察机关采取社会治理类检察建议的方式,向常德市政府法制部门建议依法对该规范性文件进行审查和处理,后住房和城乡建设局废止了该规范性文件。该案的最终处理结果不仅收回了超过13亿元的土地出让金,而且也使违法的规范性文件被及时废止。

最高人民检察院在该案件的指导意义中明确,检察院对办案中发现的行政机关制定

① 参见刘艺:《我国检察公益诉讼制度的新发展与新挑战——基于2017~2019年数据的理论反思》,载中国政法大学法治政府研究院主编:《中国法治政府发展报告(2019)》,社会科学文献出版社2020年版。

② 参见张军:《最高人民检察院工作报告——2022年3月8日在第十三届全国人民代表大会第五次会议上》,载最高人民检察院网,https://www.spp.gov.cn/spp/gzbg/202203/t20220315_549267.shtml。

③ 参见王春业、徐珮程:《行政公益诉讼对规范性文件的监督方式》,载《中国社会科学报》2021年6月23日,第5版。

④ 参见《检察公益诉讼全面实施两周年典型案例:4.湖南省常德市金泽置业有限公司等欠缴土地出让金公益诉讼案》,载法信网,http://www.faxin.cn/lib/lfsf/sfContent.aspx?gid=H6234&userinput,最后访问日期:2023年6月15日。

的规范性文件中存在的严重违法情形，通过制发社会治理类检察建议，督促法制部门进行审查和处理，废止违法的规范性文件，发挥了保障国家法律统一正确实施的法律监督职能作用。虽然社会治理类检察建议对规范性文件的监督能够起到一定的作用，但并非所有的行政公益诉讼案件中出现规范性文件违法都能适用社会治理类检察建议。为了避免检察机关在监督行政公益诉讼中的规范性文件过程中面临无法可依的尴尬境地，构建行政公益诉讼中规范性文件附带审查制度势在必行。

二、直接适用行政诉讼规范性文件附带审查规定存在的问题

行政诉讼规范性文件附带审查制度，可以作为行政公益诉讼中规范性文件附带审查制度构建的重要依据，但是套用行政诉讼规范性文件附带审查制度会在请求主体和管辖适用两方面存在法律适用问题。

（一）请求主体问题

依照《行政诉讼法》第 53 条、最高人民法院《关于适用〈中华人民共和国行政诉讼法〉的解释》（以下简称《行政诉讼法适用解释》）第 145 条的规定，有权提请规范性文件附带审查的主体是行政诉讼中的原告——公民、法人或者其他组织。但是，人民检察院作为法律监督机关，与《行政诉讼法》规定的公民、法人或者其他组织存在一定的区别。首先，区别于一般行政诉讼的原告范围中的其他组织。其次，基于行政公益诉讼的特殊性，应当将检察院与行政诉讼中的一般原告区分开来。

虽然《行政诉讼法适用解释》中没有对“其他组织”作具体且明确的解释，但是《行政诉讼法适用解释》第 15 条、第 16 条、第 17 条等条文分别规定了合伙企业等营利法人以及事业单位等非营利法人提起行政诉讼的相关内容。“在我国，行政诉讼是从民事诉讼中分离出来的，在《行政诉讼法》实施以前，行政诉讼适用的就是民事诉讼程序规则，就是现在有了专门的《行政诉讼法》，人民法院审理行政案件仍要补充适用《民事诉讼法》。并且，行政诉讼法作为一个独立法律部门，许多规范是从民事诉讼法中借用或经过法律解释加以借用。”①因此，行政诉讼中“其他组织”的范围可以参考并适用《民事诉讼法》及其相关司法解释。

通过对比最高人民法院《关于适用〈中华人民共和国民事诉讼法〉的解释》（以下简称《民事诉讼法适用解释》）可以发现，“其他组织”范围涵盖了《行政诉讼法适用解释》的第 15 条、第 16 条、第 17 条规定的合伙企业等组织。因此，可以推定，《行政诉讼法适用解释》中的有关规定是对《行政诉讼法》中原告范围的补充解释，更是以具体列举方式对“其他组织”进行界定。根据《行政诉讼法》第 25 条，人民检察院并非“公民、法人”的某一部分。另外，行政诉讼中原告范围内的“其他组织”的界定，不能突破现有的行政诉讼

---

① 姜明安：《行政诉讼法》（第 3 版），北京大学出版社 2016 年版，第 21 页。

制度。我国行政诉讼的既定模式是“民告官”,在“民告官”模式里的“民”指维护合法权利的民事主体,检察院显然不在“民”之一列。综上所述,人民检察院不属于“其他组织”。

根据最高人民法院、最高人民检察院《关于检察公益诉讼案件适用法律若干问题的解释》(以下简称《检察公益诉讼若干解释》)第 4 条,人民检察院提起公益诉讼时的身份为公益诉讼起诉人。最高人民检察院副检察长张雪樵对《检察公益诉讼若干解释》的理解和适用撰文加以说明。[①] 该文指出,检察机关有着特殊的诉讼地位,体现为检察机关有与普通原告不同的诉讼权利义务,如无须缴纳诉讼费用、基于对被告的侵权事实不具有现实性而不受理反诉等,且明确检察机关以上诉方式启动二审程序,直观反映了提起公益诉讼时,检察机关与对方当事人地位平等。上述规定分别体现在《检察公益诉讼若干解释》第 2 条和第 10 条。[②]

此外,《检察公益诉讼若干解释》第 23 条规定,人民检察院提起行政公益诉讼,符合起诉条件的,[③]人民法院应当登记立案。该条规定回避的《行政诉讼法》第 49 条第 1 项正是关于行政诉讼原告的规定,这也是人民检察院与一般行政诉讼原告区别的体现。

(二)管辖适用问题

根据《行政诉讼法适用解释》第 145 条的规定,行政诉讼中被请求审查的规范性文件,由行政行为案件管辖法院一并审查,即行政诉讼中,规范性文件审查请求附属于行政诉讼之中,适用《行政诉讼法》中管辖方面的规定。参照上述规定,行政公益诉讼中规范性文件附带审查则应适用行政公益诉讼的管辖规定。《检察公益诉讼若干解释》第 5 条第 2 款规定,基层检察院提起的第一审行政公益诉讼案件,由被诉行政机关所在地基层法院管辖。在行政公益诉讼中没有关于地域管辖和级别管辖问题的具体法律规定。虽有《检察公益诉讼若干解释》第 26 条作为参照适用条款,但却具有一定的模糊性,而且行政公益诉讼有其特殊性,缺乏具体指向的模糊性适用会产生一系列问题。

首先,从地域管辖层面分析。《行政诉讼法》第 18 条第 1 款后段规定,“经复议的案件,也可以由复议机关所在地人民法院管辖”。行政公益诉讼附带规范性文件审查乃至整个行政公益诉讼是不涉及行政复议程序的,显然此款不能适用。同时,针对《行政诉讼法》第 18 条第 1 款后段的规定,有观点认为,《检察公益诉讼若干解释》第 5 条第 2 款的

---

① 参见张雪樵:《〈最高人民法院最高人民检察院关于检察公益诉讼案件适用法律若干问题的解释〉的理解与适用》,载《检察日报》2018 年 3 月 17 日,第 3 版。

② 《检察公益诉讼若干解释》第 2 条规定:“人民法院、人民检察院办理公益诉讼案件主要任务是充分发挥司法审判、法律监督职能作用,维护宪法法律权威,维护社会公平正义,维护国家利益和社会公共利益,督促适格主体依法行使公益诉权,促进依法行政、严格执法。”第 10 条规定:“人民检察院不服人民法院第一审判决、裁定的,可以向上一级人民法院提起上诉。”

③ 《行政诉讼法》第 49 条规定:“提起诉讼应当符合下列条件:(一)原告是符合本法第二十五条规定的公民、法人或者其他组织;(二)有明确的被告;(三)有具体的诉讼请求和事实根据;(四)属于人民法院受案范围和受诉人民法院管辖。”

规定可以理解成《行政诉讼法》第 18 条有关一般地域管辖的规定在行政公益诉讼中的具体化。[①] 但是,这并不能解决行政公益诉讼以及规范性文件附带审查缺乏管辖方面具体法律规定的问题,也未能达到参照适用行政诉讼法相关规定的效果。《行政诉讼法》第 18 条第 2 款是关于人民法院跨行政区域管辖行政案件的规定,但因为检察机关特殊的诉讼地位,该条文无法直接适用于行政公益诉讼。

其次,从级别管辖层面分析。《行政诉讼法》第 14 条规定,"基层人民法院管辖第一审行政案件"。而《检察公益诉讼若干解释》第 5 条第 2 款规定被诉行政机关所在地基层人民法院管辖的前置条件是基层人民检察院提起的第一审行政公益诉讼案件。基层检察院提起的第一审行政公益诉讼案件,参照《人民检察院公益诉讼办案规则》的规定才能确定基层法院具有一般管辖权。再者,《检察公益诉讼若干解释》中缺乏对中级以上法院管辖行政公益诉讼案件的规定。《行政诉讼法》第 15 条是关于中级人民法院管辖第一审行政案件的规定,该条文未体现行政公益诉讼特征及目的,因此也很难直接适用。笔者于 2023 年 6 月 28 日通过"北大法宝"输入"行政公益诉讼 + 一审法院"检索司法案例,显示由中级人民法院作出的判决书只有 2 份,兼之专门人民法院作出的 10 份行政公益诉讼一审判决书,共 12 份。这 12 份判决书中所涉法条并无有关行政公益诉讼管辖的规定。这仅存的 12 份判决书,在一定程度上亦可以印证行政公益诉讼缺乏对中级人民法院管辖的法律规定的窘境。

(三)行政公益诉讼规范性文件附带审查机制独立构建之必要

行政公益诉讼规范性文件附带审查制度的创设是对公益诉讼制度的完善,也是对行政诉讼制度体系的有效补充。如前文所述,违法的规范性文件危害性颇大,是违法行政行为的源头,推进法治政府的建设、提升社会法治化程度,必须构建多维度的规范性文件审查机制。在行政公益诉讼中,检察机关会制发检察建议督促行政机关废止违法规范性文件;若行政机关不接受,因相关法律依据缺失,检察机关无法提请法院进行审查,则会导致司法审查虚化。

现阶段,行政公益诉讼包容于行政诉讼中,客观诉讼与主观诉讼、私益诉讼与公益诉讼的杂糅,造成诉讼机制运行不畅。这一点反映在以下方面:在治理模式上,呈现出"高度运动性",体现为集中资源进行"运动式执法"特征;在运作方式上,具有明显的"主动协作性",体现为检察机关与行政机关高度合作的"路径依赖"特征。[②] 行政公益诉讼规范性文件审查制度的审查标准不统一、程序缺失等制度缺陷,严重阻碍其功能的发挥。立足法治发展,我国可以对私益诉讼与公益诉讼的分割进行逐步探索,最后实现公益诉讼制度的彻底独立。行政公益诉讼规范性文件审查制度作为行政公益诉讼的组成部分,应

---

① 参见李瑰华:《行政公益诉讼与行政诉讼管辖之衔接》,载《检察日报》2020 年 11 月 17 日,第 3 版。

② 参见高志宏:《行政公益诉讼制度优化的三个转向》,载《政法论丛》2022 年第 1 期。

当与行政公益诉讼制度一并独立构建，以适应公益诉讼制度的体系逻辑。

三、行政公益诉讼规范性文件附带审查制度构建框架

（一）转变审查机制

通过对司法裁判文书的分析考察，可以发现法院对规范性文件的审查意愿不足，主要表现为规范性文件审查的启动率低，仅有10%；认定不予适用比率低，为5.6%左右；裁判说理过于简单。[①] 究其原因，一方面是法官裁判思维以结果导向为主，认为规范性文件附带审查是对裁判结果的理论支撑，而非独立的诉讼标的，对规范性文件怠于进行司法审查；另一方面源于我国法院的“嵌入式”特征，基层法院深深嵌入于地方治理结构中，当地党委政府的决策对法院的司法产生深刻影响，法院难以对地方政府规范性文件进行合法性审查。[②]

司法实践中暴露出的法院审查意愿不足问题，需要我们对规范性文件附带审查的模式进行重新审视。一是探索“政法协同审查机制”。我国的规范性文件审查制度呈现“行政自制”特色，由各层级的行政单位进行自我规制。这种自我规制的动力来源于国务院出台的各项规章制度，国务院办公厅发布的《关于全面推行行政规范性文件合法性审核机制的指导意见》《关于开展生态环境保护法规、规章、规范性文件清理工作的通知》等文件中，就规范性文件的审核、清理等作了细致规定，对各层级行政单位的规范性文件审查清理工作作了详细指引，加强了行政机关内部的自我约束和规制。基于司法谦抑性特点和“行政自制”模式的存在，可以在上海、浙江等地“府院衔接”成功实践的基础上，深化探索政法协同审查机制。通过检察机关提起规范性文件附带审查，法院进行司法审查，帮助行政机关快速锚定争议部分并进行修正，以达到保护公益的目的。二是强化司法审查义务机制。法院对规范性文件怠于审查主要表现为启动率低、释法说理不充分等，其根源在于法官在规范性文件审查中的义务缺失、自由裁量权过大，导致回避审查现象的出现。若要改善法院在规范性文件审查上的消极态度，可以由最高人民法院出台司法解释或工作规定，对法院施加强制性义务。

（二）明确审查范围

根据《行政诉讼法》第53条的规定，提起规范性文件附带审查时，规范性文件必须是所诉行政行为作出的依据。在司法实践中，部分学者倾向于认为所诉行政行为必须是完全依照规范性文件作出的，才存在依据关系。但是，行政行为与规范性文件不可能一一对应，存在直接的依据关系，即所诉行政行为是完全依照该规范性文件作出的；也存在间

---

① 参见江国华、易清清：《行政规范性文件附带审查的实证分析——以947份裁判文书为样本》，载《法治现代化研究》2019年第5期。

② 参见卢超：《规范性文件附带审查的司法困境及其枢纽功能》，载《比较法研究》2020年第3期。

接的依据关系,即所诉行政行为与该规范性文件之间只存在关联关系,该规范性文件不是所诉行政行为作出的唯一依据。[①] 在行政公益诉讼中,如何理解“依据”的法律含义是重中之重。

行政公益诉讼中规范性文件附带审查制度的确立,旨在对规范性文件开展监督,消除违法的规范性文件,防止其成为损害国家利益和社会公共利益的源头。秉持保护国家利益和社会公共利益的初衷,应当采取较为宽容的态度认定“依据”的含义。只要规范性文件与所诉行政行为之间存在关联,就应认定为有依据关系。此种关联关系应作适当扩张性理解,只要规范性文件在实体上或者程序上,对所诉行政行为存在直接或间接的影响即可。并且,检察机关作为专门的法律监督机关,其对依据关系的认定应具有终局性,法院无须对此进行专门审查,只需要就规范性文件的合法性进行判断。

(三)划清审查标准

审查标准的选取对规范性文件的审查至关重要。对规范性文件合法性审查的深度、广度,取决于审查标准的选取。[②] 根据《行政诉讼法适用解释》第 148 条的规定,法院对规范性文件进行审查时,可以从制定主体权限、制定程序以及内容方面进行。若严格执行此审查模式,则会产生两个方面的弊端:一是效率偏低,且与立法机关立法权存在抵触;二是审查范围过大,给司法资源紧张的法院增加多余负担。法院应从规范性文件的适用层面出发,对其内容的合法性进行实质审查;对制定主体、程序则进行形式审查,只要不存在严重违法情形即可。

根据《行政诉讼法适用解释》第 148 条第 2 款的规定,规范性文件内容违法的情形为:一是与上位法相抵触;二是违法增加相对人义务或减损相对人合法权益。较多学者认为,应当根据规范性文件的效力和属性采取不同程度的审查标准,法官对审查标准的选取有自由裁量权。但是,审查标准的不确定会使得法官的实践操作趋于复杂,不利于工作的开展。行政公益诉讼涉及公共利益需要严格审查,如文件可能对后续公共利益维护产生不利之虞,针对此类文件需要严格审查并报立法机关进行修正或是废除,并明确规范性文件只得对上位法进行细化规定,不得对空白内容进行创设。对规范性文件的内容进行审查时应当严格按照文理解释的方法进行。

(四)规范审查组织

《行政诉讼法适用解释》第 145 条规定,规范性文件由行政行为案件管辖法院一并审查。该规定在管辖上导致了一个问题:审查规范性文件的法院层级可能不适配,基层法院可能要审查省级行政机关甚至国务院制定的规范性文件。法院层级偏低时,法官审查

---

① 参见王春业:《论行政规范性文件附带审查中“依据”的司法认定》,载《行政法学研究》2019 年第 3 期。

② 参见《规范性文件审查标准有关问题研究》,载中国人大网,http://www.npc.gov.cn/c2/c30834/202306/t20230606_429895.html。

规范性文件会出于对行政级别的顾虑而无从下手,甚至可能会不经过审查直接支持规范性文件的合法性。基于对此问题的考量,必须着手解决法院层级管辖问题。

制定主体多样、层级上下不一是规范性文件的主要特点。可以考虑制定较为灵活、富有弹性的管辖制度,如可视行政公益诉讼的影响力、复杂程度,由中级人民法院或者高级人民法院决定是否受理案件。外地法院受理案件方便的,可以异地管辖。因为行政行为与规范性文件之间的关联性,应由负责审理行政行为的合议庭对规范性文件进行审查。如合议庭对规范性文件的合法性无法作出判断,再提交审判委员会审查。

四、结语

行政公益诉讼作为具有中国特色的司法制度,是推动法治政府建设和国家治理体系现代化的重要措施;规范性文件审查制度作为行政公益诉讼的组成部分,具有从源头上减少违法行政行为、提升公益保护力度的现实意义。在认识到行政公益诉讼规范性文件审查制度必要性的同时,必须正视该项制度存在的不足以及潜在的问题,尤其是在法律适用、审查机制、审查范围、审查标准、审查组织等方面的问题上,完善相关制度。通过在司法实践中的积极探索,最大限度地发掘行政公益诉讼规范性文件审查制度在保护国家利益和社会公共利益方面的功能。

轻罪治理视域下成年人犯罪记录封存制度研究

江苏省盐城市人民检察院课题组*

摘要：受积极刑法观的影响，我国轻罪立法呈现出明显的扩张性，在《刑法修正案（十一）》出台后，我国轻罪罪名数量占所有罪名的比例已达21.81%，呈现出明显的递增趋势。[①] 同时，轻罪案件数量也在不断增多，最高人民检察院公布数据显示，2022年度被判处3年以下有期徒刑的轻罪案件占各种犯罪的比例已逾80%，危险驾驶罪占比近20%。在众多轻罪罪犯中，存在大量的初犯、偶犯、过失犯，此类人群犯罪恶性小，再犯风险低，事后能够积极对犯罪行为进行“无害化”处理，犯罪行为的当罚性已显著降低。此时，再对其予以刑事处罚是没有必要的，也是不经济的。此外，犯罪标签化、犯罪附随后果也为轻罪罪犯带来了严重的“法外”后果。因此，探寻更为高效、合理的轻罪治理路径，已越发急迫。本文以构建成年人犯罪记录封存制度为视角，探究轻罪治理的新路径，降低轻罪泛化带来的不良影响，以更小的刑罚成本、社会成本实现更好的轻罪治理效果，促进犯罪治理体系与治理能力的现代化。

关键词：成年人　犯罪记录封存　轻罪治理　轻罪泛化

---

* 课题主持人：葛冰，江苏省盐城市人民检察院党组书记、检察长。课题组成员：王卫华，江苏省盐城市人民检察院法律政策研究室主任；李继雷，江苏省盐城市大中地区人民检察院检察官助理；彭丹阳，江苏省盐城市人民检察院法律政策研究室检察官助理。

① 参见王爱立主编：《刑法历次修改条文对照表》，人民法院出版社2021年版，第9～20页。

一、轻罪治理背景下成年人犯罪记录封存制度构建的必要性

(一)构建成年人犯罪记录封存制度的迫切性

自《刑法修正案(八)》出台以来,我国新增危险驾驶罪、高空抛物罪等 24 个轻罪罪名,与此形成鲜明对比的是前 7 个刑法修正案仅增加轻罪罪名 3 个,可见"轻罪圈"呈现出明显的扩大趋势。① 最高人民检察院 2023 年 2 月 15 日在新闻发布会上公布的数据显示,2022 年判处 3 年有期徒刑以下刑罚的轻罪案件占各种犯罪的比例为 85.5%,危险驾驶罪占被起诉总数的 18.2%。随着轻罪增多,犯罪人数也在急剧增加。根据最高人民法院工作报告数据显示,2018 年至 2021 年判处罪犯人数由 142.9 万人增长到 171.5 万人,年均增幅达 6.7%。不可否认,轻罪罪名的增多,为社会治理提供了更多的法律工具,取得了良好的社会治理效果,但与此同时,大量的罪犯、新的社会裂痕也被"制造"了出来,滋生了新的社会问题。随着轻罪泛化,人们更容易成为罪犯。犯罪圈的扩大犹如双刃剑,在取得社会治理成效的同时,也"制造"了大量的罪犯,给社会治理带来了新的不稳定因素,凸显了探索轻罪治理新方法的急迫性,成年人犯罪记录封存制度引起了社会各界的关注。

(二)构建成年人犯罪记录封存制度是司法实践的客观需求

当前,对轻罪治理的路径也在不断探索之中,轻罪的定罪量刑标准也呈现出明显的波动性。例如,在醉驾入刑之初,为了回应社会关注,遏制愈演愈烈的醉驾行为,司法机关采取"治顽疾需重典"的价值取向,严格限制缓刑及不起诉的适用。但随着犯罪数量的增加,轻罪泛化带来的严重犯罪标签化、犯罪附随后果引起了人们的担忧,醉驾处罚又逐渐呈现出"轻缓化"的发展趋势,即对血液中酒精含量较低、未造成危害后果的案件予以缓刑或不诉处理。如果建立成年人犯罪记录封存制度,则可以保持轻罪案件稳定量刑,不至于以"司法"调整"立法",造成裁判之间的差异过大。

(三)构建成年人犯罪记录封存制度是人权保障的客观要求

在封建刑法中,犯罪标签化曾作为一种刑罚长期存在,我们最为熟悉的就是宋朝的"刺面"。虽然随着刑事立法的现代化发展,这种"显性"的犯罪标签已经消失,但却从未远离,而是慢慢转化为"隐性"的社会评价,对罪犯的性格、人品、家庭、未来预期予以缺乏理性的否定。相对有限的刑罚,犯罪标签化带来的"无限"的精神上的惩罚更加严厉。此外,犯罪附随后果也给行为人或其亲属带来法外惩罚。例如,公职人员可能因犯罪失去工作,学生因犯罪失去求学机会,子女因父母犯罪而无法通过岗位录用政审。犯罪标签化及附随后果除给罪犯及其亲属带来"法外"处罚之外,还会给社会治理带来新的问题。例如,行为人会因求职无果,走上新的犯罪之路;子女因父母犯罪无法通过政审而自暴自弃。因此,成年人犯罪记录封存制度作为避免犯罪标签化及附随后果的有力举措,是维

---

① 参见王爱立主编:《刑法历次修改条文对照表》,人民法院出版社 2021 年版,第 9 ~ 20 页。

护社会安全稳定,实现社会良性治理,保障人权的必需之举。

二、成年人犯罪记录封存相关概念、标准的界定与辨析

(一)“前科”与“犯罪记录”概念之辨析

当前,在刑法理论界对罪犯犯罪史的表述有两种,分别为“前科”与“犯罪记录”。相关出处为《刑法》第 100 条规定的“前科报告制度”,①《刑事诉讼法》第 286 条规定的“未成年人犯罪记录封存制度”。② 我们该如何理解上述两种表述呢? “封存”“消灭”的对象应该是“前科”还是“犯罪记录”呢? 因此,要先厘清概念,通过明确概念内涵,发现问题本质。

其一,“前科”与“犯罪记录”的内涵不同。根据学术界通说,“前科”一词来源于《刑法》第 100 条规定的“前科报告制度”。③ 但在我国相关法律中并未明确规定“前科”的具体定义。在司法实践中,前科是指行为人违反刑事法律而被处以刑法处罚的犯罪行为史。司法机关通过前科报告制度知晓对方的前科情况,以便更为精准地对犯罪行为进行定罪量刑。而“未成年人犯罪记录”根据最高人民法院、最高人民检察院、公安部、司法部制定的《关于未成年人犯罪记录封存的实施办法》(以下简称《实施办法》)第 2 条规定,是指“国家专门机关对未成年犯罪人员情况的客观记载”。④ 可见,“犯罪记录”侧重于对犯罪行为史的客观记录,并不包含刑法评价。由以上分析可知,“前科”包括“犯罪行为史”与“对犯罪行为史的刑法评价”两层含义,“犯罪记录”仅包含“犯罪行为史”。

其二,“封存”与“消灭”的适用对象不同。“犯罪记录”作为犯罪行为史的客观记录并不存在“消灭”一说,只能被“封存”。此外,“犯罪行为史”也不应当被消灭。当前刑法中规定了部分犯罪的定罪量刑标准会对行为人之前的犯罪行为进行考量。例如,有盗窃罪、诈骗罪前科的,立案标准会降低,涉及累犯、再犯的也会从重处罚。而“前科”包含了“犯罪行为史”与“对犯罪行为史的刑法评价”,因此可以对“对犯罪行为史的刑法评价”部分予以消灭。也就是说,犯罪行为史一直存在于相关部门的记录之中,只是在封存制度的规定下,避免被无权部门、个人知晓。而“前科”则可以被消灭,相关人员可因此免除前科报告义务,避免犯罪标签化及附随后果对自己的生活、工作及家人的影响。

---

① 《刑法》第 100 条规定:“依法受过刑事处罚的人,在入伍、就业的时候,应当如实向有关单位报告自己曾受过刑事处罚,不得隐瞒。犯罪的时候不满十八周岁被判处五年有期徒刑以下刑罚的人,免除前款规定的报告义务。”

② 《刑事诉讼法》第 286 条规定:“犯罪的时候不满十八周岁,被判处五年有期徒刑以下刑罚的,应当对相关犯罪记录予以封存。犯罪记录被封存的,不得向任何单位和个人提供,但司法机关为办案需要或者有关单位根据国家规定进行查询的除外。依法进行查询的单位,应当对被封存的犯罪记录的情况予以保密。”

③ 参见陈兴良主编:《新旧刑法比较研究:废、改、立》,中国人民公安大学出版社 1998 年版。

④ 《实施办法》第 2 条规定:“本办法所称未成年人犯罪记录,是指国家专门机关对未成年犯罪人员情况的客观记载。应当封存的未成年人犯罪记录,包括侦查、起诉、审判及刑事执行过程中形成的有关未成年人犯罪或者涉嫌犯罪的全部案卷材料与电子档案信息。”

其三,对"犯罪记录"的消灭不符合客观实际。在生活中,民众可能因为一些逾期还款等民事行为而被金融机构记入诚信档案,影响其终身贷款,"举轻明重",更为严重的刑事犯罪记录也无法被消除。此外,犯罪行为的本质是社会危害性,如实记录犯罪行为史,做到有案可查亦是对社会利益的维护。如果过于侧重于保护个人隐私,必然导致对社会公共利益的侵害。因此,对犯罪记录最合适的处理是封存,而非消灭。

（二）微罪、轻罪、重罪标准之界定

准确界定"微、轻、重"之间的标准,可以根据犯罪行为的具体情况,精准适用前科消灭制度或犯罪记录封存制度,是罪责刑相适应原则的具体体现。根据通说,法定最高刑为3年有期徒刑是轻罪与重罪的界限。[①] 随着轻罪立法的扩张,尤其是在《刑法修正案(十一)》颁布实施后,有观点认为轻罪与微罪的分界线设定为1年有期徒刑。[②]

关于轻罪与重罪的界定标准。笔者认为,以"法定最高刑"来界定轻罪与重罪,虽简单易行,但是难以反映犯罪的主客观情形,也人为限缩了轻罪案件的实际范围,因此以法院宣告刑为标准进行区分更为合理。对于"3年"的分界点,笔者是赞同的。一方面根据当前刑事案件情况,被判处3年有期徒刑以下的犯罪占比已逾八成,如将轻罪与重罪的分界线定为5年,将会导致绝大多数犯罪被划归轻罪范围,降低违法成本,不利于犯罪的打击;另一方面从司法实践来看,被判处5年有期徒刑以上刑罚的案件犯罪情节的恶劣程度,对社会秩序造成的影响已超过人们对轻罪的"容忍度"。同时,以"3年"为标准界定轻罪与重罪,也符合实践习惯,更容易被司法机关接受。

关于微罪与轻罪的界定标准。当前,有观点认为轻罪与微罪的分界线设定为1年有期徒刑。对于该观点笔者虽持赞同态度,但认为该观点未能考虑缓刑情况。根据刑事司法实践经验,被判处缓刑考验期1年6个月以下的案件基本上犯罪恶性较小,再犯风险较低。以交通肇事罪为例,该罪作为过失犯罪,被告人再犯风险较低,且肇事车辆绝大多数承保了足额保险,被害人或其家属的损失能够得到及时赔偿,被告人也能通过诚恳致歉,获得谅解,已有效降低犯罪危害后果。因此,法院在大部分情况下会作出缓刑1年6个月的判决。由此可见,将法院宣告刑为有期徒刑1年以下(包含管制、拘役、单处罚金)案件及缓期考验期1年6个月以下的案件均纳入微罪范围,更符合当下刑事案件实际。

除了上述宣告刑刑期界定标准外,还需要考察罪犯的认罪悔罪态度、再犯风险、社会影响。如罪犯未能积极对被害人进行赔偿,认罪悔罪态度不好,再犯风险较高,应当在前科消灭、犯罪记录封存制度的适用上进行"升格"处理,以更好地实现社会效果与法律效果的统一。

（三）犯罪记录封存制度现有困境之厘清

当前,犯罪记录封存特指未成年人犯罪记录的封存。未成年人犯罪记录封存的适用

---

① 参见郑丽萍:《轻罪重罪之法定界分》,载《中国法学》2013年第2期。

② 参见梁云宝:《积极刑法观视野下微罪扩张的后果及应对》,载《政治与法律》2021年第7期。

需满足两个条件:一是犯罪时未满 18 周岁;二是被判处 5 年有期徒刑以下刑罚。可见,成年人并不适用犯罪记录封存,这就导致成年人在犯罪后不仅要承担刑事处罚,还要面对随之而来的附随后果,导致“轻罪不轻”。此外,犯罪记录封存制度还对宣告刑作出“5 年有期徒刑以下”的限制,仅能部分覆盖未成年人犯罪案件。但在司法实践中,很多青少年因交友不慎而走上犯罪道路,触犯如抢劫等刑罚较重的犯罪,如果对此类青少年及时引导、教育,其主动悔改的概率是很高的,但一旦将其犯罪记录公之于众,必然对其改造带来阻碍,甚至让其产生“自我放弃”的消极思想,走向社会对立面。由此可见,现行犯罪记录封存制度因适用范围较窄,限制了其在轻罪治理、社会治理方面发挥良好的制度效果。因此,构建成年人的犯罪记录封存制度,扩大未成年犯罪记录封存制度的适用范围是十分必要的。

三、成年人犯罪记录封存制度之构建

(一)成年人“前科消灭制度”的设置

“前科消灭”与“犯罪记录封存”存在内涵上的重合,二者犹如轻罪治理的“孪生”制度,共同构成轻罪治理的有机整体。如前文所述,“犯罪记录封存”是对犯罪行为史的封存,而“前科消灭”除对犯罪行为史的封存外,还是对刑法评价结果的消灭。因此,对犯罪记录封存的讨论是无法越过前科消灭制度的。

第一,“前科消灭”制度的适用条件。“前科消灭”相较于“犯罪记录封存”是一种更为“优待”的措施,因此需要配置严苛的适用条件。笔者认为,未成年人或虽已成年但尚处于学习期间的学生①,由于其社会经验较少,价值观尚处于养成阶段,因此可以适用“微罪”前科消灭制度,为其成长及走向社会打开一盏“绿灯”。而成年人(不含学生)不能进行前科消灭,一方面成年人(不含学生)对自己的行为具有更准确的结果预判性,也要承担更大的社会责任,其犯罪恶性相较于未成年人或成年学生较高,因此不应当进行前科消灭;另一方面就立法习惯来看,立法是一个渐进过程,而当前尚未形成对成年人前科消灭的立法环境,因此对成年人(不含学生)“前科消灭”制度的构建尚不成熟。明确未成年人或成年学生“微罪”前科消灭并非直接消灭,为了更好地了解罪犯的悔改情况,应当设定消灭考验期,只有满足考验条件的,才能在考验期满后进行前科消灭。例如,前科消灭考验期可以设定为二年,在二年内罪犯无故意犯罪,未发现漏罪或漏罪与将要前科消灭之罪数罪并罚后被决定执行刑罚未超过 1 年有期徒刑的,可予以消灭。

第二,前科消灭后转化为犯罪记录封存。由上述内容可知,“前科消灭”仅是对犯罪

① 此处的“学生”指一直处于上学状态的 25 周岁以下的大学生。考虑到学历更高的研究生、博士生或年龄超过 25 周岁的大学生应当具有更高的行为规范意识,故不能进行“微罪”前科消灭。下文中“学生”一词的内涵意义与此相同。

行为史刑法评价部分的消灭，犯罪记录依然存在。因此，在此构建“前科消灭”与“犯罪记录封存”的衔接机制，即前科消灭后转化为犯罪记录封存，适用犯罪记录封存的相关规定。前科消灭后，行为人再次犯罪的，则不对已消灭的前科进行法律上的评价，也就是说，不能因已被消灭的前科使得现罪构成累犯或从重处罚，相关立案标准也不能进行降格处理。因前科消灭后转化为犯罪记录封存，故除《实施办法》第 9 条第 2 款规定之外，行为人免除入伍、就业的前科报告义务。①

第三，前科消灭制度的限制适用。前科消灭是一种刑罚“优待”，有助于罪犯复归社会，弥合社会裂痕。但如果不加以限制，将会让“大罪没有，小罪不断”的罪犯“钻法律的空子”，前科消灭制度也无法达到轻罪治理的根本目的。因此，要设定限制性条件：一是前科尚处于消灭考验期内，行为人再次故意犯罪的，且新罪与将要前科消灭之罪的剩余刑期（或全部刑期）数罪并罚后被决定执行刑罚超过 1 年有期徒刑的；二是前科尚处于消灭考验期内，又发现漏罪的，且漏罪与将要前科消灭之罪的剩余刑期（或全部刑期）数罪并罚后被决定执行刑罚超过 1 年有期徒刑的；三是前科已经消灭，行为人再次故意犯罪的，对新犯之罪的判罚不再予以消灭。但是，前科不消灭，并不代表着不能适用犯罪记录封存，如符合规定，仍要依法予以封存。

（二）成年人犯罪记录封存的适用条件

关于成年人犯罪记录封存存在“满期消除说”，即为犯罪记录封存设定梯度考验期，当犯罪记录满足期限要求后，即予消除。② 但根据前文论述，犯罪记录不能消除，也不应当消除，在此笔者不再赘述。笔者认为，明确犯罪记录的封存与解封条件更符合实践要求。当前，《实施办法》对未成年人犯罪记录的封存、解封作出了明确规定。笔者参照相关规定对于成年人的犯罪记录封存、解封设置条件。

第一，成年人犯罪记录封存制度的适用条件。未成年人犯罪记录封存的适用需满足两个条件：一是犯罪时未满 18 周岁；二是被判处 5 年有期徒刑以下刑罚。而成年人相较于未成年人有着更强的社会经验、行为规范意识，亦应当有着更为严格的标准。此外，根据犯罪恶性及社会大众的接受程度，笔者以未成年人犯罪记录封存条件为参考，拟定成年人犯罪记录封存条件：一是年满 18 周岁。二是因故意犯罪被判处（含数罪并罚决定执行刑罚）1 年有期徒刑以下“微罪”或因过失犯罪被判处（含数罪并罚决定执行刑罚）3 年有期徒刑以下刑罚“轻罪”。三是被告人犯数罪，其中既有故意犯罪，也有过失犯罪的，如单罪不符合封存条件，则全案不予封存；如单罪均符合封存条件，且数罪并罚决定执行刑罚在 3 年有期徒刑以下，可以全案封存。

---

① 《实施办法》第 9 条规定：“未成年人犯罪记录封存应当贯彻及时、有效的原则。对于犯罪记录被封存的未成年人，在入伍、就业时免除犯罪记录的报告义务。被封存犯罪记录的未成年人因涉嫌再次犯罪接受司法机关调查时，应当主动、如实地供述其犯罪记录情况，不得回避、隐瞒。”

② 参见李勇、曹艳晓：《中国式微罪记录封存制度之构建》，载《中国检察官》2023 年第 7 期。

第二，成年人犯罪记录封存、解封规定。犯罪记录封存系永久性封存，只有存在法律规定的情况时，才可予以解封。对于犯罪记录的解封，需要设定严格的解封条件，让行为人在享受“优待”的同时，也要谨记遵纪守法的义务。结合实践，笔者拟定如下解封条件：一是犯罪记录封存后，再次故意犯罪的；二是犯罪记录封存后，再次过失犯罪被判处刑罚超过 3 年有期徒刑的；三是犯罪记录封存后，又发现漏罪的；四是犯罪记录封存后，在未取得被害人或其家属同意的情况下，有能力履行而未履行道歉、赔偿义务的；五是经审判监督程序改判，不符合犯罪记录封存条件的。犯罪记录解封后，只要履行查询手续，均可进行查询。行为人也不再免除前科报告义务。

第三，成年人犯罪记录封存适用的禁止规定。成年人犯罪行为较之未成年人对社会造成的危害更为严重，因此，要根据具体犯罪情况来限制犯罪记录封存的适用。例如，实施危害国家安全犯罪、恐怖活动犯罪、黑社会性质的组织犯罪、严重暴力犯罪、毒品犯罪、性侵犯罪、职务犯罪的成年人犯罪记录不得封存。而对未成年人犯罪记录的封存的禁用要做双重限制，即不仅要属于危害国家安全犯罪、恐怖活动犯罪、严重暴力犯罪、性侵犯罪的“类别限制”，还要满足被判处 5 年有期徒刑以上刑罚的“刑期限制”，以达到“教育为主、惩罚为辅”的目的。

（三）成年人犯罪记录封存制度的启动程序设置

当前，对于成年人犯罪记录的封存启动程序设置存在“依职权启动说”与“依申请启动说”。“依职权启动说”认为，对于符合成年人犯罪记录封存条件的，司法机关要依法律赋予的职权启动，无须征求当事人的意见。“依申请启动说”认为，是否对成年人的犯罪记录予以封存，不仅要看犯罪行为是否符合封存条件，还要看罪犯本人或其近亲属是否申请。[①] 笔者认为“依申请启动说”会增加程序启动的“阻力”，需要予以完善。理由如下：

第一，会增加司法机关及罪犯的负累。如果程序的启用需要依申请作出，司法机关首先要向申请人作出政策释明，征求意见，其次会制作文书、申请审批，最后会在系统中进行操作，这无疑会增加司法工作人员的负累，让原本就紧张的司法资源更加捉襟见肘。

第二，依职权启动于罪犯有利无害。对于成年人犯罪记录的封存，是对其个人隐私的保护，避免犯罪标签化及犯罪附随后果对其个人及其家庭的影响，是一种刑法“优待”措施，对罪犯本人有益无害，亦不涉及罪犯对个人权利的处分，因此无须征求罪犯的同意。此外，依职权启动仅需司法机关对案件情况进行甄别即可，可以简化工作流程，提高工作效率。

第三，依申请启动无司法实践意义。在刑事司法实践中，符合犯罪记录封存条件的成年人，绝大多数会同意对自己的犯罪记录进行封存，这符合趋利避害的人性本质。也

① 参见俞育标：《轻罪治理视阈下成年人犯罪记录封存制度初探》，载《上海法学研究》集刊 2022 年第 18 卷。

就是说,即使将启动程序设置为“依申请启动”,在司法实践中也极少会出现罪犯“不同意”的情况。为了“极少的例外”而设置“申请程序”,显然是没有必要的。

第四,犯罪记录封存启动机制的例外情况。笔者认为,犯罪记录封存机制的启动应当以“依职权启动”为原则,以“依申请不启动”为例外。在《实施办法》中亦有类似规定,在特定情况下未成年人犯罪记录可依据申请不予封存或解封。[①] 因此,我们有必要为成年人的犯罪记录封存机制也设定相同规定。这种“无罪依申请不封存”的制度便于向社会昭示当事人之清白,避免犯罪标签化滋生出新的社会问题。

(四)明确成年人犯罪记录封存配套机制

成年人犯罪记录封存的目的是避免犯罪记录被他人知晓,避免犯罪标签及犯罪附随后果对其复归社会及正常生活的影响。因此,我们有必要明确成年人犯罪记录封存制度的配套机制,让该制度更具可操作性。

第一,立法免除成年人对已封存犯罪记录的报告义务。当前,很多企业对有犯罪记录人员的入职提出了禁止或限制性规定,如外卖员、滴滴司机、搬家公司员工等。这些岗位人员需求量大、技能要求低,对刑满释放人员具有天然的良好接纳性。但是,用人单位对犯罪记录的限制导致很多刑满释放人员无法入职,不利于刑满释放人员复归社会。同时,这种入职要求也在时时刻刻提醒着刑满释放人员的不良过往,让刑满释放人员感受到深深的就业歧视。因此,我们必须在立法中明确成年人享有前科报告免除权,禁止用人单位对已被封存的犯罪记录进行了解,也禁止用人单位在制定各自的用人规定时作出相关要求。

第二,成年人犯罪记录封存的检察监督及救济途径。检察机关作为国家法律监督机关,对犯罪记录封存制度同样具有法律监督权。检察机关对犯罪记录封存的监督主要体现在两个方面:一方面是对法院决定的检察监督。检察机关可依职权、依当事人的申请对法院作出的犯罪记录封存、解封决定进行检察监督,检察机关依规审查后认为决定的作出存在不当的,可向法院提出书面纠正意见,法院应当重新对决定进行审查。另一方面是对用人单位的检察监督。用人单位违规要求入职人员报告已被封存的犯罪记录的,检察机关可以联合人社、工商等部门对用人单位的违法行为进行监督,要求其限期整改。对拒不整改的用人单位,可以处以罚款等行政处罚。

第三,规范现有规定中关于“职业禁止”的不当条款。据统计,我国现有法律法规中规定因“受过刑事处罚”而被剥夺从业资格的有 40 余部。[②] 例如,《拍卖法》第 15 条第 2 款规定因故意犯罪受过刑事处罚的,不得担任拍卖师;《导游人员管理条例》第 5 条规定

---

① 《实施办法》第 7 条规定:“未成年人因事实不清、证据不足被宣告无罪的案件,应当对涉罪记录予以封存;但未成年被告人及其法定代理人申请不予封存或者解除封存的,经人民法院同意,可以不予封存或者解除封存。”

② 参见徐立、成功:《轻罪时代前科制度的内在诟病及其应对》,载《河北法学》2023 年第 5 期。

“有下列情形之一的,不得颁发导游证:……(三)受过刑事处罚的,过失犯罪的除外……”笔者认为这些规定存在不当之处,如行为人犯危险驾驶罪、赌博罪等与从业内容关联度较小的犯罪的,并不会增加行业风险,因此剥夺其从业资格存在不当之处。但是,我们也要看到“职业禁止”对犯罪的预防作用,因此可以借鉴《会计法》第 40 条关于因“贪污,挪用公款,职务侵占等与会计职务有关的违法行为被依法追究刑事责任的人员,不得再从事会计工作”的规定,对犯罪行为、犯罪种类与职业禁止的关联度进行评估,科学制定职业禁止规定。

轻罪治理体系完善路径探析

——以无锡市检察机关办案数据为样本

朱亚平　张　晶*

摘要：新时代背景下，我国主要矛盾和刑事犯罪结构发生变化，轻罪案件的数量和占比不断攀升，轻罪治理已成为关乎国家长治久安、法治建设和社会治理大局的时代命题。实践中，轻罪治理仍存在理念不到位、证明标准不统一、配套措施欠缺、协同治理不足等难点。为此，需要坚持问题导向，切实强化理念引领，构建完善的立法及司法适用体系，明晰证明标准、健全完善配套机制及程序出罪路径，促进各方协力共治，推动轻罪治理体系建设。

关键词：轻罪治理　刑罚运用　刑行衔接　协同共治

党的二十大报告专章部署"坚持全面依法治国，推进法治中国建设"，《中共中央关于加强新时代检察机关法律监督工作的意见》也强调指出，检察机关要积极参与社会治安防控体系建设，促进提高社会治理法治化水平。在新的时代背景下，我国刑事犯罪形态和结构发生显著变化，轻罪案件占比不断上升，轻罪化的刑事立法不断健全，轻罪治理已成为我国目前刑事法治的重要价值追求。本文以无锡市检察机关办案数据为样本，剖析研究目前轻罪治理中存在的问题难点，提出完善建议，促进轻罪治理科学发展。

一、轻罪案件治理总体情况

目前，轻罪概念更多的是一种学术理论上的界定，我国《刑法》及相关法律法规对轻罪与重罪尚未明确划分。但对案件进行此种区分，无论是在实体法还是在程序法上，均

* 朱亚平，江苏省无锡市梁溪区人民检察院第一检察部主任；张晶，江苏省无锡市梁溪区人民检察院检察官助理。

有现实意义。结合刑法理论、刑事政策、刑法规定以及实践需要,一般将 3 年有期徒刑作为划分标准,即被追诉人可能被判处 3 年有期徒刑以下刑罚的为轻罪案件,其余为重罪案件。以下以无锡市检察机关近 5 年数据为参考分析轻罪案件的办理情况。

(一)立法上的轻罪结构变化

自 1997 年以来,《刑法》经过 11 次修改,逐步告别重罪重刑的倾向,刑法法网越发严密,犯罪圈不断扩大,刑事制裁手段日渐轻缓多样,轻罪化趋势日渐明显。如果以 3 年有期徒刑作为划分标准,在整个罪名体系中,轻罪罪名的占比已从 19.13% 上升至 21.81%,可见轻罪罪名在刑法修订过程中呈现出明显的增长态势。

(二)刑罚上的轻罪结构变化

以判处 3 年有期徒刑以下刑罚人数作为划分标准,近 5 年无锡市检察机关判处 3 年有期徒刑以下刑罚的轻刑案件占 85% 左右,其中判处不满 1 年有期徒刑以下刑罚的占比已超过 60%,重刑案件则占 15% 左右。轻刑案件与重刑案件比例基本保持稳定,且轻刑案件已占据刑事案件的绝大多数。

(三)罪名上的轻罪结构变化

根据最高人民检察院统计数据,近 20 年来,故意杀人罪、绑架罪、抢劫罪等部分严重暴力犯罪的案件数量在持续下降,起诉人数下降 67.7%,轻微犯罪数量大幅上升,危险驾驶罪近年来居发案量首位。[①] 分析无锡市检察机关起诉罪名前十的排位变化发现,2020 年起危险驾驶罪位居起诉罪名的首位,2022 年起诉人数占所有刑事犯罪起诉人数的 23.28%,呈持续上升趋势。

(四)轻罪案件办理中诉前羁押率、不诉率情况

近 5 年无锡市检察机关羁押及起诉数据呈现出诉前羁押率逐步降低、不诉率逐步上升的趋势。数据说明,在新时代背景下,宽严相济刑事政策已成为轻罪案件办理的重要政策指引,对于轻微犯罪案件,做到依法不捕,依法不诉,当宽则宽,该严则严。

(五)轻罪案件犯罪人员的前科情况

从 2022 年无锡市检察机关起诉罪名排名前三的罪名来看,危险驾驶罪犯罪人员中 86.98% 的人和帮助信息网络犯罪活动罪犯罪人员中 86.15% 的人均无前科,即大多数罪犯系初犯、偶犯,因一次犯罪就被贴上了“犯罪人”的标签。

二、构建轻罪治理体系过程中存在的问题

调研发现,构建轻罪治理体系过程中仍存在一些问题,需予以高度重视。

(一)犯罪圈层扩大与轻罪治理的关系把握不准,司法理念有待强化

轻罪刑事立法扩张背景下,一些办案人员对为何要扩大轻罪范围以及轻罪案件如何

---

① 参见《最高检案管办负责人就 2022 年全国检察机关主要办案数据答记者问》,载最高人民检察院网,https://www.spp.gov.cn/xwfbh/wsfbt/202303/t20230307_606553.shtml#2。

处理的认识还存在偏差。一是恢复性司法理念有待深化。恢复性司法理念贯彻落实不够,一些办案人员囿于传统报应型司法理念,重惩处、轻预防的问题相对突出,对促进社会关系修复、推动轻罪案件诉源治理的认识不到位,不能适应时代发展和刑事司法现代化的要求。二是"枉""纵"风险并存。一方面,个别办案人员因缺乏对轻罪立法的理性认识,简单化、粗放化地适用法律法规,降低证明标准和入罪门槛,导致追究刑事责任范围扩大化;另一方面,有的办案人员工作方法较为简单,在不区分案件具体情节的情况下一律从轻从宽,造成案件过度轻刑化倾向。三是轻重犯罪处理不加区分。部分办案人员在刑罚适用中存在机械化、片面化、简单化倾向,未充分考虑犯罪分层、轻重分离、轻重兼顾的具体要求,实体上轻重犯罪分层治理不足、程序上轻重分流尚需加强,宽严相济刑事政策贯彻落实不够全面、准确。

(二)轻罪案件立法上的不周延,易引发轻罪激增或罪名虚置现象,在司法适用上也存在降低证明标准倾向

一方面,在积极刑法观指导下频繁轻罪立法,在一定程度上会出现立法考虑不周、质量不高甚至相互矛盾的情形,容易造成犯罪大量存在或者罪名虚置两种极端倾向。例如,醉驾入刑以来,危险驾驶罪常年高居刑事犯罪前列。又如,帮助信息网络犯罪活动罪是《刑法修正案(九)》的新增罪名,但在增设该罪后的几年里,罪名适用并不多。直到相关司法解释出台,明确了帮助信息网络犯罪活动罪相关认定标准和司法规则,尤其是2020年10月"断卡"行动启动以后,帮助信息网络犯罪活动罪才被彻底"激活",此后呈"井喷"之势,整体处于高位运行状态。其目前在刑事犯罪起诉人数的排名中仅次于危险驾驶罪、盗窃罪。再如,妨害安全驾驶罪施行近3年来司法适用率极低,亦存在入罪标准界限不明、构成要件解释模糊等问题。以上3个例子反映出很多新增轻罪罪名的上述两种共性问题。可以说,在司法实务中,11次刑法修订虽然增加了大量轻罪罪名,但除了危险驾驶罪和帮助信息网络犯罪活动罪案件数量剧增外,其他新增轻罪罪名案件数量并没有产生明显变化。另一方面,在轻罪案件中,或多或少存在降低证明标准、粗放泛化理解适用相关法律法规以及部分轻罪罪名的"口袋化"适用倾向,导致部分轻罪在社会治理中呈"越位"状态,将本不属于犯罪的行为当作犯罪处理。在学术界和司法实务中,存在一种认识误区,即很多轻罪最低刑罚为单处罚金,最高也不过1年有期徒刑,可以适当放松罪刑法定原则、适当松弛构成要件的限制而扩张刑罚范围。值得注意的是,轻罪之轻体现为法定刑的轻,但轻罪仍然是犯罪,行为人所承担的不利后果是整体法秩序中最为严厉的,这是不言自明且必须遵循的。

(三)轻罪案件的程序出罪路径、相关配套措施有待进一步完善

目前,我国轻罪案件的程序出罪主要体现在两个环节,分别是公安机关的立案环节和检察机关的审查起诉环节,实践适用中仍存在一些问题。从检察环节考察,存在如下困境:一是对"慎诉"的理解偏差影响不起诉的精准规范适用。宽严相济刑事司法政策确

立后,不诉率上升幅度明显,但一些检察人员缺乏对不起诉制度的精准认识和定位,导致不起诉权的行使未能有效实现“三个效果”的有机统一,如从“构罪即诉”快速转变为片面追求高不诉率,明显存在认识误区。二是不起诉权的适用条件和标准模糊。比如醉驾案件中法定不起诉的适用,尽管最高人民法院《关于常见犯罪的量刑指导意见(二)》(试行)对《刑法》第 13 条的但书适用进行了肯定,但对于检察机关能否将其作为作出不起诉决定的依据,全国各地并未达成一致意见。又如,相对不起诉中何为“犯罪情节轻微”往往单凭检察人员自由裁量,认定主观性强,可能会出现差别对待,不利于公平正义地实现。三是相关配套保障措施有待健全。一些相对不起诉案件中,因缺乏与之相配套衔接的处罚机制,不仅使被不起诉人可以在刑事诉讼程序中免予刑罚,事后更无其他实质性处罚,导致出现处罚“倒挂”的尴尬局面。

(四)轻罪案件刑事处罚的附随后果不容忽视,增加了可能引发潜在矛盾的社会对立面

刑罚有副作用,这是刑法学上的常识,轻罪案件亦然。首先,从个人角度而言,轻罪的处理虽然在量刑上轻,但仍然无法避免会对行为人自身产生负面影响。在对行为人执行短期自由刑过程中,罪犯交叉感染的概率较大,尤其是对于少年犯、初犯、偶犯来说,可能更容易染上恶习,增加再犯罪风险。同时,刑罚也会带来犯罪人员难以回归社会,融入社会的难题,犯罪标签效应、长期监狱生活会造成社会适应能力不足,导致罪犯本人在出狱之后,生存和发展都面临较大的困境。在我国现有社会管理体制和传统思想理念下,犯罪标签效应(或称刑罚溢出效应)尤其明显,犯罪的附随后果较为严重,甚至远远超过刑罚本身惩罚的严厉性。其次,从家庭角度而言,即便轻罪罪犯被处以最轻处罚或者缓刑,刑罚带来的附随后果也都会间接或者直接波及家庭,导致行为人正常的社会身份被改变,留下犯罪记录,更影响其家庭的正常生活及子女的工作、生活。最后,从国家和社会角度而言,扩大追诉势必会增加政府经济负担、挤占大量司法资源;同时,罪犯越多,社会对立面越多,社会治理难度越大,整个社会为此付出的代价也越大,可能引发隐性社会矛盾和社会风险。

(五)外部氛围上,尚未形成各职能部门协同配合的局面,社会公众对轻罪治理的认识亦存在误区

实践中轻罪治理更多的是检察机关“一家独奏”,成效尚不明显,有待在党委、党委政法委员会等单位强有力的领导下,协调各方力量,大胆探索轻罪治理的制度机制。另外,社会公众认识不足,难以形成内心认同,自然也增加了轻罪治理难度。公众认识误区主要集中在以下两点:一是质疑其正当性、合理性,认为只有严重的犯罪行为才是犯罪,轻罪入刑没有必要,且轻罪入罪门槛较低,罪名呈扩大化趋势,易引发公众内心不安感;二是质疑其程序合法性,认为轻罪案件办理过程中大量运用速裁程序、简易程序,产生程序任意性和自由裁量权较大、犯罪嫌疑人人权不能得到充分保障的错觉。

三、完善轻罪治理体系的对策建议

(一)强化司法理念引领

轻罪治理能否实现,首先取决于执法司法者的理念认知能否转变。在理念认知上,要明确刑法向来不是治理社会的主要手段,更加不是唯一手段,一味通过加大刑罚处罚强度来应对社会问题容易引发负面效果。因此,在刑法参与社会治理时,要坚守谦抑主义立场,让刑法始终处于保障法地位,只有当其他法律不足以抑制某种违法行为时,才发挥其最后一道防线作用。在路径选择上,要坚持以习近平法治思想为指引,充分吸取“德主刑辅、慎刑恤罚、实施仁政、用法务在宽简”的中华优秀传统刑罚思想精华,保持能动性和谦抑性的良性平衡,切实履行刑事诉讼在整个过程中的主导责任,充分发挥检察职能在法律适用和政策运用等方面的天然优势,践行恢复性司法理念,树立治罪与治理并重理念,释放司法善意,推动社会“大治理”。

(二)完善入罪标准,明晰轻罪证明标准

从立法角度而言,轻罪立法下,犯罪门槛降低,但不代表行为一经实施就必然构成犯罪。刑法的最后手段性原则要求刑事立法和司法适用必须谨慎而又节制,要通过设置合理的入罪标准,从而限制轻罪的适用范围。具体而言,对于界限模糊的部分轻罪,要从立法周延性角度出发,出台具有操作指引作用的司法解释、立案标准,明晰犯罪边界,如高空抛物罪、妨害安全驾驶罪等;对于已有入罪标准的部分轻罪,要根据新形势、新情况作优化调整,以适应新的法治需求,如危险驾驶罪、帮助信息网络犯罪活动罪的入罪标准有待进一步优化。从司法适用角度而言,我国刑事诉讼法规定的“犯罪事实清楚,证据确实、充分”的证明标准适用于所有刑事案件,包括轻罪案件。因此,轻罪适用中要始终守牢这一底线,防止因轻罪刑罚较轻而降低证据要求和证明标准,警惕罪刑法定和无罪推定的背离。

(三)健全完善配套机制及程序出罪路径

在轻罪案件不断攀升的大背景下,我国刑罚体系改革亟待推进。一是在推进轻罪刑罚轻缓化的同时,推动构建多元化刑罚体系。如探索数字化监管或数字监狱,增加电子手环监控等网络信息化制裁手段,推动刑罚体系从生命刑、自由刑、财产刑向权利刑、资格刑、行为或过程监控方向发展。二是完善程序出罪路径。检察机关在轻罪治理中的程序出罪方式主要表现为不起诉裁量权的行使,有必要从多维度进一步精细化不起诉裁量权。精准定位不起诉制度,完善不起诉适用标准法律规定,加强“起诉必要性”审查,通过科学量化标准来规范引导检察人员贯彻落实宽严相济刑事政策。三是出罪出刑还必须与非刑罚处罚措施有效衔接,高质效做好不起诉“后半篇文章”。要探索“不起诉+”工作模式,做好刑行衔接、检监对接、公益诉讼等一系列后续跟进工作,落实民事、经济和行政处罚处分等法律责任,让违法行为受到应有惩戒;创新不起诉后非刑罚处罚措施,如探索公益劳动、社会服务、司法修复、社会矫治等柔性惩戒措施,促使其从纯粹的刑事司法活

动"诉讼客体"向社会治理参与者转变,最大限度地促进社会公平正义以及和谐稳定。

（四）加快构建有中国特色的犯罪记录消除制度

中国式犯罪记录消除制度的构建,应立足本国国情和司法现实,以未成年人犯罪记录封存制度为基础,合理借鉴域外经验,兼顾犯罪预防、权益保障、社会治理等功能,降低犯罪记录给行为人增加的污名风险及其伴随的负面效应,实现促进有犯罪记录人员更好回归社会、降低重新犯罪概率、彰显宽容人道的司法理念、构建和谐社会的效果。具体而言,在立法策略上,宜采取循序渐进策略,先进行微罪记录消除,条件成熟时再进一步推进到轻罪记录消除,充分考虑社会公众的接受度。在犯罪记录消除对象上,现阶段宜稳妥推进"窄口径"犯罪记录消除制度,即主要适用于不满 18 周岁的未成年人犯罪,过失犯罪被判处 3 年以下有期徒刑,因犯罪被判处管制、拘役、宣告缓刑或单处罚金、单处剥夺政治权利的罪犯。在梯度考验期设置上,各国对于犯罪记录消除一般设置梯度考验期,我国可参照现行刑法关于累犯的前后罪间隔 5 年进行设置。在程序选择上,犯罪记录消除应当以依法院职权启动为原则,以罪犯申请为例外。

（五）广泛凝聚制度适用共识,尽快形成职能部门各司其职、社会公众认可支持的良好外部环境

轻罪治理是一项复杂的系统工程,不能仅靠检察机关"单打独斗",需要各职能部门密切配合、形成工作合力,需要社会公众更新认识、理解支持。因此,要紧紧依靠党委领导、人大监督破解轻罪治理难题,在党委政法委员会的统筹领导下,一方面加强与纪委监委、政法各部门的协同配合,建立完善协作配合、制约监督、容错纠错等制度机制,为推进轻罪治理提供制度保障和工作指引,推动轻罪治理从"独角戏"变为"大合唱";另一方面通过以案释法、羁押必要性审查公开听证等多种方式,开展政策宣讲、普法宣传和针对性教育,有效解读轻罪治理在教育感化挽救、促进社会和谐方面的重要作用,通过轻罪案件办理的示范效应,有效提升公民法治素养,最大限度地争取社会各界对轻罪治理的认知认同。

“受贿行贿一起查”背景下的行贿犯罪治理问题研究

毕恩轩*

摘要:行贿行为不仅是我国腐败问题仍有增量的重要原因,行贿犯罪本身也是对我国刑法所保护法益的侵害。基于此,加强行贿犯罪治理有其必要性和迫切性。“受贿行贿一起查”强调严惩行贿犯罪,通过打击行贿达到遏制受贿犯罪的目的,对治理贿赂型犯罪有着重要意义。查处行贿犯罪不仅要在完善刑事立法的基础上,立足司法实践,严惩行贿行为,加大对行贿违法所得的追缴,实现行贿与受贿的同时打击,还要加强纪委监委、检察及其他职能部门的联动配合,严惩商业贿赂行为,提升企业合规经营能力,营造法治化营商环境,保证行贿治理成效。

关键词:行贿犯罪　受贿行贿一起查　犯罪治理

当前,腐败问题仍然是国家治理的难点和痛点。长期以来,“重受贿、轻行贿”的法治环境使我们习惯于将贿赂的发生归咎于受贿者,对行贿行为多采取包容的态度,而实际上行贿行为也是腐败频发的根源所在,对行贿犯罪进行严厉打击可以在一定程度上遏制贿赂犯罪的发生。党的十九大立足于我国反腐倡廉工作的实践,建设性地提出了“受贿行贿一起查”制度,强调对行贿犯罪和受贿犯罪一起查处,凸显了严厉打击行贿行为的司法原则。《刑法修正案(十二)(草案)》对行贿犯罪的法律规定进行了部分修改,规定了对一些严重行贿情形加大刑事追责的力度,进一步明确和加强了对行贿罪的惩治,为今后司法机关依法办理行贿犯罪提供了法律上的依据。

一、“受贿行贿一起查”制度的形成背景

近年来,随着反腐倡廉工作的深入开展,行贿罪的犯罪治理问题得到越来越多的关

---

* 毕恩轩,江苏省南京市建邺区人民检察院第二检察部四级检察官助理。

注。党的十八大以来,党中央在高度重视反腐工作的同时也转变了惩治腐败问题的思路,从以往的"重受贿、轻行贿"转变为对行贿罪和受贿罪同时打击。党的十九提出行贿要和受贿一起查处,着重突出了对行贿犯罪加大处罚力度,2021 年中央纪委国家监委与中央组织部、中央统战部、中央政法委、最高人民法院、最高人民检察院联合印发的《关于进一步推进受贿行贿一起查的意见》对进一步推进"受贿行贿一起查"作出了部署,强调要多措并举提高打击行贿的精准性、有效性,推动实现腐败问题的标本兼治。面对新时代、新变化、新要求,"受贿行贿一起查"制度的提出有其现实必要性和紧迫性。

(一)存在一定数量的行贿犯罪案件未被查处

自《刑法修正案(九)》公布以来,我国对行贿犯罪的打击力度不断加大,行贿犯罪问题治理也取得了一定的效果,但可以从轻或减轻或免除处罚。笔者通过"中国裁判文书网",以"受贿"为关键词,对 2017 年 1 月 1 日至 2022 年 12 月 31 日的法律文书进行检索,共检索到文书 62,141 篇,以"行贿"为关键词进行检索,共检索到法律文书 13,527 篇,"中国裁判文书网"中公布的行贿案件的文书数量仅为受贿案件的文书数量的 21.8% 左右。虽然行贿犯罪与受贿犯罪并不会完全对应,但数据上的差距如此悬殊也能在一定程度上说明有相当一部分行贿案件并未被查处。此外,自 2017 年以来,查办行贿罪案件逐年减少(见图 1),反腐败斗争以来贿赂犯罪的发生率确有降低,但结合往年数据以及查办的受贿案件的数量,笔者认为还存在一定数量的行贿犯罪行为未被提起公诉。

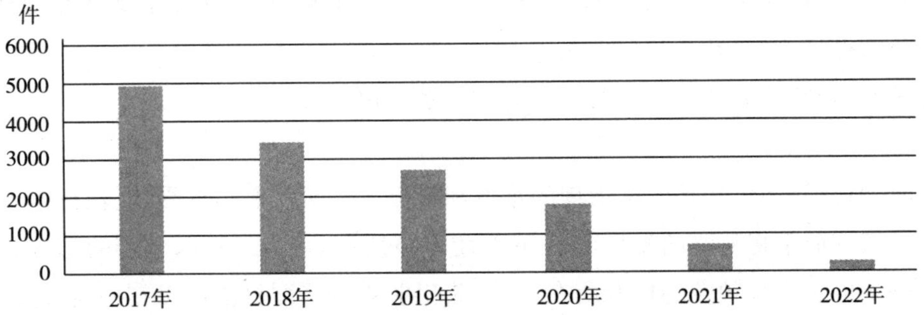

图 1 2017 年至 2022 年裁判文书网公布的行贿犯罪查办件数

(二)新型行贿手段加大侦查难度

受贿行贿的载体更加多样复杂,行贿方式也更加隐秘,新型贿赂犯罪增量扩大:或以支付高额讲课费、出场费的方式达到行贿目的;或以低买高卖的方式进行利益输送;或打着合作投资的幌子进行贿赂……这给贿赂犯罪的侦破增加了很大的难度。此外,贿赂行为往往在行贿人和受贿人之间秘密发生,为了逃避法律制裁,二人通常面对面单独交易,很少有旁观第三人的存在或者视频影像资料存证。即便有证人作证,部分证人因害怕犯罪嫌疑人打击报复或者存在利益输送等情况可能会当庭翻供。贿赂犯罪的认定往往因缺失直接证据而多依据言词证据,但言词证据存在不可控风险,所以存在认定难、侦查难的问题。面对贿赂型犯罪的复杂化发展趋势以及贿赂型犯罪在调查取证上的困难,实行"受贿行贿一起查",不仅能对行贿人起到震慑作用,而且对行贿犯罪的侦查有一定的积极作用。

(三)当前腐蚀和反腐蚀斗争依然严峻复杂

据2023年《最高人民法院工作报告》显示,5年来共审结贪污贿赂等职务犯罪案件11.9万件,涉13.9万人,审结行贿犯罪案件1.2万件,涉1.3万人;2023年《最高人民检察院工作报告》显示,5年来共起诉行贿犯罪1.4万人。这些数据表明,党的十八大以来我国反腐败斗争虽取得了压倒性胜利并全面巩固,但当前腐蚀和反腐蚀斗争依然严峻复杂。行贿不查,受贿不止,行贿人不择手段"围猎"党员干部是当前腐败增量仍有发生的重要原因。只有减少腐败增量,才能从根本上治理腐败问题。坚持"受贿行贿一起查",通过打击行贿犯罪,实现贿赂犯罪的源头治理,对于减少增量、肃清国家政治生态有重要意义。

二、"受贿行贿一起查"的理论依据和现实需要

(一)理论依据

1. 行贿和受贿侵害相同的法益。法益侵害性是犯罪行为的本质特征之一,关于行贿和受贿侵害的法益,刑法学术界有很多不同的理论,其中有代表性的包括廉洁性说、职务行为的公正性说、职务行为的不可收买性说、职务行为的不可交易性说等。张明楷教授是职务行为的不可收买性说的主要主张者,他提出:"一般来说,行贿罪与受贿罪侵害的法益相同,都是职务行为的不可收买性或者职务行为的不可交换性。"[①]孙国祥教授则认为行贿罪和受贿罪侵犯的法益是公职人员职务行为的不可交易性,认为"就危害实质而言,受贿与行贿并没有特别的区别,都是对职务与职务行为不可交易性的侵害"[②]。由此可以看出,理论界虽然对贿赂犯罪侵犯的法益有诸多争论,但行贿罪与受贿罪侵犯的法益是相同的,是较为普遍的共识。基于对相同法益的保护,"受贿行贿一起查"具有法理上的依据。

2. 是由行贿和受贿对合犯的特征决定的。受贿和行贿属于必要的共同犯罪中的对合犯[③],对合犯要求犯罪主体双方在主观方面具有共同犯罪的故意,但是这里的共同犯罪故意只要求双方明知自己的行为与对方的行为都侵害同一法益即可,并不要求双方具有实施同一犯罪行为的故意。在客观方面,双方都实施了犯罪行为,不要求双方具体的行为方式完全相同,只要求双方各自行为以对方的行为为基础,两种行为相互依存,缺一

---

① 张明楷:《行贿罪的量刑》,载《现代法学》2018年第3期。

② 孙国祥:《受贿罪的保护法益及其实践意义》,载《法律科学(西北政法大学学报)》2018年第2期。

③ 所谓对合犯即以存在二人以上相互对向的行为为要件的犯罪,在对合犯罪中,行为人双方在主观心理上和客观行为上都存在一定的联系,彼此行为相互促进、相互依存。

不可。

行贿罪和受贿罪作为典型的对合犯,坚持"受贿行贿一起查"符合对合犯的本质特征,但"一起查"是否意味着"一起罚"? 对此,刘仁文教授认为:"虽然我国刑法并不是对所有的对向犯都规定要同等处罚,但是贿赂犯罪的对向关系要求刑法不但要同时处罚两种行为,还要尽量实现同等规制,这是对法益进行充分保护和对贿赂犯罪进行有效防治的需要。"[①]孙国祥教授提出:"对合犯的概念只是意味着一个行为成立犯罪以相对方实施对应行为为前提,而并不意味着必须同时处罚对向犯的双方,更不表明双方的不法与责任相同。"[②]笔者认为贯彻"受贿行贿一起查",是基于行贿行为是贿赂犯罪发生的重要源头的观点,坚持"受贿行贿一起查",并不意味着受贿罪和行贿罪要"一起罚"或者"同等罚",还应当根据行贿犯罪和受贿犯罪对社会的危害性、社会影响力以及犯罪手段方式等因素综合考量。

3.是由刑罚预防犯罪的目的决定的。贿赂犯罪治理应当构建以预防为中心的刑罚体系。在以往贿赂犯罪治理中,对行贿行为轻处罚或免予处罚的现象十分常见,行贿人犯罪的社会危害性和主观恶性与其受到的刑罚处罚并不对等,过低的违法成本增加了其再次实施行贿行为的可能,使刑罚在行贿犯罪中的预防作用并没有实现。笔者认为对于能否基于预防贿赂犯罪的发生而加大对行贿犯罪的惩处,我们需要厘清三个问题:第一,行贿是不是贿赂发生的主要原因? 第二,处罚主动行贿行为能否有效遏制受贿犯罪? 第三,能否为了预防受贿而加大对行贿的处罚力度?

对于上述三个问题,张明楷教授提出了自己的观点:第一,贿赂发生的原因是多种多样的,将行贿认定为源头并不合适且不能简单地以时间先后为标准,将先发生的行贿行为视为源头行为。第二,处罚主动行贿行为并不能遏制索贿行为发生,因而不能从根本上遏制受贿行为发生。第三,需要根据行贿行为的违法性与有责性以及行贿犯罪的一般预防的必要性大小进行独立判断,而不能为了预防受贿犯罪而对行贿犯罪规定较重的法定刑。[③] 笔者认为,受贿和行贿可以看成一个整体,行贿是因,受贿及受贿后利用职权谋私的行为是果。受贿的原因虽然多种多样,但行贿是受贿发生的最重要原因,包括由索贿行为引发的受贿犯罪,也是将主动行贿变成了被动行贿,行贿人不管是出于主动还是被动,都对受贿行为的完成起到了促进作用,因此通过处罚行贿可以有效遏制受贿发生。行贿和受贿都侵害了特定的法益且都具有一定的社会危害性,虽然在定罪量刑上可以区分考量,但不能据此模糊了受贿犯罪与行贿犯罪的因果关系,也不能否定受贿罪被科以刑罚的必要性。坚持"受贿行贿一起查"并不是对受贿犯罪与行贿犯罪并重处罚,而是通

---

① 刘仁文:《论行贿与受贿的并重惩处》,载《中国刑事法杂志》2022 年第 3 期。

② 孙国祥:《"受贿行贿一起查"的规范化法治化路径》,载《中国刑事法杂志》2023 年第 4 期。

③ 张明楷:《行贿罪的量刑》,载《现代法学》2018 年第 3 期。

过"一起查"的方式改变以往"轻行贿"的司法现状。

(二)现实需要

1. 符合当前反腐败工作的基本要求。当前党中央对反腐败斗争高度重视,通过制定法律、开展专项治理等多种方式对廉政建设工作进行严密部署,经过努力,"刹住了一些多年未刹住的歪风邪气,解决了许多长期没有解决的顽瘴痼疾,清除了党、国家、军队内部存在的严重隐患,管党治党宽松软状况得到根本扭转"[①],反腐败斗争取得了历史性成就。截至2022年年底,全国纪检监察机关共立案464.8万余件。其中,立案审查调查中管干部553人,处分厅局级干部2.5万多人、县处级干部18.2万多人。经过长达10年的努力,对受贿行为的查处已初见成效,反腐败斗争取得压倒性胜利并全面巩固。实践中所查处的大量腐败案件表明,当前腐败增量仍有发生的重要原因之一即包括行贿人通过各种手段主动"围猎"党员干部[②],重视对行贿的查处,已然成为巩固国家反腐败工作成果的关键。坚持"受贿行贿一起查",符合当前反腐败工作的阶段性需要和政策性要求,是我国反腐斗争进入新阶段、取得新成果的重要标志。

2. 是营造法治化营商环境的必然要求。自党的十八大以来,"亲""清"政商交往理念深入人心,为营造和维护法治化营商环境需要更加注重对腐败问题的治理。近年来,基于"亲""清"政商关系的建立与维护,我国建立了公平稳定的市场秩序,各市场主体平等参与市场竞争,激发了创造活力,为市场经济的发展注入催化剂,实现了经济的高质量腾飞。但是部分地区和行业内仍然存在用贿赂的方式破坏公平的竞争规则、打破市场经济运行的基本规律的现象,使市场不仅不能通过优胜劣汰的机制优化发展,反而出现"劣币驱逐良币"的畸形负面效应。

公职人员经授权代为行使国家公权力,但其并不必然会完全按照人民的意志行使权力,权力一旦逃出制度的"笼子",就可能会异化成以权谋私、权钱交易的手段,资本一旦依附于权力之上,公权力就有可能成为破坏市场秩序、诱发恶性竞争的推手。因此,要想维护社会主义市场经济的正常运行,保持我国经济的高质量发展,必须打击商业贿赂行为,维护好建立起来的"亲""清"营商环境。通过查处行贿,可以预防企业通过权钱交易进行违法犯罪的企图,帮助企业加强合规制度、合规文化、合规意识,营造风清气正的营商环境,实现企业的健康发展,预防潜在法律风险,实现政治清明与经济发展双赢局面。

3. 是对中国特色社会主义法律体系的完善。随着社会的发展,犯罪的具体形态也在不断变换,法律滞后性特点凸显,需要立法者通过修改法律或者制定出台相关司法解释等手段不断完善。在《刑法修正案(九)》出台之前,司法机关将查办受贿罪作为重点,检

---

① 《习近平在十九届中央纪委六次全会上发表重要讲话》,载共产党员网,https://www.12371.cn/2022/01/18/ARTI1642505249906256.shtml。

② 参见李少平:《行贿犯罪执法困局及其对策》,载《中国法学》2015年第1期。

察机关在办案中为了能够尽快侦破受贿犯罪，往往会承诺行贿者只要如实供述行贿事实，便可不被追究刑事责任。而当前，在全民依法治国的高标准、严要求背景下，结合贿赂型犯罪法律关系复杂化发展趋势以及新型贿赂犯罪频发的现实情况，豁免规则的适用环境已经发生了根本性改变。法律的生命力在于与时俱进、及时更新，"受贿行贿一起查"制度的提出，本质上就是对法律的更新完善，使其能为司法机关侦办行贿案件提供更加科学的法律依据，是对中国特色社会主义法律体系的完善发展。

4. 是维护司法公平正义的必然选择。公平正义是司法的灵魂和生命。一个受贿者可以多次接受不同行贿者的贿赂，因此在逻辑上行贿罪案件应多于受贿罪案件，但在司法实践中并非如此。据最高人民检察院、最高人民法院工作报告显示，每年办理的受贿犯罪案件都远超过办理的行贿犯罪案件，这说明很多行贿行为并没有被立案侦查。同一个贿赂关系的行贿人和受贿人，案发后如果受贿人受到了严厉的法律制裁，而行贿人却不被追究任何刑事责任，难免会产生有失公平的社会认知。这在一定程度上是对一部分情节严重的行贿罪的放任和不作为，不仅使犯罪分子逃脱了法律的制裁，而且不利于维护司法的权威。而坚持"受贿行贿一起查"能够对实施行贿犯罪的行为人依法追究刑事责任，从而维护法律权威和社会的公平正义。

三、"受贿行贿一起查"背景下行贿犯罪的治理路径

（一）完善行贿罪的刑事立法

1. 完善行贿犯罪立法。罪责刑相适应是刑法的基本原则，行贿罪与受贿罪对法益的侵害程度不同，因而对其规定不同的法定刑是毋庸置疑的。但是由于法律的滞后性和局限性，有时难免出现罪责刑不相适应的情形，如《刑法修正案（九）》在修改受贿罪的法定刑时，没有修改行贿罪的法定刑，导致行贿罪与受贿罪的部分处罚轻重倒置。[①] 2023 年《刑法修正案（十二）（草案）》就调整了行贿罪的起刑点和刑罚档次，实现了与受贿罪相衔接，提升了我国刑法的内在逻辑性，使法律更加科学完善。除此之外，还有一些理论界争议较大的问题，如"为谋取不正当利益"的不正当利益的权威界定、行贿罪豁免规则的存废问题、情感投资性行贿的认定等，都可以通过立法予以完善，以便更好地指导司法实践，为行贿罪的裁判量刑提供法律依据。

2. 加设资格刑作为附加刑。我国刑法中只有剥夺政治权利这一种资格刑，但该资格刑具有浓重的政治色彩，针对性不强且对行为人的影响并不直观，对行为人的威慑作用并不够。考虑到部分行贿人进行行贿的目的就是获得某种资格，如果法律通过立法剥夺其通过行贿获得的某种资格，则可以发挥法律更大的约束作用。因此有必要在刑法中增

---

① 参见张明楷：《刑法修正的原则与技术——兼论〈刑法修正案（十二）（草案）〉的完善》，载《中国刑事法杂志》2023 年第 5 期。

设限制、剥夺经济权利和社会权利的资格刑,如取消从业资格、市场准入资格等。值得一提的是,我国《刑法修正案(九)》中有关于职业禁止的规定,但适用职业禁止必须以犯罪嫌疑人被判处刑罚为前提条件,并不能单独适用,所以适用范围被大大缩减,其惩罚和震慑的作用也就很难发挥出来。因此在刑法中增设资格刑,将职业禁止和市场准入禁止作为资格刑纳入附加刑之中,既可附加适用也可独立适用,这样不仅增加了我国行贿罪处罚的种类,做到了罪责刑相一致,又能体现法律惩治犯罪的威慑力,有效预防贿赂犯罪的发生。

(二)强化行贿罪的司法惩治

1. 严惩行贿行为。行贿和受贿是对合性犯罪,不严厉打击行贿行为,受贿犯罪案件就会居高不下。因此在"受贿行贿一起查"的背景下,应当严厉打击行贿犯罪,借助"硬"力量,发挥国家法律、法规、规章等的强制力作用,通过严厉打击受贿行贿行为,彰显我们反腐败的态度及对贿赂行为零容忍的决心,并加大对惩治行贿犯罪工作的宣传,通报曝光典型贿赂犯罪案例,加强警示教育,使社会公众在案例学习中时时警醒自己,不触碰法律红线,从而在全社会形成清廉守法的法治氛围。《刑法修正案(十二)(草案)》规定了对多次行贿、向多人行贿,国家工作人员行贿等六类情形从重处罚,还加大了对单位受贿、单位行贿犯罪行为的惩处力度,体现了党中央加大处罚行贿犯罪的态度和决心。坚持"受贿行贿一起查",将涉嫌行贿罪和受贿罪的被告人合并审理、分别判处刑罚,对具有从重情节的犯罪嫌疑人依法从重判处刑罚,避免出现量刑过轻的不公平现象。

2. 加大违法所得追缴力度。行贿人行贿的最终目的不过是获得更多的利益,尤其是在贿赂犯罪高发的工程建设、招标采购等领域,一旦通过行贿获得准入资格就能取得巨大的经济收益,可谓"一本万利",因此行贿人挖空心思,采取各种手段"围猎"干部,以获得其所追求的获益的机会。如果通过对违法所得的全力追缴,使行贿者通过行贿获得的利益全部被没收,那么也能对行贿者起到一定的震慑作用。但是行贿行为具有隐蔽性特点,这就导致行贿人通过行贿方式获得的违法所得在案发时难以被识别出来,从而给违法所得的追缴带来了很大的阻力。因此,为了打击行贿犯罪,应当制定关于追缴行贿罪违法所得的实施细则,完善具体流程、规范计算标准,通过违法所得追缴程序为国家挽回经济损失,使行贿人不能从其行贿行为中收益,使行贿犯罪丧失生存空间和土壤。

(三)建立多部门联动的治理体系

行贿罪中的不正当利益不仅包括金钱等财产性利益,还包括政治利益、资格资质等非财产性利益。在对不正当利益进行追缴时,仅靠司法机关单个部门的"单打独斗"远远不够,应建立司法机关、纪检监察机关、中组部、统战部等单位的联合惩戒机制,并做好协调衔接工作。在具体案件中,行贿人若系市场主体,根据行贿所涉及的行业领域,相关单位如市场监督管理部门、住房和城乡建设部门、司法行政部门、金融监管部门、电信行业、网络提供者等可建立信息共享交流平台①，开展多部门配合。此外，笔者建议，可以参照行贿犯罪档案查询制度②探索建立行贿犯罪“黑名单”制度，将因犯行贿罪而被司法机关依法追究刑事责任的单位和个人列入“黑名单”。

除依法被追究刑事责任并进入“黑名单”外，对于一些因违法行为轻微不构成犯罪的行贿行为也要及时处置。对于非监察对象的行贿者，纪检监察机关要及时将相关信息向有关机关通报，使其违法行为与其工作晋升、工资待遇等相关利益挂钩，从而减少其再次行贿的可能性。对于党员和公职人员，要给予党纪政务处分；对于其他群体，采取批评教育为主，行政处罚为辅的惩罚手段。对通过行贿获得的利益，相关部门要及时追赃挽回，对获得的金钱利益要责令行为人退回，对获得的荣誉、职称、相关资质等非金钱利益，要联系有关部门予以取消并向全社会或在行业内进行公布，从而消除行贿者的侥幸心理。

（四）推进企业合规建设

现代企业治理模式需要推进企业合规建设，企业开展合规建设不仅能够减少商业贿赂的发生，而且有利于企业实现规范化管理，增强企业竞争力，且单位行贿多发生在企业和企业管理层身上，遏制单位贿赂犯罪就需要推进企业合规建设。

首先，企业管理者要提高合规经营意识，转变经营理念，筑牢法律思维，积极适应“受贿行贿一起查”新常态，摒弃以往的“潜规则”“送点不要紧”“人家都送”的错误观念，诚信合法经营。同时企业还应当主动完善相关规章制度，在政商、商商交往过程中守住底线、不逾红线，明确规定员工不得从事任何商业贿赂行为，鼓励其通过合法途径获得发展资源，把更多的精力放在提质增效上，从而营造风清气正的企业文化氛围。其次，司法机关应发挥其专业优势，助力涉案企业开展合规建设，结合具体案情综合考量涉案企业开展合规是否有利于实现稳预期保企业、稳就业保民生，促进企业健康发展的目的，准确把握合规的适用范围和对象。同时做好“送法进企业”“主题开放日”等宣传工作，主动作为，按需普法，通过法律宣讲、警示教育等方式，帮助企业树立合规意识，增强合规能力，筑牢不触碰法律“高压线”的思想防线。

---

① 参见刘雪丹、付倩：《受贿行贿一起查的制度逻辑与实践进路》，载《廉政文化研究》2022 年第 6 期。

② 2013 年最高人民检察院发布的《关于行贿犯罪档案查询工作的规定》中规定了行贿犯罪档案查询制度，规定由人民检察院统一建立全国行贿犯罪档案库，录入行贿犯罪信息，向社会提供查询，该规定现已废止。

新时代"枫桥经验"视域下
袭警犯罪诉源治理的检察路径

周克稳　鞠晓曦*

摘要：新时代"枫桥经验"立足犯罪预防，为袭警犯罪的诉源治理工作提供了充足智识资源和明确的指导方向。坚持和完善新时代"枫桥经验"，检察机关应当在袭警犯罪诉源治理中坚持打击与治理并重的司法理念，推动消弭导致袭警的深层矛盾症结，并注重引入社会力量参与袭警犯罪治理。可立足检察职能开展诉讼环节的全流程治理，包括以化解矛盾纠纷为重点开展诉前治理；以健全非罪化处理机制为重点开展诉中治理；以不起诉案件衔接为重点开展诉后治理。

关键词：新时代"枫桥经验"　袭警犯罪　诉源治理　检察建议

一、问题的提出

随着我国经济社会快速转型，各类社会利益与矛盾风险交织，袭警犯罪①愈加频发。党的十八大以来，全国公安机关共3400余名警察因公牺牲，4.8万名民警英勇负伤。② 公安队伍是我国和平年代牺牲最多、奉献最大的一支队伍。根据最高人民检察院公布的数据，袭警罪入刑仅一个月内，全国检察机关共计批准逮捕犯罪嫌疑人405人、起诉101人，有力地打击了暴力袭警犯罪，维护了警察队伍的合法人身权益。③ 但在推进国家治理能

---

* 周克稳，江苏省泰州市人民检察院第一检察部检察官助理；鞠晓曦，江苏省泰兴市人民检察院党组成员、黄桥检察室主任。

① 本文所讨论的袭警犯罪，不仅包括《刑法》第277条第5款所规定的"袭警罪"，也包括《刑法》第277条第1～4款所规定的以人民警察、辅警为对象的"妨害公务罪"。

② 参见郭超凯：《党的十八大以来全国共有3400余名民警因公牺牲》，载中国新闻网，https://www.chinanews.com.cn/gn/2021/07-02/9511677.shtml。

③ 参见《袭警罪入刑一月　检察机关批捕405人　以法治力量捍卫人民警察执法权威》，载最高人民检察院网，https://www.spp.gov.cn/spp/xwfbh/wsfbh/202105/t20210517_518308.shtml。

力和治理体系现代化背景下,检察机关在严厉打击各类袭警犯罪的同时,还应当思考如何积极参与诉源治理,从犯罪预防角度解决袭警犯罪频发的问题。

2021 年 2 月 19 日,中央全面深化改革委员会第十八次会议审议通过了《关于加强诉源治理推动矛盾纠纷源头化解的意见》。习近平总书记在会议上发表重要讲话,强调:“法治建设既要抓末端、治已病,更要抓前端、治未病。要坚持和发展新时代‘枫桥经验’,把非诉讼纠纷解决机制挺在前面,推动更多法治力量向引导和疏导端用力,加强矛盾纠纷源头预防、前端化解、关口把控,完善预防性法律制度,从源头上减少诉讼增量。”①诉源治理是对新时代“枫桥经验”的深入发展,是政法机关推进国家治理体系和治理能力现代化的有力抓手,也是检察机关贯彻落实中共中央《关于加强新时代检察机关法律监督工作的意见》具体要求,高质量履行法律监督职责的政治责任和历史使命。② 具体至袭警犯罪的诉源治理,检察机关作为社会公共利益的维护者,应当找到更为合理的犯罪预防机制,进而实现社会和谐稳定。新时代“枫桥经验”作为立足预防、重在治本的犯罪控制模式,强调通过对矛盾纠纷的及时发现、化解来达到犯罪预防的目的,为袭警犯罪的诉源治理提供了充足智识资源和明确的指导方向。因此,本文将讨论以下问题:新时代“枫桥经验”视域下,应当如何理解刑事犯罪诉源治理的具体内涵?其又对袭警犯罪诉源治理提供哪些重要启示?检察机关应当如何通过依法能动履职实现袭警犯罪的诉源治理?

二、新时代“枫桥经验”视域下刑事犯罪诉源治理的内涵阐释

诉源治理是能动检察的理念延伸与实践落地,涉及刑事、民事、行政、公益诉讼“四大检察”各个相关领域。从刑事案件的发生机理看,许多案件之所以从普通矛盾纠纷演变为刑事犯罪,与矛盾纠纷未能及时预防、有效化解有关。③ 因此,刑事犯罪诉源治理的本质在于如何化解社会矛盾纠纷。

(一)注重矛盾纠纷的源头化解

诉源治理注重从源头预防和减少社会矛盾纠纷,其主要价值在于“防之于未萌,治之于未乱”。新时代“枫桥经验”是在妥善处理内部矛盾的基础上,防止矛盾的群体化、扩大化,也就是所谓的坚持“小事不出村,大事不出镇,矛盾不上交”,努力把不稳定因素解决在基层、控制在内部、消化在萌芽状态,更加注重从源头上预防矛盾纠纷。在犯罪预防策略方面,表现为注重通过多种方式、多种渠道消除犯罪产生的深层社会原因,真正做到源头预防。例如,对于醉驾犯罪的治理,不仅要强化犯罪打击,更要通过普法、引入公益服

---

① 参见习近平:《完整准确全面贯彻新发展理念 发挥改革在构建新发展格局中关键作用》,载《人民日报》2021 年 2 月 20 日,第 1 版。

② 参见王旭光:《以依法能动履职为诉源治理贡献检察力量》,载《人民检察》2022 年第 10 期。

③ 参见沈丙友、彭志锐、黄夏敏:《刑事检察视域下诉源治理的推进》,载《人民检察》2022 年第 22 期。

务等方式参与醉酒驾驶行为的前端治理,防患于未然。[①] 再如,在面临电信网络诈骗等涉众型犯罪的治理时,通过加强公检法之间、公检法与市场监管部门之间协作,以数据信息共享等方式强化对市场主体的监管,从而达到预防电信诈骗犯罪的目的,[②]这也是矛盾纠纷源头化解的具体体现。

(二)坚持矛盾纠纷的多元化解

“治理”之所以不同于传统意义上的“统治”和“管理”,根本在于前者以人民为主体,强调了广大人民群众参与的重要性。社会治理的复杂性决定了仅依靠政府力量难以实现社会治理的现代化,必须依靠多元化主体共治的资源与优势,形成主体多元、分工合作、良性互动的治理模式,从而实现治理效能最大化。从犯罪的生成机制来看,大量的刑事案件都是由生活中的具体矛盾纠纷演变而来的,因此建立有效的矛盾纠纷预警、调处、化解机制,对于遏制矛盾升级引发犯罪行为具有重要意义。诉源治理与新时代“枫桥经验”在内涵和价值上均具有贯通性。一方面,诉源治理不能仅凭单一资源和力量促进矛盾纠纷的化解,而是要通过整合所有社会力量,广泛引入多种社会力量参与,构建矛盾多元化解机制,将矛盾纠纷化解在源头。新时代“枫桥经验”的显著特征,也是吸收多元主体参与矛盾纠纷化解,综合运用法律、习俗、人情等多种手段,最大限度地从源头预防和化解社会矛盾。另一方面,与“共建共治共享”格局一脉相承,新时代“枫桥经验”与诉源治理均将治理主体和手段的多元化、协同化作为其核心内涵,尊重人民群众的首创精神,鼓励群众和社会力量基于生产生活关系及人际关系恢复和矛盾化解的需要进行自觉创造。

(三)强调矛盾纠纷的实质化解

诉源治理强调矛盾纠纷的有效化解、实质性化解,使涉案人能回归到之前正常的生活,从而修复被破坏的社会关系,最大限度地减少司法对抗和社会对立。新时代“枫桥经验”的重要特征之一,就是实现矛盾纠纷的实质性化解。这要求不仅注重及时解决当前矛盾纠纷,更注重修复因矛盾纠纷而受损的社会关系,最大限度地彰显“以和为贵”的传统文化价值,努力避免类似矛盾纠纷再发生。具体包括以下几个要求:其一,坚持恢复性司法理念。刑罚的本质不是为了惩罚而惩罚,而在于社会关系最终得以修复。在犯罪治理方面,“枫桥经验”突出教育和挽救司法理念,致力于将犯罪消除于萌芽状态,防止矛盾升级恶化,对失足者给予改过自新的机会,引导其回归社会。[③] 其二,秉持谦抑审慎的司法理念。刑罚可谓法治国家制裁体系中最严厉的措施,刑法是保障法治社会秩序的最后手段,而不是最为有效的手段。诉源治理立足于尽可能将矛盾纠纷化解在诉讼之外或诉

---

① 参见刘洋:《检察履职推动醉驾治理的现状与路径》,载《广西政法管理干部学院学报》2022 年第 5 期。

② 参见葛悦炜:《运用新时代枫桥经验治理电信网络诈骗研究》,载《辽宁警察学院学报》2021 年第 5 期。

③ 参见贾敏:《“枫桥经验”视角下个人极端暴力犯罪的预防机制构建》,载《警学研究》2022 年第 1 期。

讼前端，尽量降低案件进入诉讼中端或末端的可能性，从而体现刑法克制性、谦抑性和宽容性。其三，强化民众的规范意识。诉源治理的根本在于引领社会法治意识、防患于未然。[①] 这意味着司法机关不仅要注重打击犯罪，通过刑罚的威严震慑潜在犯罪人，更要在刑事案件办理中积极开展诉源治理，增加民众对规范的自觉遵守。

三、新时代“枫桥经验”对袭警犯罪诉源治理的重要启示

新时代“枫桥经验”与诉源治理在价值目标上均以解决社会矛盾纠纷为根本宗旨。袭警犯罪现象是警民矛盾尖锐化、对立化到了必须通过刑事制裁的程度，故诉源治理的核心就应着眼于化解警民矛盾，从根本上起到预防袭警犯罪发生的目的。

（一）坚持打击与治理并重的司法理念

传统刑事司法观念侧重犯罪的追诉与打击，但进入新的历史阶段我国社会主要矛盾和社会犯罪现实的变化以及国家治理体系现代化的持续推进，必然要求刑事司法打击犯罪的应对模式也要从传统的惩罚犯罪向治理犯罪转变。一方面，刑事立法带来犯罪圈的扩大，不免造成不必要的社会对立面，更多人因犯罪行为被贴上了罪犯标签，进而加剧了社会对立，而袭警犯罪又常被视为个人挑战国家权威的特殊犯罪，更是彻底将涉案人员推向了社会对立面，不利于社会和谐稳定；另一方面，如果不考虑袭警犯罪发生的深层原因，只是简单地对照刑法的规定，将行为人逮捕、起诉，从表面上看似乎一切问题都已经解决，但更深层的社会矛盾被隐藏，即所谓“案结事没了”，最终将会出现更具破坏性的后果。这也要求司法机关在理念上不仅要打击袭警犯罪，还要以办案为载体，坚持治罪与治理并重，主动承担起诉源治理的工作。

一方面，应扭转当前袭警犯罪一味从重打击的倾向。目前有观点认为，对暴力袭警案件“构罪不捕”“判处缓刑”等轻刑化倾向难以发挥刑罚对严重藐视国家公权力、挑战警察执法权威的袭警犯罪人员的惩戒作用。[②] 诚然，对于严重侵犯警察的暴力袭警行为，确实要体现从严、从重打击态度，但并不意味着袭警犯罪可以一味从重打击，袭警犯罪的治理应在国家宽严相济刑事政策下进行，必须根据具体的案件情节与特定事实进行区分处理，做到当重则重、当轻则轻。单纯利用刑法进行刑事打击，并不能从根本上防止违法犯罪发生，不仅不利于化解矛盾、消弭对抗，还会进一步加剧社会撕裂。

另一方面，需要重视瑕疵执法行为对袭警犯罪逮捕必要性、起诉必要性的影响。袭警类犯罪中有一些系因民警不规范执法、瑕疵执法行为引起，对此类案件的处理要全面审查、谨慎入罪。检察机关不能先入为主地认为所有的袭警行为都必须受到刑罚制裁，而应综合考量犯罪发生的前因后果，客观评价瑕疵执法行为与袭警犯罪逮捕必要性、起

---

① 参见《把诉源治理做深做实做细》，载《检察日报》2021 年 8 月 16 日，第 1 版。

② 参见陈天本：《袭警行为的预防与处置》，中国人民公安大学出版社、群众出版社 2018 年版，第 1 ~ 2 页。

诉必要性的关系。

（二）推动消弭导致袭警的深层矛盾

传统的犯罪打击模式往往不关注犯罪发生的社会原因，但要取得更好的犯罪预防效果，就必须重视相关犯罪发生背后更为深层的社会、心理等原因，进而寻求更具针对性、更为有效的犯罪治理模式。检察机关深度参与案件办理，可以发现袭警犯罪最集中、最尖锐的风险点，找到可能诱发袭警犯罪的社会因素，锁定治理的"源头"，进而更好地预防袭警犯罪。新时代检察工作需要"不断适应新时期预测预警预防工作，坚持对矛盾纠纷的及时排查和源头追溯，加强对各类刑事案件发生规律的研究总结，打造矛盾风险防控新模式"①。具体到袭警犯罪的诉源治理，检察机关在惩处相关犯罪的同时要关注案件诱发的相关因素，深入剖析矛盾纠纷发生的社会原因，进一步压降此类犯罪发生，实现"办理一案，治理一片"的效果。通过分析发现，袭警案件发生有其复杂性，除行为人自身原因外，还与执法手段、民众法律意识淡薄、权益保障不充分等多种深层社会原因紧密相关。实践中不少袭警案件发生系因民众的基本权益受到了侵犯，尤其是在农村地区，常见的宅基地、拆迁、劳动等纠纷最受群众关心，也最容易激化社会矛盾，往往会成为袭警犯罪的导火索。新时代"枫桥经验"下袭警犯罪诉源治理的重点，在于消除这些可能引发袭警犯罪的社会潜在因素，消除犯罪产生的条件、减少犯罪产生的机会，以能动履职促进犯罪诉源治理，从源头上更为有效地预防犯罪。

（三）注重社会力量参与犯罪治理

有效预防袭警犯罪有赖于社会多方力量共同参与，即通过引入社会力量参与袭警犯罪治理，实现群防群治。"枫桥经验"的核心要义是依靠和发动群众，而公安机关虽是社会综合防控的主要力量，但不是也决不应是唯一力量，社会力量共同参与才能实现有效防控，进而减少袭警犯罪发生的概率。当前，袭警犯罪还未完成治罪向治理的理念转变，突出表现为过于依赖刑法本身的惩罚功能，强调对袭警犯罪人的打击处理，但在协同公安、司法、社会公益组织共同参与袭警犯罪社会治理方面力度不够，在实现犯罪源头预防方面尚有薄弱环节。有必要重视"枫桥经验"中"重视民众"的宝贵经验，在袭警犯罪治理中从"后端"处罚延伸至"前端"预防，走出当前犯罪治理困境。

一方面，通过引入社会力量参与普法宣传工作，可更有效地提升民警执法队伍形象。袭警罪的本质是警民关系的不和谐，而不和谐的原因是多方面的，从社会心理学的角度讲，部分民众由于对广大民警的执法活动缺乏足够了解，而产生了误解甚至仇视。"紧张的警民关系表现为群众对公安工作和警察的不理解、不关心、不配合。"②因此，可以通过

---

① 四川省成都市金牛区人民检察院课题组：《新时代"枫桥经验"与社会治理创新——以基层检察机关司法实践为视角》，载《四川大学法律评论》2020年第1期。

② 张浩：《角色理论视角下和谐警民关系构建》，载《辽宁警察学院学报》2023年第2期。

普法宣传抑制袭警犯罪行为的犯罪动机，而公检法机关所做的自我普法宣传虽然必要，但也容易让民众本身产生陌生感与距离感，因此有必要引入社会力量参与普法宣传活动，作为法治宣传的必要补充，不断构建警察执法力量与社会民众的信任关系。

另一方面，通过引入社会力量协助民警参与执法等工作，可更有效缓解与普通民众的冲突。有观点指出，建立公安机关—社会组织、团体等单位化解纠纷的多渠道治理机制，可使暴力袭警犯罪失去滋生的土壤。① 众所周知，随着“有问题找警察”观念深入人心，当前我国警察执法队伍建设面临警力匮乏、专业性不足、社会资源整合难等诸多问题，这也成为部分袭警犯罪发生的导火索。如果发挥基层群众、社会团体等社会组织在民众日常生活中解决日常纠纷的重要作用，即作为一种替代性纠纷解决机制，引导双方通过协商、调解、仲裁等方式解决纠纷，将有效减少纠纷类警情进入警察视野，也有利于袭警案件的控制与和谐社会的构建。

四、新时代“枫桥经验”视域下袭警犯罪诉源治理的实现路径

检察机关参与刑事犯罪诉源治理，应当以监督办案为基点，“前瞻后顾、前延后伸”，一是诉前风险防范，二是诉中把关和过滤，三是诉后剖析审视，②从而完成诉讼环节全流程治理。上述观点为袭警犯罪诉源治理提供了思路。

（一）诉前治理：以化解矛盾纠纷为重点的事前预防

刑事犯罪的诉前治理重在矛盾纠纷的前端阻断、及时发现和有效化解，要求检察机关立足主责主业，充分发挥检察职能，通过规范社会治理检察建议，做好信访和控告申诉、法治宣传、打击涉警网络谣言等工作，化解矛盾纠纷，从源头上遏制犯罪的发生。

1. 规范社会治理检察建议，充分发挥源头治理作用。社会治理检察建议是检察机关履行法律监督职责、参与社会治理、促进诉源治理的重要抓手，也是为党政机关提供决策参考、消除治理隐患的重要途径。鉴于检察建议兼具“治罪”与“治理”的双重功能，检察机关要充分运用检察建议在袭警犯罪诉源治理中积极作用，坚持问题和结果导向，通过类案办理和分析，以扎实的事实证据、准确的法律依据、严密的逻辑推理，提出可行性的意见、建议，提升社会治理能力的有效性。一方面，对袭警犯罪案件中公安机关执法活动规范性、科学性提出检察建议，减少犯罪发生的可能性。比如，在某市检察机关办理的袭警犯罪案件中，发现醉酒者袭警案件占比较大，建议公安机关处理醉酒闹事现场警察先对醉酒者采取保护性措施约束至酒醒，再根据其醒酒后的态度和醉酒过程中造成的危害后果作出处罚，从而有效降低袭警犯罪的发生率。另一方面，对可能引发社会矛盾的劳动纠纷、拆迁补偿纠纷、赡养纠纷等可能引发袭警犯罪的案件，检察机关要准确定位事件

① 参见刘圣运：《转型时期我国暴力袭警事件的实证研究》，载《湖南警察学院学报》2019 年第 4 期。

② 参见沈丙友、彭志锐、黄夏敏：《刑事检察视域下诉源治理的推进》，载《人民检察》2022 年第 22 期。

源头，向相关职能单位提出检察建议，协调相关职能部门共同做好矛盾纠纷的协调化解，消除犯罪产生的潜在威胁。

2. 做实信访和控告申诉检察工作，畅通群众诉求表达渠道。如前所述，部分袭警案件的发生，可能是由于群众的合法权益受到侵犯，但一直未受到相关部门的重视，进而使群众陷入绝望境地，无奈采取极端手段，从而使矛盾进一步升级。“检察信访申诉工作是党和政府倾听群众呼声、解决群众诉求的重要渠道，是检察机关联系群众的重要桥梁和纽带，也是直接依靠群众实施法律监督的一项重要检察业务工作。”①基层检察机关要坚持和发展新时代“枫桥经验”，健全控告申诉检察体制机制，完善办理群众信访制度，引入听证审查疑难案件，及时分析、研判涉检信访上访、群体性事件、社会舆情以及个体极端行为等不稳定因素可能带来的社会影响，在源头上减少袭警犯罪的发生。

3. 开展联合普法宣传活动，营造良好的社会氛围。在全面推进依法治国的进程中，全民守法是重要基础条件。从理论上讲，社会法治意识越强，人民群众法治素养越高，矛盾纠纷发生的可能性越小。通过分析发现，袭警犯罪的发生侧面反映出部分民众法律意识淡薄，因此从源头上减少袭警犯罪案件还应着眼于加大普法力度，进一步融洽警民关系。相关研究表明，通过优化社会舆论氛围，营造拥警、爱警、警民融合的良好社会氛围能够进一步抑制袭警犯罪的犯罪动机，减少袭警犯罪的发生。② 检察机关应当以改善民警队伍形象、建立良好警民关系为宗旨，贯彻“谁执法，谁普法”责任制要求，联合公安、司法、行政等有关部门开展普法宣传活动，同时要加强对涉警网络谣言的打击力度，与公安机关共同维护警察队伍的良好形象，营造拥警、爱警的社会氛围。

（二）诉中治理：以健全非罪化处理机制为重点的关口把控

诉源治理强调，要健全刑事案件非罪化处理机制，准确把握罪与非罪、轻微刑事犯罪与严重违法行为的界限标准③，通过深入推进认罪认罚从宽制度，贯彻宽严相济刑事政策，对不同类型袭警犯罪进行分类把控、分类处理，促进社会和谐稳定。

1. 深入推进认罪认罚从宽制度在袭警犯罪中的适用。要充分发挥检察主导工作，积极落实认罪认罚从宽制度。检察机关应当根据当前犯罪情势和治安形势变化，积极履行主导责任，准确规范适用认罪认罚从宽制度。值得注意的是，袭警犯罪适用认罪认罚从宽制度，不是被追诉人简单地口头表示自己认罪认罚，而是必须重视民警作为被害人的诉讼地位。尤其是袭警犯罪认罪认罚具结书的签署。应当着重进行尊警爱警教育，消除对抗情绪，引导被执法人积极、真诚悔罪，在帮助被执法人理解警务执法的同时推动矛盾

---

① 韩东成、张元金：《新时期检察机关信访申诉案件纠纷实质性化解机制研究》，载《上海法学研究》集刊 2021 年第 15 卷。

② 参见刘腾骏：《袭警罪的犯罪成因分析与防范对策》，载《犯罪与改造研究》2022 年第 6 期。

③ 参见苗生明、刘辰：《刑事检察能动履职促进诉源治理机制的构建与运行》，载《人民检察》2022 年第 8 期。

实质化解。[①] 只有这样，才能真正彰显认罪认罚从宽制度消解社会矛盾、促进社会和谐的积极功能。

2. 落实宽严相济刑事政策。宽严相济刑事政策体现了谦抑慎刑的刑事司法理念，也体现了以人民为中心的发展思想，对促进社会和谐、厚植党的执政根基具有重要意义。值得注意的是，当前一些检察机关在袭警案件中对证据的细节和公安执法的细微偏差要求过度严格，动辄不捕不诉，引发了部分公安机关或民警不满。宽严相济，并不意味着只讲从宽而不讲从严，更不是放纵犯罪，要避免不区分案件具体情况、具体危害性，坚持区分情形、区别对待，依法当宽则宽、该严则严。一方面，要严厉打击严重的袭警犯罪；另一方面，要充分发挥审前过滤职能，对于无逮捕必要性、起诉必要性的袭警案件，依法"不捕和不诉"，最大限度地释放司法善意，减少社会对立面和矛盾。尤其要对事出有因、情节轻微的袭警行为作不逮捕、不起诉处理，缓和民众对政府和社会的对抗情绪，消除潜在风险。

（三）诉后治理：以不起诉案件衔接为重点的事后跟踪

检察机关应当注重强化不起诉案件刑事司法与行政执法的衔接，将不起诉案件的行政处罚纳入检察监督之中，推动袭警犯罪诉源治理。尤其是对于相对不起诉的袭警犯罪案件，要用好非刑罚处罚权，做好不起诉"后半篇文章"，推动事后衔接。除强化与公安机关的行刑衔接及跟踪监督机制外，应充分利用联合训诫、责令具结悔过、公开赔礼道歉等非刑罚处罚手段。积极探索袭警类案件"不起诉 + 公益服务"的工作模式，让拟不起诉人参与道路交通、治安巡逻等工作，切实感受民警执法活动的不易，实现惩罚与教育的结合，进而从根本上缓解紧张的警民矛盾。

① 参见冷思伦、王战资：《袭警罪被害人相关问题实证研究——以 102 篇袭警罪裁判文书为分析样本》，载《广西警察学院学报》2022 年第 1 期。

维权型敲诈勒索入罪问题研究

沙少文　丁建玮[*]

摘要：维权型敲诈勒索行为定性和处理，理论和实务均存在分歧意见，在一定程度上影响了司法公信。对于维权型敲诈勒索行为应当慎重入罪。基础权利与是否构成犯罪密切关联，应当从宽认定，不限于具有明确的法律依据。对于维权手段应以发展的眼光进行评价，只要没有根本违背社会公共秩序和善良风俗习惯，就不宜认定犯罪；维权行为构成其他犯罪的，依照该手段行为所构成的犯罪定罪处罚。行为人维权存在一定的基础权利，即使索要赔偿数额远超实际损失，也不应认定为具有非法占有故意。

关键词：维权行为　敲诈勒索　基础权利　维权手段　索赔数额

一、问题的提出

随着社会法治进步以及公众权利意识的觉醒，普通民众在遭受不法侵害后，会采取各种手段维护自身权益。互联网特别是短视频自媒体兴起后，"榴莲鬼秤""天价海鲜""超市珠宝"等消费骗局，个人实名网上举报维权等视频，通过网络广泛传播，屡屡成为社会舆论关注的热点，相关维权案件处理特别是以敲诈勒索定罪处罚案件也成为人民群众关注和讨论的热点话题。实践的复杂性决定了维权行为的多样性，过度维权行为到底如何评价，域外的理论和审判实践，在不同时期不同国家也给出了不同答案。[①] 不同观点背后涉及的是刑法立场和观点的交锋，但对于社会公众来说，司法实务对维权型敲诈勒索案件出现同案异判的情况，显然会影响公众对司法公信的判断。

---

* 沙少文，江苏省兴化市人民检察院检察官助理；丁建玮，江苏省泰州市人民检察院研究室主任、江苏省高港区人民检察院副检察长（挂职）。

① 参见张明楷：《外国刑法纲要》，清华大学出版社 1999 年版，第 645 页。

案例 1 姚某某、徐某敲诈勒索罪案①

姚某某在从事鱼塘养殖期间，明知其鱼塘打不到鱼与汇星公司无关，仍与被告人徐某共谋后，多次向各级环保部门举报汇星公司在国家级自然保护区缓冲区内违规使用农药。汇星公司迫于压力，与二被告人签订不再以任何借口上访、举报、投诉汇星公司的协议，以赔偿被告人姚某某、徐某养殖损失为名，分 3 次支付其人民币共计 20 万元。江苏省某中级人民法院二审裁定，姚某某、徐某的行为构成敲诈勒索罪。

案例 2 刘某等三人敲诈勒索案②

刘某、孙某、高某三人在天津市滨海新区某超市购买了 3000 多元未附中文翻译的进口商品，后威胁经营者曹某如果不给商品价格 10 倍的赔偿就向市场监督管理局举报直至其店铺关闭。经营者曹某在被胁迫的情况下给付其现金 10,000 元人民币。同月三人又多次以相同手法、相同理由胁迫其他店铺经营者给付赔偿金累计 66,600 元人民币。后经举报案发，天津市滨海新区公安局以敲诈勒索罪将三人移送人民检察院审查起诉。天津市滨海新区人民检察院以“犯罪事实不清、证据不足”为由，决定不起诉。

案例 3 郭某天价索赔维权案③

经医院检测，郭某女儿因饮食施恩公司含有三聚氰胺的奶粉，双肾受损，为此郭某找到奶粉经销商以及厂家施恩公司要求赔偿，并向媒体曝光。经过协商，郭某获得施恩公司支付的 40 万元补偿款，并出具书面材料表示，基于问题已妥善解决，不再追诉并放弃赔偿要求。后北京电视台播出郭某反映的施恩奶粉问题的节目后，施恩公司派员主动与郭某联系，郭某又提出要求奶粉生产企业赔偿误工费和女儿医疗费等共计人民币 300 万元，施恩公司拒绝支付并报警。法院一审认定郭某构成敲诈勒索罪，判处有期徒刑 5 年，二审及再审均维持原判。2017 年 4 月 7 日，广东省高级人民法院按照审判监督程序提审郭某敲诈勒索案，改判郭某无罪。

这些案件既可以归纳为过度维权型的案件，也容易被认为涉嫌敲诈勒索犯罪。一般而言，维权型敲诈勒索案件的特点是，行为人享有或自认为享有一定的正当权利，进而采用带有威胁、恐吓性质的手段来实现所谓权利，索要大额的金钱赔偿。在我国司法实践中，由于维权者多数处于弱势地位，对于所谓天价维权案被以敲诈勒索入罪的并不多见，反映了司法机关对此类行为入罪采取慎重态度。但是，从公开的案例来看，司法机关的态度并不统一，至少从社会公众角度来看，同案不同判的情况依然存在。比如同样是消费后维权的行为，案例 2 中检察机关依法作出不起诉决定，但在另一起案件中，索赔数额

① 参见江苏省盐城市中级人民法院(2019)苏 09 刑终 124 号二审刑事裁定书。

② 参见李会彬、戴罡:《过度维权行为构成敲诈勒索罪的司法认定》,载《河北法学》2016 年第 9 期。

③ 参见广东省潮州市中级人民法院(2017)粤 51 法赔 2 号国家赔偿决定。

和次数都明显更少的魏某某、毛某某却被法院判决认定构成敲诈勒索罪。[①] 同样具有以向相关部门举报相威胁的行为,案例1和案例2的处理结果也并不相同。

二、维权型敲诈勒索行为理论分歧及检视

对维权型敲诈勒索应如何认定,刑法理论与审判实践存有较大的争议。目前有关维权型敲诈勒索的主流观点有三个,分别为肯定说、否定说和待定说。[②]

(一)敲诈勒索肯定说

该学说认为,考虑到财产罪的保护法益是占有说,同时禁止私力救济,因此,对不法主张权利行为应肯定成立敲诈勒索罪,仅例外地考虑是否有阻却违法的余地。[③] 维权型敲诈勒索行为,本质是对他人合法权益的侵害,客观上违反了法秩序,严重影响了社会稳定性,因此应当进行定罪处罚。首先,从权利基础看,若行为人根本不具有基础权利,而是故意制造事端,在这种情况下可以认定为敲诈勒索犯罪。如案例1,姚某某明知鱼塘损失与汇星公司无关仍故意举报以获得赔偿,行为人就是以维权之名行敲诈勒索之实。其次,即使维权人存在维权的权利基础,权力行使也有其边界性。因为,没有无权利的义务也没有无义务的权利,没有义务附随的权利,必然导致权利的滥用。再次,从手段行为看,实现权利的手段必须合法。每个人都有权利通过一定的手段保证权利的实现,民法上的留置制度正是此立法精神的体现。但手段行为的界限是不能以侵害他人的方式实现自己权利。例如,对债务人施加人身伤害有助于实现到期债权,但法律不可能允许为主张权利而对他人人身实施伤害。最后,从索赔数额看,该理论认为索赔的数额表明了非法占有目的的有无。敲诈勒索罪要求以非法占有为目的,在维权型敲诈勒索案件中,行为人提出的数额远超实际所受损失时,特别是行为人主观上确切知道其索要赔偿数额与所遭受的损失明显不成比例关系时,应认定其主观上存在非法占有目的。

(二)敲诈勒索否定说

该学说认为,过度维权行为阻止财产犯罪成立,自然也不成立敲诈勒索罪。具有非法占有目的是成立财产犯罪的前提,而维权型敲诈勒索因为基础权利的存在,无法证明行为人具有非法占有目的,既然无非法占有目的,自然无财产犯罪,敲诈勒索罪更无适用空间。[④] 首先,从权利基础看,如果欠缺维权权利基础,本就不是维权行为,此种情况是典型的假维权,真敲诈。如果存在权利基础,对财物的索取属于"事出有因"的索要行为,则

---

① 参见郑州市惠济区人民法院(2021)惠刑初字第2号刑事裁定书。魏某某、毛某某在未开封消毒餐具中发现了食物残渣,遂电话要求该消毒餐具公司负责人到场。在对餐具、饭店进行了拍照后,二人声称要将此事向媒体曝光,后以此相要挟向该消毒餐具公司索取人民币5000元。得款后,二人当场将拍照所得证据销毁。法院最终以敲诈勒索罪对二人判处刑罚。

② 参见李梦园:《消费者过度维权刑法规制问题探析》,载《西部学刊》2022年第13期。

③ 参见刘明祥:《财产罪专论》,中国人民大学出版社2019年版,第255页。

④ 参见于改之:《法域冲突的排除:立场、规则与适用》,载《中国法学》2018年第4期。

不能评价为敲诈勒索罪中的非法占有目的。其次,从手段行为看,敲诈勒索罪逻辑构成是相对人基于威胁、恐吓行为陷入恐惧而被迫交付财物。该理论认为,上访、曝光等未被法律禁止,具有社会相当性的行为均不能被评价为威胁、恐吓行为,因为此类行为都是正当行使权利的行为。最后,索赔数额多少,不能作为非法占有目的有无的衡量标准。赔偿数额是私法自治协商的结果,作为维权行为人无论索赔数额多少,均不宜定性为敲诈勒索。

(三)行为性质待定说

该学说认为,维权型敲诈勒索应综合考量维权行为的权利基础、手段行为、索赔数额,从"社会相当性"出发,在区分基础权利有无的基础上,综合审查行为是否过限,非法占有目的有无。① 待定说论证思路包含三层含义:首先,不具有权利基础情况下,可以成立敲诈勒索罪。比如,行为人没有维权基础,或者虚构维权基础,进而索取财物,可以成立敲诈勒索罪。这一点与前面两种学说基本一致。其次,维权手段过限构成犯罪的,以手段行为构成的犯罪处罚。过度维权本质上属于维护权利的行为,不一定以犯罪论,但是如果行为人在维权过程中损害了其他人的权利或者影响了社会的秩序,那么就属于权利的滥用,可以根据其手段行为所构成的犯罪处罚。最后,在具有权利基础情况下,否定成立敲诈勒索罪。行为人在具有维权依据情况下,索赔数额过高不能等同于有非法占有目的。如案例 3 郭某天价索赔维权案,虽郭某天价索赔,但综合全案不能证明其具有非法占有目的,最终改判郭某无罪。

(四)对三种理论的检视

肯定说以财产罪保护占有法益,同时以禁止私力救济为理论核心,认为过度维权可以成立敲诈勒索罪,也就是说不管是否存在基础权利,维权行为都可能成立敲诈勒索罪,仅在例外的情况下可能存在违法阻却事由。刑法具有谦抑性,不能随便发动,特别是行为人如果具有民事等法益的情形,应当慎重纳入刑事惩治视野,从这一点出发,肯定说容易造成对维权型敲诈勒索刑事打击范围的不适当扩大。

否定说则从根本上否定过度维权行为可以成立财产犯罪,自然也不可能成立敲诈勒索罪。否定说的立论根基是一个民事上合法的行为,不应该成为刑法上的犯罪行为,只要行为人具有基础权利,就不可能成立敲诈勒索罪。否定说虽然注重尊重和保护行为人民法上享有的利益,但是没有充分考虑行为人维权行为可能对社会管理秩序造成的破坏,将严重破坏社会管理秩序的维权手段行为直接排除在刑法视野之外,不利于保护社会整体公共利益。

待定说是对肯定说和否定说紧张关系的缓和,强调综合判断权利基础有无、行为是否过限,以此判断是整体成立敲诈勒索罪,还是以手段行为所触犯罪名处罚。这种学说

---

① 参见王一帆:《过度维权与敲诈勒索罪之界分》,载《法制与经济》2021 年第 4 期。

相对前两种学说,更符合刑事法惩治犯罪与保障人权的统一精神。待定说区分了基础权利的有无,对手段行为具体案件具体分析,在对案件的审查中方法步骤更加符合法治逻辑。在司法实践中,越来越多的司法工作者在处理案件时适用待定说的理论分析论证。如李某某寻衅滋事案,李某某因购买的水泥不达标致使房屋出现质量问题,拒不接受政府相关部门积极协调后的解决方案,多次进京上访,并以留京缠访相要挟,向镇政府索要钱财。司法机关在办理时认为,在有权利基础的前提下,不宜认定为侵犯财产权的犯罪,刑事法仅评价其手段行为,最后认定为寻衅滋事罪。[①] 当然,从司法实务立场出发,该学说尚属于理论层面的研讨,在处理具体案件时,对于如何判断基本权利、如何判断手段行为、如何判断索赔数额与损害结果之间的比例关系等不能提供更为清晰的指引。

维权型敲诈勒索行为中民事和刑事法律关系的分界并不是非常清晰,检察机关在审查此类行为时,可以借鉴三种学说特别是待定说的合理内核,从复杂的实践中按照犯罪构成要件抽取关键事实要素进行综合判断。三种学说虽然立场有差别,但大致上是围绕维权行为的权利基础、手段行为、索赔数额等要素进行论证,这些关键要素可以作为审查判断的重点。

三、维权型敲诈勒索行为入罪判断标准

犯罪行为的审查认定,从来都不是片面的、孤立的工作,单独考量权利基础有无、索赔价格高低、抑或手段是否正当,都难以对犯罪事实作出准确恰当的法律评价。对维权型敲诈勒索犯罪,应当秉持罪刑法定原则,具体分析维权依据、维权目的、维权手段及索赔数额等因素,判断是否成立敲诈勒索罪,以及是否有必要以手段行为所触犯罪名给予刑事处罚。

(一)基础权利的判断依据

行为人享有的基础权利是维权的依据,而维权依据是认定敲诈勒索罪的关键要素。基础权利审查是首要环节。

首先,对于当事人享有基础权利的,一般不宜认定构成敲诈勒索犯罪。对于没有基础权利或者维权依据不充分的,可以直接肯定行为人主观上具有非法占有目的。如案例1,姚某某、徐某敲诈勒索罪案,姚某某、徐某在明知其鱼塘打不到鱼与汇星公司无关的情况下,仍以上访、举报、投诉相要挟,向汇星公司索要钱财,最终法院认定其构成敲诈勒索罪。本案被判敲诈勒索罪,不是因为举报、投诉,而是因为行为人在没有权利基础的情况下,以举报、投诉相要挟,索要钱财,可以判定主观上具有敲诈勒索的非法占有目的。更为典型的是行为人恶意制造维权依据,或故意制造他人“侵权”的事实,进而以此相要挟要求赔偿。实践中,较为典型的“碰瓷”类案件,如行为人故意将商品放于隐蔽处,待过期

---

① 参见湖南省攸县人民法院(2018)湘0223刑初10号刑事判决书。

后购买并以商品质量不合格为由索要大额赔偿。这种情况，可以认定行为人属于诈骗罪或敲诈勒索罪。

其次，基础权利的认定范围不应过于狭窄。普通人不是职业的法律人，对基础权利有无的认定不应该站在事后的上帝视角评判，当行为人认为自己权益受损，进而采取措施维权时，应该以当时的社会理性人视角考量，应考虑公众法治观念、维权的规范意识、权利保护与救济的现状。① 在土地征收、房屋拆迁、医疗纠纷、养老社保、劳务薪资等领域，权利保障、分配、救济还在逐步合理化、规范化，相关行为人一般是弱势群体，对自己权利不能精准判断，有时候其理解与法律规定并不完全契合，很可能出现行为人误认为自己具有正当权利，而事实上欠缺法律上的依据的情况。对于这种情况，就需要充分考虑案件发生的时代背景、当地民俗习惯等因素，判断行为人所主张的权利基础是否合理，如果该权利基础符合社会公众的普遍认知，且没有明显超出社会的容忍范围，则应当予以认可。比如，对自然之债，对已过诉讼时效的债务，应肯定权利人享有基础权利。再如，上访户在得到一定补偿后仍提出索赔主张，也不能轻易认为其具有非法占有故意。

（二）维权手段符合社会相当性的判断方法

社会相当性是指在社会生活中为伦理秩序所容许的行为，大陆法系刑法理论以社会相当性判断某一行为是否具有违法性。手段行为是否超出了社会相当性，应当以发展的眼光看待，不同时代背景下，对同一行为可能赋予不同的社会评价。某些行为，虽有一定的危险或造成一定的伤害，但得到了社会的认可，并未违背社会公共秩序和善良风俗习惯，应视为正当行为。② 具体判断规则探讨归纳如下。

第一，仅仅以向媒体曝光、检举揭发、上访等合法手段维权，原则上不应认定为敲诈勒索罪的手段。敲诈勒索的行为构造要求具有威胁、恐吓行为，但刑法并未将所有的威胁、恐吓行为都认定为犯罪，在这种威胁、恐吓手段系出于维护正当的基础权利，并为社会公众和法秩序所允许的情况下，不应作为犯罪处理。这与刑法的谦抑性原则是相符合的。正如一些学者所说，合法手段的维权也会对相对人产生一定的心理强制，但此种心理强制没有损害相对人任何权益，在其应当容忍范围内。③

第二，争议已经处理终结，此时行为人再维权涉嫌敲诈勒索等犯罪。当事人双方争议已经通过诉讼等法定途径予以裁决，或者当事人双方已经协商约定终局性处理方案并落实，行为人此时已经丧失了权利基础，如果继续以向媒体曝光、检举揭发、上访等合法手段索要赔偿，就可能有成立敲诈勒索罪之余地。在此种情况下，原先的权利人实际已经变为贪婪的加害人，其主观上已经不再是维权而是具有非法占有目的，客观上原本合

---

① 参见谷永超：《英美刑法的理性人标准及其启示》，载《中国刑事法杂志》2017年第4期。

② 参见徐光华：《消费领域过度维权与敲诈勒索罪的界限：实务考察与理论再塑》，载《政治与法律》2022年第10期。

③ 参见应飞虎：《禁止抑或限制？——知假买假行为规制研究》，载《法学评论》2019年第4期。

法的手段行为也因为权利基础的灭失具有了威胁性、要挟性，符合敲诈勒索罪构成要件。例如，操某某与医院因医疗纠纷达成调解协议后，又以身体没有康复为由（经查没有事实依据），通过上访、在大街上张贴大字报以损毁医生名誉等为要挟，迫使医院又支付了3.96万元。对于操某某后面的行为，可以认定为敲诈勒索罪。[①]

第三，手段行为构成其他犯罪的，可以按照该手段行为涉嫌犯罪定罪处罚。公民享有自由的前提是不影响他人自由，权利行使也有其边界，当行使权利超过了边界，对他人、社会造成严重影响，就是权利的滥用，如果扰乱了社会秩序、侵害了法益，就是刑法所规制的犯罪行为。[②] 实践中，一些行为人虽然具有维权依据，但却采用不法程度相当严重的手段行为进行维权，对于此种维权行为，虽然否认了非法占有故意，但仍可根据行为侵犯的法益定罪处罚。如冉某某以自己眼部疾病是在公司工作时造成的为由，要求公司给予治疗和赔偿未果，采用损毁公司及他人财物甚至持刀威胁他人等方式索要赔偿，此行为已严重侵害了他人的合法利益，扰乱了社会秩序，可以故意毁坏财物、寻衅滋事等罪名定罪。[③] 当然，在办理此类犯罪案件时，应当充分考量犯罪起因、行为方式以及造成的危害后果，尽量通过释法说理引导当事人认罪认罚，并据此从宽处理，钝化社会矛盾，修复被破坏的社会关系。

（三）维权索赔数额不应成为入罪考量因素

无论基础权利受损或应予赔偿的数额是否确定，索赔数额大小都不应该成为认定非法占有目的的依据。当然，如果没有基础权利却索要赔偿，则可判断是否达到入罪标准，对于达到入罪标准数额的应当依法追究刑事责任。[④]

首先，在应予赔偿的数额难以确定的情况下，即使索赔数额较大，也不应认定为具有非法占有目的。有时候，侵权损害数额无法确定或者无法衡量，在这种情形下，行为人无法知晓其可能获得法律支持的赔偿数额，即使索赔数额巨大，也不能据此证明其主观上具有非法占有目的。尤其一些案件的损害结果不仅涉及物质损失，还伴有难以衡量的精神损害，即使在法律上索要赔偿数额得不到支持，也不能将索赔数额大小作为是否入罪的考量。如案例3，本案再审中，检方发表意见称，无论索赔数额多少，均是郭某在行使索赔权利，若厂家不同意其索赔数额，则属于有争议的民事法律关系。郭某索赔行为和数量不影响其目的的正当性。广东省高级人民法院经再审审理认为，因消费受损害程度未经鉴定，双方争议未超出民事纠纷范畴，改判郭某无罪。

其次，在应予赔偿的数额可以确定的情况下，即使索赔数额较大，也不应认定为具有

---

① 参见安徽省宣城市中级人民法院（2018）皖18刑终167号刑事裁定书。

② 参见熊琦：《敲诈勒索罪中的逻辑"悖论"研究》，载《中国刑事法杂志》2020年第5期。

③ 参见最高人民法院中国应用法学研究所编：《人民法院案例选》（2019年第1辑·总第131辑），人民法院出版社2019年版，第11页。

④ 参见周光权：《权利行使与财产犯罪：实践分析和逻辑展开》，载《现代法学》2023年第2期。

非法占有目的。司法实践中有一种观点,即索要金额与损害结果之间不能超出公众心理期待的合理范围,对于明显不成比例的,可以认定具有非法占有故意。比如 2000 年最高人民法院《关于对为索取法律不予保护的债务,非法拘禁他人行为如何定罪问题的解释》以及有关案例表明,行为人的维权只要有一定的依据,哪怕这种依据是“非法”的,也不以财产犯罪论处;但是,对于索取的债务超出原债务金额的部分,刑法理论与审判实践都认为应以绑架罪论处。[①] 实际上,最高人民法院关于非法拘禁罪的有关司法解释,其适用范围仅针对明确债务的行为,对于赌债等非法债务,其欠缺权利基础,自然应当从法律上予以惩治,不能无限放纵。对于权利确实遭受侵犯,造成损害,有明确索赔依据的案件,即便索要的金额过高,原则上也不宜认定为构成敲诈勒索罪。在维权过程中,行为人享有损害赔偿请求权,这是私法赋予行为人的正当权利,对损害数额的主张,是当事人协商的结果。[②] 权利人可以漫天要价,相对人基于自我利益的维护,自会选择合适的数额与权利人协商,在协商一致的情况下,双方达成私法的合意,公权利只需予以确认。从赔偿人角度出发,其如果认为高额索赔不合理,可以拒绝,若签订合同,则应当是深思熟虑、权衡各种利益得失之后的理性选择。虽然这种巨额索赔要求根据现行法律难以被公权力确认,但这并不意味着公权力可以随意介入双方意思自治达成的约定并采取刑事手段予以纠偏,更不能因为赔偿人反悔等原因轻易启动刑事诉讼程序并认定索赔人是敲诈勒索行为。在协商不成的情况下,双方仍可以通过行政机关或有关组织调解、仲裁,或者通过民事诉讼途径解决。

四、结语

法治社会经历了绝对权利向相对权利的演变,在不同历史时期、社会背景下,法规范对维权行为容忍度不同,对维权型敲诈勒索行为,应立足社会相当性,结合目的、手段等综合判断审查,这样才能及时回应社会转型中的各种法治诉求,发挥法律对社会行为的指引作用。对于有基础权利的案件,即使当事人采取短视频曝光、越级上访等手段,但因为符合大众心理预期、具有社会相当性,也不能认定为威胁、恐吓行为。索赔数额的高低也不能作为认定是否具有非法占有目的的依据。刑法应当秉持罪刑法定原则,慎重对待过度维权行为,依法打击破坏社会秩序的维权手段行为,引导公民通过合法的途径维权。

---

① 参见李兵:《〈关于对为索取法律不予保护的债务非法拘禁他人行为如何定罪问题的解释〉的理解与适用》,载最高人民法院刑事审判第一、二、三、四、五庭主办:《中国刑事审判指导案例:侵犯公民人身权利、民主权利罪》,法律出版社 2009 年版,第 628 页。

② 参见王雨葳、韩谦:《论“消费者过度维权”中的敲诈勒索罪》,载《齐齐哈尔大学学报(哲学社会科学版)》2021 年第 1 期。

互联网新业态劳动者权益保护的民事检察路径探析

文 军 李 倩*

摘要：依托大数据、人工智能等前沿技术产生的新产业新业态已成为中国经济发展的新动能。新业态劳动者权益保护的各项问题随之不断凸显，面临着法律供给不足、司法实践不统一、保障制度不健全等问题。民事检察应不断探索新业态劳动者权益保护的最佳路径，在立足法治保护职能的基础上，积极参与社会治理，以延伸保障践行全面保护理念、"双保护"理念，通过检察履职促进新业态产业与劳动者共同发展、共赢未来。

关键词：互联网新业态　劳动者权益保护　民事检察　双保护

党的二十大报告指出，要完善促进创业带动就业的保障制度，支持和规范发展新就业形态，健全劳动法律法规，完善劳动关系协商协调机制，完善劳动者权益保障制度。新时期，我国经济从高速增长向高质量发展转变，在党中央创新理念的引领下，以大数据、人工智能等前沿技术的各项突破为契机，通过技术创新创造的以互联网为依托的新产业新业态，成为中国经济发展的新动能。互联网新业态（以下简称新业态）在扩大就业市场规模、降低企业成本、提高人们的生活水平等方面发挥了极为关键的作用，对于缓解就业压力、优化就业结构、激发市场活力具有重大意义。①

全国总工会第九次全国职工队伍状况调查结果显示，全国职工总数4.02亿人左右，其中新业态劳动者为8400万人，约占职工总数的21%。新业态劳动者主要是货车司机、网约车司机、快递员、外卖配送员、网络主播等群体，目前我国的新业态劳动者保持较快增长。随着新业态劳动者人数的快速增加，涉及新业态劳动者权益保护的相关问题和争

* 文军，江苏省人民检察院第六检察部副主任；李倩，江苏省常州市人民检察院检察官助理。

① 参见贾丽萍：《以新业态促进高质量充分就业》，载《中国经济时报》2022年12月29日，第3版。

议也在不断凸显。全国总工会报告显示,目前外卖送餐员、快递员、网约车司机三类群体劳动合同签订率仅为43%。《2021 年中国一线城市出行平台调研报告》显示,网约车司机日均工作时间为 11.05 个小时。《新就业形态劳动者职业发展状况调查报告》表明,73.4% 的新业态受访者认为劳动强度大,70.2% 的新业态受访者认为工作对平台数字算法的依赖度高,69.3% 的新业态受访者认为职业晋升空间小,65.7% 的新业态受访者认为职业失业风险高。① 其他有关新业态职业安全风险过高、平台抽成不合理、收入严重依赖工作时长等问题也在不断地被媒体曝光。新业态劳动者的职业保障、休息休假、薪酬制度、劳动安全以及职业保护等权利保护问题已经迫在眉睫。

一、新业态劳动者权益保护的现实困境

如何有效地保护新业态劳动者的合法权益已经成为全社会高度关注的问题,但是目前对于新业态劳动者权益保护还存在很多现实困境。

(一)新业态劳动者权益保护法律供给困境

1. 制度规范层级不高。法律具有滞后性,制定再完美的法律也会随着时代环境的发展变化而变得不合时宜。② 传统的劳动关系循环已经被打破,新业态劳动关系形成了一种新型的、未被保护的并且打破传统法律理论和逻辑框架的劳动关系循环。③ 我国现有劳动法律法规主要建立在传统劳动关系的基础之上,在新业态经济发展的背景下,保护新型劳动关系的法律依据不足。现在关于新业态劳动者权益保护的制度规范最主要的是人力资源和社会保障部等八部门联合出台的《关于维护新就业形态劳动者劳动保障权益的指导意见》(以下简称《指导意见》)以及其他规范性文件,尚未有专门的针对新业态劳动者进行保护的国家层面的法律法规出台。

2. 制度规范内容笼统。《指导意见》重在价值指引,不具有法律拘束力,内容主要为原则性规定,没有具体的实施细则,对于不完全劳动关系的认定标准如何确定,新业态劳动者的哪些权益需要保障、如何保障等均未有明确规定。其他一些规范性文件也未对新业态纠纷的司法实践提供可操作性的认定标准,尤其是《指导意见》中提出的"不完全符合确立劳动关系情形",使理论与司法界对于新业态劳动用工关系产生了更多争议。

(二)新业态劳动者权益保护司法实践困境

1. 新业态劳动关系认定成为难题。在法院审理的案件中,要求确认劳动关系占据了新业态案件中的较大部分,但是传统的劳动关系认定标准以劳动者与单位之间的从属性为主要判断依据,新业态用工模式下平台与劳动者之间从属性弱化且指挥管理更加隐

---

① 参见刘哲:《新就业形态劳动者职业发展状况调查报告》,载《人民论坛 · 学术前沿》2023 年第 16 期。

② 参见刘权:《论互联网平台的主体责任》,载《华东政法大学学报》2022 年第 5 期。

③ 参见朱海龙、唐辰明:《互联网环境下的劳动关系法律问题研究》,载《社会科学》2017 年第 8 期。

蔽,如何认定劳动关系以及是否可以认定劳动关系成为法院在审判此类案件中要面临的难题。对此审判实践中裁判尺度难以统一,有的认定为合同关系,有的认定为劳动关系。例如,苏州市法院判决的一起案件中,网络主播与平台既签订了《劳动合同书》,又签订了《网络红人经济协议》,法院认为双方之间的合同是包含“经纪”与“劳动”合同因素的混合型合同,属于“不完全符合确立劳动关系情形”,最终以经纪合同关系处理双方之间的关系。[①] 在东莞市人民法院审理的一起案件中,司机与汽车服务公司签订了《司机合作协议》,法院裁判认为虽然协议名称为合作协议,司机上下班也无须打卡,但是根据协议的实际履行情况认定双方之间存在劳动合同。[②]

2. 新业态劳动关系用工主体认定困难。随着平台用工模式的演进,平台通过各种手段不断减弱与劳动者之间的契约关系,许多平台为减少用工成本、规避用工风险,不断将直营用工模式转为加盟或外包模式。以外卖行业为例,平台通过多层分包、转包的形式,不断拉长用工链条试图割裂劳动合同的直接关系,分散管理职能、管理权限,将劳动者的工作分配、日常管理、工资结算等职责分散至不同主体,试图通过多主体用工削弱劳动者与用工主体的从属性。一旦发生纠纷,相较于平台个体用工,多主体用工情形下,劳动者取证困难大大增加,法院在审判过程中也要查清究竟哪一方在管理中处于主导地位,实际用工主体如何判断,这给司法实践带来了更大的挑战。

(三)新业态劳动者权益保护保障制度困境

1. 保障缺失监管不足。我国社会保障制度体系是与劳动关系高度绑定的。[③] 新业态中部分非典型劳动关系难以被识别和界定,目前还无法与普遍实行的用人单位、劳动者和国家三位一体的社会保障体系相匹配,许多新业态劳动者因为不符合《工伤保险条例》规定的参保条件而无法参保,难以实现有效保障。平台借助大数据、人工智能算法等新技术,使违法用工、损害劳动者权益的手段和方式更加隐蔽,但是目前监管部门监管技术的智慧程度与一些平台还存在差距,监管效果并不理想。

2. 联动保护机制未立。不同于传统劳动者的强组织性,新业态劳动者的管理模式相对松散、从业方式较为灵活、人员流动性较大,新就业形态用工关系的低连续性和低稳定性使行业协会和工会对于新业态劳动者的保护力不从心,需要多方力量共同介入建立全社会多层次的保护体系。但当下,对于新业态劳动者权益保护的信息共享、部门联动、协同保护等机制还不完善,政府、司法机关、行业协会、工会组织等新业态劳动者权益保护的联动保护体系尚未形成。

---

① 参见江苏省苏州市中级人民法院(2020)苏05民终8311号民事判决书。

② 参见《东莞市人力资源和社会保障局关于发布东莞市新业态用工争议十大典型案例的通知》中案例6“签订合作协议但符合劳动关系特征的司机与汽车服务公司存在劳动关系”,载东莞市人力资源和社会保障局网,http://dghrss.dg.gov.cn/gkmlpt/content/4/4067/mpost_4067351.html#453,最后访问日期:2023年11月5日。

③ 参见孟续铎、吴迪:《平台灵活就业新形态的劳动保障研究》,载《中国劳动关系学院学报》2021年第6期。

二、新业态劳动者权益保护的价值理念

保护新业态劳动者的合法权益既是保护民生民利，也是以人民为中心的重要体现，有利于高质量发展大局。理念是行动的先导，树立新业态劳动者权益保护的正确理念，是促进新业态经济健康有序发展的前提条件。

（一）坚持全面保护理念

习近平总书记指出："排除阻碍劳动者参与发展、分享发展成果的障碍，努力让劳动者实现体面劳动、全面发展。"①新业态劳动者是新业态经济发展的动力，是社会财富的创造者，是国家和社会宝贵的资源，应当充分保障新业态劳动者"体面劳动，全民发展"的权利，关注劳动者的劳动报酬、休息休假、社会保障、劳动安全等生存性权利。现代社会所关注的公平已由原来的生存性公平转向发展性公平。② 国家和社会积极探索对于新业态劳动者公平就业、职业培训、职业发展、职业尊荣等发展性权利的保护，最大限度地激发劳动者的创造性和主观能动性。

（二）坚持"双保护"理念

新业态的发展离不开劳动者，劳动者的个人成长也离不开新业态的健康发展，劳动者发展与新业态发展是相互依赖的关系。对劳动者和新业态进行"双保护"，坚持保障新业态劳动者权益与促进新业态经济健康规范发展并重，不但能够使劳动者享受稳定工作环境，还能形成以人才为根本优势的企业竞争力，有利于共同发展，双向共赢。新业态产业对于吸纳就业、促进经济和社会发展发挥着重要作用，壮大和发展新业态是蓄力新动能、发展新经济的重要一环。新业态经济发展过程中带来了新业态劳动者合法权益保护的各项问题，对于产生的问题应当理性规制、有序引导，通过找准新业态和劳动者的利益平衡点，建立"双保护"制度，促进劳企关系良性循环。

（三）坚持促进业态发展理念

新业态劳动者权益保护是在当前经济形势下释放劳动者就业动能、稳住经济大盘的内在要求。新业态劳动者权益保护是涉及民生民利以及经济发展大局的重要问题，构建和谐的劳动关系，让劳动者"劳有所得"是社会公平正义的重要体现。保护好新业态劳动者的合法权益，构建和谐的劳动关系，有利于充分释放新业态产业的创新潜能，促进经济社会的可持续发展，为和谐社会建设以及经济社会高质量发展提供充分动能。

三、民事检察保护新业态劳动者权益的路径探索

民事检察作为"四大检察"业务的重要组成部分，始终把保障民生民利，服务高质量发展作为检察工作的重中之重，坚持依法保障新业态劳动者合法权益，立足法治保障职

---

① 习近平：《在同全国劳动模范代表座谈时的讲话》，载《人民日报》2013 年 4 月 29 日，第 2 版。

② 参见余少祥：《社会法总论》，社会科学文献出版社 2019 年版，第 35 页。

能，服务社会治理大局，有效运用智慧保障，促进新业态与劳动者的双向助力，互相成就。

（一）法治保护路径

1. 推动健全新业态相关法律法规。更好地保护新业态劳动者的合法权益须加强顶层设计，充分发挥法律的引领、推动和保障作用。立法行政机关应加快新业态领域的立法进程，通过劳动法律体系的完善，明晰新业态中的各类关系，系统解决新业态劳动者权益保障问题。检察机关作为国家的法律监督机关，应在履职过程中不断加强新业态领域的实践探索和理论研究，配合立法机关推动相关立法完善。如通过办理涉及新业态领域的重大疑难复杂案件，发布具有司法价值引领的典型案件，积极参与新业态立法工作，为立法工作提供司法实践支持。2023 年最高人民检察院出台了《关于加强新时代检察机关网络法治工作的意见》，该意见中强调要综合运用多种方式加大对新就业形态劳动者等主体权益的司法保护力度，提出检察机关应积极参与网络立法制定修订工作。

2. 合理认定促进实践。司法实践中对于新业态案件主要秉承“事实优先”的劳动关系认定原则，劳动者与平台存在事实劳动关系的相关证据是劳动关系认定的关键所在。在办理涉及新业态劳动者合法权益保护的案件时，检察机关可以通过调取卷宗、审查用人单位用工模式、审核工商登记等方式层层深入调查核实，通过细致证据审查和事实调查，厘清新业态劳动关系的脉络，合理认定平台和劳动者的法律关系。同时，通过“监督 + 支持”的方式不断加强对新业态劳动争议案件的共同研判，推动构建科学合理的新业态劳动争议案件的办案尺度和监督标准，通过同案同判价值指引彰显形式正义和可预期性之“溢出价值”。①

3. 建立支持保护绿色通道。我国的新业态劳动者主要集中在劳动密集型的服务业，多是普通劳动者，文化程度不高，收入水平有限。一旦发生纠纷，很多劳动者不知道如何有效地维护自己的合法权益，而且对于一些劳动者而言，司法程序过于漫长，成本过高。检察机关可充分有效发挥支持起诉的作用，以“依申请支持 + 主动支持”相结合，通过法律支持、证据支持、诉讼支持等多元化支持手段，不断畅通新业态劳动者依法维权的渠道，保护弱势群体利益。同时建立新业态案件受理、办案绿色通道，通过提高新业态案件的办案效率，最大限度地降低诉讼对劳动者个人生活的影响和对企业正常经营的影响，助力法治化营商环境建设。在办案过程中及时关注劳动者的实质诉求和现实困难，将情法相融，重视办案示范效果，通过业务专家精品案件的办理探索新业态案件办案经验，推广优秀办案方式，整体提升办理新业态案件业务水平，通过对案件的精办、深办实现以点带面深化监督的效果。

（二）社会治理路径

1. 推动构建多元化解机制。新业态纠纷案件关乎民生民利，关乎新业态健康发展和

---

① 雷磊：《如何理解“同案同判”？——误解及其澄清》，载《政法论丛》2020 年第 5 期。

社会稳定。司法环节往往更强调证据和举证责任等硬性要素，多元争议可以以更灵活化的手段处理，不但效率更高、成本更低，有时候效果也更好。检察机关在履职中将法律监督与争议化解相结合，通过充分了解劳动者的实质诉求和纠纷症结，着眼于案结事了人和，推动争议在检察环节得到实质性化解，降低劳动者的救济成本。在纠纷化解中，以构建和谐劳动关系为最终归属，从劳动者与用工单位的结构性力量悬殊出发，切实保障劳动者合法权益，拒绝以牺牲劳动者权益换取纠纷化解。同时积极分析研判新业态劳动者权益的各类纠纷，对于群体性案件、影响较大的案件及时发现，督促人社部门尽早处理，最大限度地从源头上预防和减少新业态劳动者侵权案件产生。

2. 推动构建联动保护机制。新业态劳动者合法权益保护是一项系统工程，要靠多方合力共同支持形成有效联动保护体系。检察机关及时将发现新业态相关问题形成情况反映并向当地党委、人大进行专题汇报，积极争取党委、人大的支持，形成保障新业态劳动者合法权益共管共治的治理格局。加强与公安、法院、人社、税务、信访等部门的配合和协作，通过建立联席会议、共享信息平台、专门联络员等制度及时了解新业态人员的整体情况以及现实困难，共同商讨解决对策，促进新业态健康发展。同时推动特邀检察官助理制度，通过邀请专业人员参与协助检察机关办理涉及新业态的案件，有效解决案件办理过程中的知识壁垒，通过专业优势发挥，实现案件专业化办理。

3. 推动构建行业自治机制。新业态劳动者是职工队伍的重要组成部分，更多的新业态劳动者加入工会组织有利于充分发挥集体协商制度的效能，为劳动者争取到更多有力的权益红利。检察机关在履职中鼓励更多新业态劳动者参与工会组织，推动开展涉及新业态领域的联合监督行动，联合工会组织建立“法治体检组”，通过梳理新业态企业劳动用工方面可能存在的问题，对企业的运营合规性进行法律分析，从源头上、制度上规范企业用工行为。可以充分发挥工会组织的集体协商作用和组织优势，指导推动行业集体合同的定制，通过规范合同形式以及行业标准为新业态劳动者提供基准保护。同时通过检察履职促进企业和行业关心的涉及劳动者社会保险和福利等现实的利益问题以及岗位培训、日常教育等关乎劳动者职业前景的问题的解决，构建和谐发展劳动关系。

（三）延伸保障路径

1. 充分运用智慧检察。新业态用工模式下，平台算法成为管理新业态劳动者的核心，直接作用于工作分配、工作方式和工作评估的各个阶段，但是一些平台算法逻辑与人性管理存在冲突，“被困算法”成为新业态劳动者的保护困境。加强对平台的算法和数据的治理是保障新业态劳动者权益的关键着力点。① 检察机关在监督履职中应加强对新业态平台的算法和数据的跟踪了解，以智慧检察不断延伸监督触角，以社会治理检察监督不断推动对于新业态平台的算法审核、劳动伦理审核、劳动安全评估监测等方面的技术

---

① 参见姜鹏飞：《加强技术治理　保障新就业形态从业者权益》，载《科技日报》2022 年 10 月 26 日，第 8 版。

措施，鼓励行业协会、工会组织、劳动者群体积极参与平台规范管理与算法规则制定，积极探索算法评估制度，促进基于平台控制的“权利算法”向劳动者参与的“透明算法”的转变，不断增强劳动者的话语权。同时积极建立大数据中心，打通与其他司法机关、行政机关以及新业态平台之间的数据壁垒，通过各项数据比对碰撞，及时了解新业态企业发展情况以及涉及劳动者权益保护的各项内容，构建新业态劳动者合法权益保护的法律监督模型平台，推动构建“个案办理—类案监督—系统治理”的全链条监督流程，以智慧检察不断提升监督建议以及监督手段的专业化程度。

2. 促进新业态健康发展。构建和谐劳动关系，善待职工，是企业不断发展的保障，也是经济高质量发展的持久动能。检察机关在司法办案以及法治宣传中应不断优化企业价值规范，积极推动企业加强社会责任理念，在创造社会财富和发展自身的同时承担对社会的责任，善待职工、依法治企。在检察履职中及时发现企业合规风险，协助企业规范发展，优化劳动者的意见表达、处理和反馈流程，在用工合同指导、职业培训、社会保险参保和职业伤害保障等方面为企业提供更精准的指导意见。在维护劳动者合法权益的同时积极考虑新业态经济的持续发展，通过案件办理、检察建议、法制宣传、社会治理检察履职、指导案例等手段，落实新业态的“双保护”理念，在倾斜保护劳动者立法的价值下找到新业态企业与劳动者利益博弈的平衡点，尊重新型用工模式，兼顾劳动者权益保护与企业生存发展。

3. 促进完善权利保障体系。新业态企业对于劳动者的管理主要通过大数据平台实现行为控制，在工作环境日益数字化的背景下，劳动者个人隐私和个人信息被侵害的风险也大大增加。检察机关在对劳动者合法权益进行保护时应及时关注对劳动者隐私权和个人信息权利领域的保护，将其列入重点保护范围，推动新业态领域出台个人信息保护标准，对求职者及劳动者个人信息处理划定基准，引导协调企业管理秩序与劳动者人格保护的价值平衡。同时协助推动现行社保制度改革，建立一套与互联网平台用工模式高度适配、灵活可行的社会保障体系，引导支持不完全符合劳动关系情况的新业态劳动者根据自身情况参加相应的社会保险，实现应保尽保，灵活参保。

试论检察机关民事支持起诉制度的发展与完善

江苏省张家港市人民检察院课题组*

摘要：虽然理论界对检察机关民事支持起诉职能尚有存废之争议，但检察机关支持起诉作为畅通司法救济渠道，保障当事人诉讼的有效途径，在司法实务中具有不可替代的现实意义。目前，检察机关民事支持起诉大多集中在欠薪领域，支持起诉的深度、广度较为欠缺，工作质效尚未达到制度设计之预期，究其原因在于立法定位不明确、实践标准不统一、实质履职不到位等。应加强顶层设计、完善立法，推动检察机关民事支持起诉工作的制度构建，确立基本原则、健全程序规制以突破其阻因，明确检察机关民事支持起诉职能权限，建立支持起诉与其他工作衔接机制，促进支持起诉工作实质化。

关键词：民事支持起诉　现状困境　完善路径

一、检察机关民事支持起诉的理论基础简述

检察机关民事支持起诉是通过能动履职补强弱势群体及演化型弱势群体在经济、专业及诉讼等方面的能力欠缺，以达到双方当事人诉讼地位实质平等，实现实质正义。通说认为，我国的支持起诉原则源于苏联民事诉讼的国家干预理论，是对苏联社会干预主义的本土化改造，即国家干预原则指导下职权主义诉讼模式的产物，是具有中国特色的社会干预主义诉讼原则。① 有学者认为支持起诉原则区别于国家干预原则，不能发挥基本原则在民事诉讼中的指导作用，打破了诉讼双方的平衡，有挑讼之嫌，有违现代民诉法的基本理念。② 反之，也有学者认为，社会干预是社会主义国家民事诉讼的特质之一，应

---

* 课题负责人：余爱华，江苏省张家港市人民检察院副检察长。课题组成员：盛敏，江苏省张家港市人民检察院第五检察部主任；沈佼，江苏省张家港市人民检察院第五检察部检察官；张天琪，江苏省张家港市人民检察院第五检察部检察官助理。

① 参见陈刚：《支持起诉原则的法理及实践意义再认识》，载《法学研究》2015 年第 5 期。

② 参见蒋集跃、梁玉超：《存在未必合理——支持起诉原则的反思》，载《政治与法律》2004 年第 5 期；何文燕：《调解和支持起诉两项民诉法基本原则应否定》，载《法学》1997 年第 4 期。

当为我国民事诉讼所坚持。国家和社会应该为社会特殊群体寻求司法救济提供支援和帮助，这已经成为各国司法改革的共识和出发点。[①] 我国目前虽未将检察机关民事支持起诉作为一项具体制度在法律中予以明确规定，但因其能保障基于各种原因不能正常提起诉讼的特殊群体的合法权益，应当支持和完善。可以说检察机关系立足于保障当事人诉权实质平等，以诉的形式履行法律监督本职，对诉讼予以有限干预，是对我国民事诉讼法确立的支持起诉原则的实践，并未破坏原有的诉讼秩序，故而不会造成诉讼权利和义务的混乱。实践中，检察机关立足法律监督职能，依法能动履职，聚焦特殊群体权益保护，积极开展支持起诉工作，通过依法调查核实、开展困难帮扶、构建社会化大保护支持体系等拓宽支持起诉职能发挥的边界，推动支持起诉工作向纵深发展。

二、检察机关民事支持起诉的现状与困境

（一）检察机关民事支持起诉的现状

2019 年度至 2022 年度，全国检察机关分别依法支持起诉的案件为 15,419 件、24,355件、44,000 件、89,000 件。[②] 检察机关支持起诉的案件数量不断攀升，办案规模不断扩大，都呈快速上升的趋势。其中，支持起诉的案件类型大多集中于农民工讨薪案件，占半数以上，在部分省份占比更高，如江苏省支持农民工起诉案件占比超过 75%。近年来，随着支持起诉工作的深入开展，支持起诉范围也不断扩展。如支持起诉变更抚养权，保护未成年人合法权益；支持追索赡养费、抚养费、扶养费等，保障老年人及妇女、儿童权益；在交通事故、医疗事故或者产品质量事故领域，支持被侵权一方请求损害赔偿等。检察机关支持起诉职能不断延伸，正在逐步实现与服务大局、保障民生的深度融合。在社会矛盾日趋复杂和经济下行压力的影响下，追索劳动报酬、抚养费、赡养费，确认劳动关系，人身损害赔偿等案件多发，而维权群体通常诉讼能力偏弱，但这也给进一步激活检察机关民事支持起诉制度带来了机遇。如在新形势下出现的培训机构“卷钱跑路”等问题引发的群体性纠纷，学生家长取证难、退费难，检察机关通过调查核实，实地调取培训机构保管的合同、收据、签到表等证据，解决申请人难以举证的后顾之忧，妥善处理社会矛盾，化解重大风险。

（二）检察机关民事支持起诉的发展困境

1. 立法定位不明确。我国现行法仅有《民事诉讼法》第 15 条对支持起诉进行了原则性规定。在司法实践中，检察机关支持起诉的正当性经常会受到质疑。虽然最高人民检察院第六检察厅于 2022 年 3 月印发了《民事检察部门支持起诉工作指引》，对支持起诉

---

① 参见李德恩：《接近司法视阈下检察机关支持起诉的体制建构》，载《法治研究》2016 年第 1 期。

② 数据参见冯小光：《以民事支持起诉助力特殊群体权益保护》，载《中国检察官》2022 年第 6 期；张军：《最高人民检察院工作报告》（第十三届全国人民代表大会第五次会议 2022 年 3 月 8 日）；最高人民检察院网上发布厅发布《2022 年全国检察机关主要办案数据》。

的主体、方式、范围、程序等进行了规定，进一步规范了检察机关民事支持起诉工作，但该指引属于检察机关内部规范。立法并未明确检察机关开展民事支持起诉的主体地位，导致检察机关支持起诉的正当性不足。法定履职的依据欠缺制约了检察机关民事支持起诉工作的开展。支持起诉工作更多地依赖于法院的理解配合，且在司法实务中缺少具体可操作的规范程序，导致支持起诉工作开展形式多样，在与法院、法律援助机构等部门协作中难以形成统一有效的规范。

2. 实践标准不统一。一是对弱势群体的审查把握不准。对弱势群体的诉权保障是检察机关民事支持起诉工作的重点。而司法实务中出现对公司高管、企事业单位普通职工的支持情形，需要注意的是，这些群体并不存在明显的弱势特征。[①] 此外，如商品房业主相对于房地产商的演化型弱势，在司法实践中的把握亦不明确。二是对支持起诉的必要性把握不严。检察机关在办理民事支持起诉案件时通常仅审核弱势群体的身份条件、证据是否充分、诉求是否合法等，而忽略了支持起诉的必要性审查。三是支持起诉的方式不一。实务中，各地检察机关支持起诉的方式不统一，除对当事人未提起诉讼的案件支持起诉的外，还有对当事人已经向法院提起诉讼的案件支持起诉的。此外，有的进行调查并认定事实，有的以原告方提交的证据认定事实；有的参与整个诉讼过程，有的部分参与诉讼过程。

3. 实质履职不到位。一是有的支持起诉并不符合当事人意愿。如有的诉讼受害方并无通过诉讼维权的意愿，而是在检察机关的说服下决定提起诉讼。二是有的存在形式化问题。如在当事人有委托诉讼代理人或申请法律援助的情况下，检察机关支持起诉权能在一定程度上被替代，但实务中不乏检察机关非因客观需要而协调开展支持起诉的情况。三是支持起诉影响力难以凸显，主要表现在法院忽视检察机关支持起诉意见。如法院裁判文书对检察机关支持起诉的意见往往一笔带过或者不做阐述，支持起诉的实质作用在裁判文书中无法体现。

三、检察机关民事支持起诉权能的完善路径

（一）明确支持起诉职能权限

1. 完善顶层设计。在《民事诉讼法》中对检察机关民事支持起诉予以具体规定，为检察机关支持起诉工作提供充分的法律依据。通过顶层设计完善立法，以法条的形式对《民事诉讼法》第 15 条相对原则性的内容进行细化，统一制度规范和流程。同时，通过制定相关司法解释，进一步明确支持起诉的主体、范围、受理、审查等，以此解决检察机关办理支持起诉案件受理标准不一、范围不清、程序不规范等问题。[②]

---

① 参见刘晋余：《检察机关支持起诉实证研究》，四川省社会科学院 2019 年硕士学位论文，第 10 页。

② 参见王稼瑶：《完善制度机制 突破支持起诉工作现实困境》，载《检察日报》2020 年 12 月 23 日，第 7 版。

2. 明确支持起诉的对象和范围。从各国民事诉讼改革的共同方向上看，均主张为贫困群体、消费者、环保主义者谋求合法的权利，且更加关注权利的失效性以及权利人行使权利的具体路径。[①] 民事支持起诉的本质就是为了保障特殊群体的合法权益，维护其诉权的平等行使，以公权力的介入改变特殊群体客观上诉讼能力偏弱的现状。从最高人民检察院发布的民事支持起诉指导性案例来看，检察机关支持起诉的对象和范围，可以包括：请求劳动报酬、社会保险待遇，经向有关部门申诉反映没有妥善解决的；因年老、疾病、缺乏劳动能力等不能独立生活或生活困难，请求给付扶养费、赡养费的；残疾人的人身权利、财产权利或其他合法权益遭受侵害，提起诉讼确有困难的；遭受家暴的妇女，不敢诉、无力诉的；等等。总的来说，对于支持起诉的对象应关注其社会属性，表现为诉讼能力偏弱的特殊群体。

3. 健全支持起诉的程序规制。一是确定统一审查标准。应当审查相关民事主体的权益是否受损，是否存在难以或不敢提起诉讼而确需维护其合法权益的情形。二是审慎开展调查核实。除侵害社会公共利益、当事人因客观原因不能自行收集证据外，检察机关不宜依职权主动替代一方当事人调取证据。检察机关调取的证据在诉讼中也需要经过质证才能作为法院裁判的依据。三是明确检察机关参与诉讼的方式。检察机关一般不出庭支持起诉，对于有重大社会影响的案件或检察机关协助收集证据的案件，经与法院会商，可以出庭参与诉讼。检察机关出庭的主要职责是宣读支持起诉决定书，以及出示调取的证据并予以说明，除此之外不参与法庭审理的其他环节，以保障双方当事人诉讼权利和诉讼地位的平等。

（二）确立支持起诉基本原则

1. 有限介入原则。一是尊重当事人处分权。当事人有权在法律规定的范围内处分自己的民事权利和诉讼权利，在其合法权益确有损害且有起诉意愿的情形下，检察机关方能支持起诉，且检察机关支持起诉意见不宜超出当事人提出诉讼请求范围。二是尊重当事人和解意愿。在支持起诉过程中，当事人有和解意愿的，检察机关应当推动双方达成和解，实质化解矛盾争议。在支持起诉后，当事人撤诉且真实自愿的，支持起诉程序自行终结。三是检察权兜底，即先由有关机关或其他社会组织依法履职，在相关部门拒绝或者无力支持起诉时，再由检察机关介入开展支持起诉。

2. 必要性原则。一是综合判定支持起诉的必要性。结合诉讼主体、损害事实、诉讼能力、经济状况等考量是否启动民事支持起诉。如申请人具备足够的诉讼能力及经济能力或能通过其他渠道获得诉讼支持，检察机关就无须开展支持起诉。二是采取适当支持方式。根据当事人的诉讼能力和案件具体情况选择支持起诉方式，包括提供咨询、调查取证、制发支持起诉书、派员出庭、和解、调解等，而并非仅限于向法院提起诉讼。

---

① 参见刘霞：《新时代司法检察理念下的民事支持起诉制度定位》，载《检察日报》2021年2月3日，第7版。

3. 独立性原则。一是检察机关应当尊重事实和法律，秉持客观公正立场审查原告诉求，仅支持原告的合法权益，不必与原告的主张完全一致。二是尊重法院审判权的独立行使，不因支持起诉影响法院独立行使审判权。

（三）建立支持起诉衔接机制

1. 与诉讼代理、法律援助制度的衔接。原则上检察机关支持起诉不应介入已经委托诉讼代理人或申请到法律援助的案件中，避免造成制度上的叠加。但仍应审慎审查这类案件是否存在其他困难客观需要检察机关支持起诉，从而对诉讼代理、法律援助制度起到补充和加强的作用。另外，涉及拒不支付劳动报酬罪、虐待罪等刑事案件，检察机关支持起诉可结合当事人的诉讼能力及现实状况，移送法律援助机构开展法律援助，并在与法律援助的衔接中起到主导作用。

2. 与民事公益诉讼的衔接。检察机关在办理民事支持起诉案件过程中，发现国家、集体、个人合法权益受到损害的情形，涉及公共利益的，应依法启动公益诉讼程序，妥善处理好支持起诉与民事公益诉讼之间的衔接、过渡关系，倘若有社会组织主张诉权，检察机关理应作出让渡。

3. 与民事检察监督的衔接。检察机关民事支持起诉权能应延伸至法院执行阶段，建立支持起诉和执行监督的双阶递进式支持体系，对支持起诉案件的法院裁判结果和执行活动进行监督。如生效裁判或者审判程序违法，检察机关可依职权启动诉讼监督程序；未能执行到位的，可依法启动执行监督程序。总的来说，即通过诉前支持和诉后监督，构建全方位、立体式的支持体系。

4. 与社会治理的衔接。将社会调解力量引入支持起诉环节，通过调解、和解化解矛盾纠纷，协调平衡双方利益关系，减少当事人诉累。在支持起诉过程中双方有和解意愿，但在诉求的实现上存在分歧的，可通过公开听证等促进达成共识。发现当事人经济困难或因案致贫等情形的，应协调开展司法救助工作。涉及行政机关不依法履职等情形的，可通过制发社会治理类检察建议等督促履职。

四、结语

支持起诉制度是检察机关能动履职、司法为民的重要体现。近年来，支持起诉工作取得了丰硕的成果，但在司法实践中，检察机关仍要完善和优化支持起诉的程序规范，逐步推动有关职能部门依法履职，维护特殊群体合法权益，避免大包大揽，努力形成政府参与、协同共治的工作格局。通过制度性构建促进支持起诉工作实质化，进一步推动检察机关民事支持起诉制度的发展与完善，使之成为检察机关在新时代主动融入“两个大局”、充分践行司法为民的重要抓手。

民事检察和解的实践与完善进路

白　鹤　潘　霞*

摘要：民事检察和解是矛盾纠纷多元化解的方式之一。民事检察和解工作的发展历程与司法实践反映出其在促进矛盾纠纷化解、推进社会治理方面的积极作用。目前民事检察和解尚未形成制度规范，基于民事检察工作面临的新形势以及民事检察和解制度包含的价值理性，应在制度和实施上进行完善，为新时代"枫桥经验"注入新活力。

关键词：民事检察和解　矛盾纠纷化解　制度构建

一、问题的提出

案例：谈某的丈夫范某以个人名义向潘某借款100万元。债务到期后，范某未予偿还。2015年潘某向法院起诉范某、谈某，三方达成由范某、谈某在约定期限内归还潘某100万元的调解协议。因范某、谈某未按约履行，潘某申请强制执行，法院冻结了谈某的银行存款。2021年谈某向检察机关申请监督，认为诉讼文书非本人所签，其未从范某举债中获益，不应承担还款责任。检察机关向谈某充分释明鉴定成本、证明标准等事项，谈某知悉后申请和解。检察人员为谈某、潘某组织和解。经过反复磋商，潘某与谈某达成由谈某每月归还1000元，归还总数12万元，潘某放弃执行对谈某的其余债权的和解协议。潘某向法院申请中止执行，解除对谈某银行存款的冻结措施。谈某遂撤回监督申请。

上述案例中，检察机关依法能动履职，运用民事检察和解化解了当事人之间的矛盾纠纷，达到了案件办理法律效果、政治效果、社会效果的统一。但现行法律对民事检察和解仅进行了原则性规定，《人民检察院民事诉讼监督规则》未作出明确具体规定，理论界也未形成统一意见。如何构建民事检察和解制度，促进检察机关参与社会治理，实现社

* 白鹤，江苏省溧阳市人民检察院党组书记、检察长；潘霞，江苏省溧阳市人民检察院员额检察官。

会矛盾多元化解,成为检察机关面临的重要课题。

二、民事检察和解制度脉络梳理

民事检察和解,是指检察机关对存在错误但争议不大或标的较小,当事人有和解意愿且无抗诉必要的民事生效裁判,不经再审或者抗诉程序,直接引导当事人基于其意思自治权,通过说服工作,促进双方达成和解协议,彻底解决其纠纷的制度。[①] 在不涉及国家利益、公共利益及公序良俗的前提下,检察机关让当事人双方充分行使对自己合法权益的自治权,满足各自的正当利益诉求,以平和的方式化解矛盾纠纷,实现法律的秩序价值。[②] 民事检察和解在我国民事检察史上经历了以下三个发展阶段。

(一)萌芽阶段

自 1980 年我国恢复设立民事检察监督时起,民事检察职能部门就在"一手抓抗诉,一手抓息诉"工作方针的指导下,将检察和解作为息诉的重要方式。此阶段,由于仅有民事诉讼法关于对人民法院审判活动实施法律监督的原则性规定,缺少具体的可操作性法规和文件,民事检察监督发展得较为缓慢。[③] 全国检察机关民事监督案件办理数量较少,民事检察和解运用较少。至 2000 年前后,由于检、法两家和学术界对民事检察制度的存废、加强或削弱出现争议[④],民事检察和解的发展也随之减缓。

(二)逐步发展和巩固阶段

2001 年起,最高人民检察院下发多个民事检察监督案件办案规则,民事检察工作进入发展和巩固阶段。民事检察部门的息诉工作也日益得到重视。2004 年至 2007 年,最高人民检察院多次对检察息诉工作提出要求,指出有关部门要协作形成合力,推动矛盾得到妥善处理,民事检察和解被广泛地运用到息诉工作中。2008 年,检察机关提出"抗诉是成绩,息诉也是成绩的正确绩效观",并首次在正式文件中提出,可通过检察和解方式化解个案矛盾,促进社会和谐稳定。[⑤]

(三)强化阶段

2013 年 11 月 18 日实施的《人民检察院民事诉讼监督规则(试行)》第 55 条规定,人民检察院在办理民事诉讼监督案件过程中,当事人有和解意愿的,可以建议当事人自行和解。2021 年 8 月 1 日实施的《人民检察院民事诉讼监督规则》将相关规定中的"建议"改为了"引导",突出检察机关在民事和解中要发挥主观能动性,进一步强化了民事检察

---

① 参见黄旭东、胡晓霞:《论民事检察和解的理性与完善》,载《西南大学学报(社会科学版)》2010 年第 6 期。

② 参见傅国云、胡卫丽:《民事检察和解的适用与程序设计》,载《人民检察》2013 年第 7 期。

③ 参见路志强、高继明:《中国民事检察监督的法理思考——以评析理念变迁为基点》,载《西南政法大学学报》2013 年第 5 期。

④ 参见黄旭东、胡晓霞:《论民事检察和解的理性与完善》,载《西南大学学报(社会科学版)》2010 年第 5 期。

⑤ 参见王稳:《北京市基层检察院民行息诉工作现状、难点问题及对策》,载甄贞主编:《民事行政检察监督难点与对策研究》,法律出版社 2009 年版,第 52 页。

和解工作的价值地位。2021年11月,第六检察厅发布5件民事检察和解典型案例,指导各地运用民事检察和解妥善化解检察环节的矛盾纠纷。[①]

从民事检察和解的发展脉络可以看出,民事检察和解工作随着民事检察监督工作的发展态势起伏。一方面,民事检察监督职能确立伊始,民事检察和解就被作为法律监督的具体方式应用于检察监督工作,抗诉和息诉(检察和解)丰富着法律监督的内涵和层次;另一方面,民事检察和解的价值扎根、巩固于民事检察工作实践,具有较强的生命力和制度构建价值。

三、民事检察工作面临的新形势

(一)"枫桥经验"对民事检察工作的理念引领

"枫桥经验"是中国共产党在长期政法实践中积累并坚持传承的基层治理经验。"枫桥经验"的主要内容包括发动和依靠群众,坚持矛盾不上交,就地解决。党的十九届四中全会明确要坚持和发展新时代"枫桥经验",推进国家治理体系和治理能力现代化,完善社会矛盾纠纷多元预防调处化解综合机制。民事检察和解体现出检察机关法律监督与解决纠纷的双重职能,既是对新时代"枫桥经验"的创新发展,也是对检察履职"从政治上看"的生动诠释。[②]

(二)权力监督与权利救济的融合发展

检察机关是国家的法律监督机关。自我国确立检察权至今,以行使民事抗诉(再审)职能等为主要手段的民事法律监督模式,是最具中国特色且历史悠久的民事检察制度。随着对法律监督认识的逐步深化,最高人民检察院强调权力监督与权利救济相结合的民事检察监督发展模式,在实现精准监督的基础上,检察机关积极倡导以柔性方式化解矛盾纠纷,防范化解社会风险隐患,促进和谐稳定。

(三)高质效办理案件的要求

随着中国式现代化的推进和法治社会意识深入人心,人民群众对公平正义的感知更为深刻强烈,对司法工作提出民主、效率等方面的要求。检察机关提出高质效办理每一个案件,回应人民群众对司法工作的价值期待。检察机关能动履职,以检察和解的方式化解社会矛盾纠纷,可减少当事人讼累,节约司法成本,促进案件办理质效提升。

四、民事检察和解的司法实践

民事检察和解工作发展历经40余年,在化解社会矛盾、促进社会治理等方面发挥独

---

① 参见杨波、滕艳军:《民事检察和解:实现精准监督与社会治理同频共振》,载《检察日报》2022年5月18日,第5版。

② 参见北京市人民检察院第一分院课题组:《"枫桥经验"视野下民事检察和解之现实图景与规范探索》,载《中国检察官》2021年第8期。

特价值,构建民事检察和解机制应从民事检察和解司法实践问题中总结经验。

（一）和解启动标准不一

民事检察和解不是检察监督环节的强制要求。在检察实践中,当事人主动提出和解请求的案件以及其他申请监督的案件,是否组织和解,由检察人员进行决策。一般而言,检察监督环节的民事案件,当事人已历经法院一审、二审、再审等环节的讼累,往往矛盾尖锐,在检察环节实现矛盾化解难度更大。如和解不成,在一定程度上会影响检察监督办案效率。但如果检察机关机械办案,简单不支持监督了之,或将激发矛盾,引发负面舆情。和解工作不仅考验着检察人员对案件是否尽心尽责,也考验着检察人员释法说理、风险把控、案件预判等能力。此外,不同的办案人员办理民事案件的效果也可能有所区别。

（二）案件适用范围不明确

理论上,进入检察监督环节的案件都可以进行检察和解。但是,检察和解的案件范围并非没有限制。法理上,民事检察和解基于双方当事人意思自治权,检察机关作为法律监督机关不得过多干预当事人私权自治领域。在宪法职能定位上,检察机关负有监督司法公权力行使的职责,化解民事主体之间的矛盾在某种程度上是监督公权力依法行使的衍生品。在司法实践上,能否达成和解由当事人决定,检察机关虽可“引导”却无法“主导”,不可任由双方无期限协商而降低司法质效,应进一步明确民事检察和解的职能定位和适用范围。

（三）配套机制、程序不健全

和解是当事人双方对权利义务重新分配的过程,是私权领域当事人自由意志的体现。达成和解需一方让渡部分权益。从民事诉讼监督规则的字面意思看,检察机关“引导”即可完成规定动作。实际上,经检察机关口头“引导”,双方能够达成和解从而化解矛盾的案件少之又少。首先,检察人员需要对原生效裁判或者执行情况是否存在审理或执行上的瑕疵,是否可能影响公正裁判、执行的情形,作出明确判断,从而使双方有相互协商、妥协、和解的基础;其次,对于预判有和解可能性的案件,检察和解工作不是简单口头建议或走过场;最后,鉴于检察机关坚持法律监督中立地位,应当更多地邀请社会公众、第三方参与和解工作。目前,上述几个方面的工作机制还不健全。

（四）法律效力问题

检察阶段的和解是双方当事人之间达成一个新的和解协议。该协议是自然人在原生效法律文书外另行达成的约定,具有私权处分性质,不具强制执行力。检察和解协议的履行更多依赖于双方信用。一旦协议双方不按约履行,和解之后仍可能引发新的讼争。民事和解在实体上可以产生消灭实体法律关系的效力。但是,检察和解协议难以与司法确认程序衔接,否则会改变原生效裁判所确定的权利义务,架空司法裁判的公信力。此外,对于检察和解协议的可诉性也存在争议。一般的检察和解实际上没有法律强制力，是否履约取决于当事人诚信度，实践中应用时要注意转化方式以与法院执行和解相衔接。实践中，民事和解协议的效力以及是否具有执行效力的问题亟待解决。

五、民事检察和解制度的构建与完善

秉持检察机关中立地位的前提下，可从明确适用范围、完善配套机制、健全程序、补足法律效力等方面探索构建民事检察和解制度。

（一）检察和解启动的评估

检察和解是当事人的意思自治行为。检察机关促成和解应以事实和法律为前提，尊重当事人处分权，不得干预或者过分介入当事人私权自治领域。对当事人无和解意愿的案件，检察机关可不予组织和解。如一方当事人申请启动和解，检察机关仍要充分评估案件是否存在和解可能性，审查案件是否存在侵害其他法益或者审执人员违法违纪的情况，如不存在，可应当事人请求组织和解。对于和解不成的案件，检察机关应当及时恢复案件的监督审查，作出监督（不支持监督）决定。

（二）检察和解案件的范围

1. 不得组织和解的案件类型。检察机关促成检察和解以事实为基础、以法律为依据。对于案件是否符合检察和解条件，是否存在侵害他人合法权益或者国家、社会公共利益的可能，检察机关需全面审查、综合研判。对侵害国家、社会公共利益或案外人利益的案件，检察机关应依法提出抗诉（再审检察建议）。对于涉及审判、执行人员违纪违法案件，应当对“案”监督和对“人”监督相结合，依法履行监督职责。

2. 可组织和解的案件类型。案件受理后、调查核实期间、提出监督意见前后，检察机关均可开展民事和解工作。对原审裁判确有错误，但存在轻微违法，不必要提出抗诉（再审检察建议）案件，检察机关一般应组织和解。检察机关应为当事人释明时间成本、法律风险、证据事实认定等问题，引导当事人进行和解。对于双方当事人确有和解意愿、提出和解申请的案件，可对案件充分评估后组织和解。

3. 特定类型的案件。部分邻里、朋友、兄妹、夫妻、劳动纠纷类案件；部分鉴定程序存在瑕疵，影响裁判结果公正，重新申请鉴定需付出时间、金钱成本的案件；部分审判程序存在瑕疵，影响裁判结果公正，但一方当事人举证能力不足的，或者举证成本较大的案件；部分新旧法更替，发生重大的裁判导向改变如夫妻共债类的案件等。上述类别的案件具有和解基础，司法实践中和解成功案例较多，可引导和解。

（三）完善和解案件的配套机制

1. 运用检察听证、邀请社会力量参与。检察机关组织和解可充分运用检察听证制度，为当事人提供合适的平台，让当事人放下愤懑，心平气和进行交流。检察机关以听证方式听取第三方评议案件，主动接受社会监督和舆论监督，有助于解开案件“法结”、打开当事人“心结”。仅仅依靠检察机关释法说理，往往不足以让当事人完全信服。通过邀请人大代表、政协委员、行业专家、社会人士等参与，由听证员代表社会公众的朴素公平正义观表达意见，对矛盾双方开展“共情”劝慰，有利于矛盾化解、促成和解，也有利于维护检察中立地位，提升检察机关办案公信力。

2. 开展司法救助。对于分家析产，追索赡养费、抚养费等案件，一方当事人或因诉讼面临生活困境。检察机关对此类人员应及时开展司法救助，运用“矛盾化解 + 司法救助”的方式，帮助当事人解决面临的生活困难，传递司法温度，释放司法善意。检察机关可将司法救助和民事和解等制度相结合，消除当事人现实困难，打好和解工作基础，修补社会关系，化解社会矛盾。

3. 建立培训考评制度。民事检察和解是一项灵活性很强的检察业务。民事检察和解工作充分考验着检察人员的办案能力、耐心、责任心等。可将检察和解纳入检察人员考评制度，作为考核加分项，提高检察人员民事检察和解工作动力。此外，可将对案件的定性和法律监督意见是否采纳、和解事项是否落实、和解之后是否有申诉投诉、案件回访满意度等事项纳入考核指标。同时，检察机关可以组织研究相关指导性案件、典型案例等，加强交流培训，从实践经验中总结、拓展检察和解工作。

（四）加强与法院执行和解程序衔接

一般的检察和解虽然没有法律约束力，但由于检察机关发挥的引导和组织作用，当事人之间往往会相互产生信任和约束。即使检察和解没有法律强制力，也不能否认其有利于矛盾化解、促进社会和谐的作用。针对一般检察和解法律效力欠缺问题，司法实践中，要注意将检察和解协议与法院的执行和解程序相衔接。可以邀请法官参与，或由当事人双方将和解协议交由法院执行部门确认达成执行和解。当事人如果按照达成的执行和解协议履约，那么就不需要再履行原生效裁判文书确定的义务。如未按照执行和解协议履约，则可以申请恢复原生效裁判文书的执行程序，即原生效裁判文书确定的权利义务对当事人双方仍具有约束力，从而避免和解之外再生讼争。

大数据时代构建虚假诉讼数字化检察监督机制之探析

江苏省南通市人民检察院课题组*

摘要:以大数据促进精准监督,已经成为推动新时代民事检察高质量发展"'质'的嬗变"之应然进路。当前,构建虚假诉讼数字化检察监督机制,能够创新监督方式,精准开展民事诉讼监督。大数据时代,虚假诉讼检察监督的发展思路在于监督方式创新、实现案结事了,监督精度提升、务求专业高效。虚假诉讼检察监督面临监督理念陈旧、监督要求较高、监督案源不畅、监督方式落后等困境;有必要转变监督理念、挖掘监督线索、开发监督平台、优化监督方式,构建虚假诉讼数字化检察监督机制。

关键词:大数据时代　虚假诉讼　数字化检察监督机制

当今社会正处于深度大数据、信息化时代,社会各领域均被大数据、人工智能、区块链等技术渗透或影响。全国检察机关数字检察工作会议指出,数字检察、大数据法律监督是检察工作迈向现代化的"船"与"桥",事关党的检察事业长远发展。进入大数据时代,检察机关应当注重数字赋能、智慧转型,以大数据促进精准监督,已经成为推动新时代民事检察高质量发展"'质'的嬗变"之应然进路。中共中央《关于加强新时代检察机关法律监督工作的意见》提出,要精准开展民事诉讼监督,健全对虚假诉讼的防范、发现和追究机制。虚假诉讼监督在民事检察体系中占据关键地位。大数据时代,构建虚假诉讼数字化检察监督机制,既能够创新监督方式,精准开展民事诉讼监督,有效防范化解民

---

* 课题负责人:恽爱民,江苏省南通市人民检察院党组书记、检察长;奚庆,南京师范大学法学院副教授、商法研究中心主任。课题组成员:黄凯东,江苏省南通市人民检察院党组成员;罗海妹,江苏省南通市通州区人民检察院党组书记、检察长;张傲冬,江苏省南通市人民检察院法律政策研究室主任;邱楠,江苏省南通市通州区人民检察院党组成员、检察委员会专职委员;张建兵,南通市通州区人民检察院检察委员会专职委员;张涛,江苏省南通市通州区人民检察院第六检察部副主任。本文系2022年度江苏省人民检察院检察理论研究课题"大数据时代检察机关加强诉源治理研究——以构建虚假诉讼数字化检察监督体系为视角"(课题编号:SJ2022B01)的部分研究成果。

事纠纷，又能够延伸监督效果，积极推进社会治理数字化、智能化。

一、研究基础：大数据时代虚假诉讼检察监督之基本概述

（一）虚假诉讼检察监督之基本内涵

虚假诉讼，是指当事人单方或者与他人恶意串通，采取伪造证据、虚假陈述等手段，以捏造的事实提起民事诉讼，使法院作出错误的判决、裁定、调解、支付令等法律文书，侵害国家利益、社会公共利益或者他人合法权益的行为。[①] 本文所研究的虚假诉讼检察监督，隶属于民事检察业务，是指人民检察院为维护国家法律实施，保护国家、社会以及他人合法权益，通过抗诉、检察建议等监督方式，依法对虚假诉讼行为实行法律监督。[②]

（二）虚假诉讼检察监督之发展思路

其一，监督方式创新，实现案结事了。大数据时代，检察机关应当根据工作实际，充分利用信息技术，强调引入智能元素，利用网络信息资源，推进运用信息整合共享及智能辅助办案技术，提高虚假诉讼线索发现能力，提升执法办案水平。[③] 当前，检察机关应当着力创新虚假诉讼监督方式，构建虚假诉讼数字化检察监督机制，注重数字赋能、发挥数据作用，强调智慧转型、提高监督质量。同时，发挥数字检察优势，进一步激发大数据对于检察监督的叠加、倍增作用，使虚假诉讼无处遁形，真正消弭无谓争讼，维护正常诉讼秩序，化解潜在社会矛盾，推动实现案结事了人和。

其二，监督精度提升，务求专业高效。当前民事检察监督的全新增长点在于精准性监督，虚假诉讼监督应以精准监督为理念指引，不断丰富监督方式手段，积极回应人民群众的新期待、新需求。应以构建虚假诉讼数字化检察监督机制为契机，提升精准监督意识，运用大数据、智能化、科技化的手段，使虚假诉讼无处藏身。此外，大数据时代虚假诉讼呈现全新特征，形式更为多样，手段更为隐蔽，危害更为严重。检察人员亟须培育数字化专业监督素质，与时俱进提升监督能力，深入开展专业化监督，做到善于监督、真正监督、科学监督，确保监督不摆样子、不走过场、不留死角。

二、困境解构：大数据时代虚假诉讼数字化检察监督机制之面临难题

（一）监督理念陈旧

1. 惯于传统监督。民事检察强调精准监督，既是科学的工作理念，也是实践证明有效的工作方法，体现了法律监督的更广视野、更大格局、更高站位。然而，虚假诉讼监督实践中，监督理念存在一定的陈旧性和落后性，强调传统监督、个别监督、偶发监督，忽视

---

① 参见张雪樵、万春、王轶主编：《民事检察业务》，中国检察出版社 2022 年版，第 285 页。

② 参见冯煜清、王继明：《虚假诉讼检察监督的类型化建构》，载《深圳社会科学》2022 年第 4 期。

③ 参见张雪樵、万春、王轶主编：《民事检察业务》，中国检察出版社 2022 年版，第 290 页。

数字监督、系统监督、常态监督，导致监督职能难以充分发挥。

2. 惯于被动监督。检察机关应当贯彻主动监督、能动监督理念，提升虚假诉讼监督实际效能。然而，在虚假诉讼监督实践中，受理环节过于依赖当事人申请监督以及当事人以外的控告，主动履职发现线索不多、审查环节公开听证运用不多、调查核实手段单一，且监督环节主动监督意识不强、监督方式较为滞后，总之，能动司法、能动监督理念未能充分贯彻。

3. 惯于个案监督。类案监督是民事检察监督的高级形态，应予大力提倡。虚假诉讼类案监督旨在督促人民法院改进工作方式、完善工作机制，防止同类问题再次发生，从而从源头上治理虚假诉讼行为。然而，虚假诉讼监督实践中，绝大多数是个案监督，其中大多又是依当事人申请而启动，如此尽管能在一定程度上惩治个案中的虚假诉讼行为，但却很少能够提炼出有益经验做法。此外，类案监督占比偏低，在统一法律适用、实现同案同判方面作用未能充分彰显。

（二）监督要求较高

1. 虚假诉讼行为隐蔽。虚假诉讼借由合法民事诉讼的"外衣"，以正常程序进入法院，通过捏造事实和隐瞒真相，骗取裁判文书，浪费了稀缺司法资源。虚假诉讼行为十分隐蔽，诉讼过程中发现的难度很大，如果裁判者存在司法腐败行为，则更加难以及时察觉。虚假诉讼行为隐蔽导致检察监督困难，同时必然带来检察监督高要求。

2. 监督线索较为模糊。在虚假诉讼中，当事人时常精心策划并构造完整的证据链，甚至会寻求专业人士帮助，导致诉讼案件表面上可能天衣无缝、无懈可击。同时，由于民事审判的被动性以及检察监督的滞后性，对于事实证据的判断和甄别提出了很高要求。综上，虚假诉讼监督线索具有较强的模糊性，同时检察监督要求较高。

（三）监督案源不畅

1. 当事人申请监督层面。一是合谋型虚假诉讼利益高度一致，当事人不会申请监督。合谋型虚假诉讼中，双方当事人恶意串通，通过捏造案件事实、伪造案件证据等手段，借助人民法院诉讼程序来牟取非法利益。此时，双方当事人追求的诉讼利益高度一致，其想方设法掩饰不法目的，一般不会"自讨苦吃"，申请检察监督。二是单方欺诈型虚假诉讼表象高度合法，受欺诈方当事人难以举证证明。单方欺诈型虚假诉讼的"团队化""专业化"特征突出，案件诉讼形式要件和实体证据要件都具有高度合法性的表象，受知识、能力等相关因素制约，受欺诈方的当事人通常很难举证证明案件存在虚假诉讼的情形。[①] 三是再审作为前置程序分流案源，当事人不易申请监督。虚假诉讼监督参照适用《人民检察院民事诉讼监督规则》，根据该规则第27条的相关规定，当事人申请再审是申请监督的前置程序。如此固然可以节约司法资源、降低司法成本，但也大量分流了监督

---

① 参见杜树生、方丽丹：《主动发力破解虚假诉讼监督难题》，载《检察日报》2020年9月16日，第7版。

案源,尤其会给单方欺诈型虚假诉讼中的受欺诈方带来很大救济难度。

2. 当事人以外控告层面。一是案外人员提出控告时机相对滞后。在原、被告双方恶意串通提起虚假诉讼的情况下,利益受损的案外人也无法申请监督,只能向检察机关提出控告。[①] 但是,无论合谋型虚假诉讼还是单方欺诈型虚假诉讼,都具有表象高度合法、诉讼行为隐蔽等特征。案外人很难能够及时发现利益受损情形,即使发现利益受损而提出控告,也很有可能已经超过申请再审的期限,而因不符合申请条件无法启动检察监督程序。二是控告数量有限导致监督"无米下锅"。虚假诉讼中案外人因难以发现利益受损而很少提出控告,即使提出控告也因时机滞后而无法启动检察监督程序。至于利益未受损的案外人,由于存在"事不关己,高高挂起"的思想,希冀其控告虚假诉讼行为,显然不切实际。这样,直接导致案外人向人民检察院控告的数量受限,虚假诉讼监督因"无米下锅"而捉襟见肘。

3. 检察机关依职权发现层面。一是监督要求较高,案源发现难度较大。根据《人民检察院民事诉讼监督规则》第 37 条第 3 项规定,当事人存在虚假诉讼等妨害司法秩序行为的,人民检察院应当依职权启动监督程序。但是,由于虚假诉讼行为隐藏较深,对于检察人员梳理事实证据、提炼监督线索、合法有效监督提出了更高的素能要求。如此,自然导致检察机关依职权发现虚假诉讼行为难度大增。二是监督源头不畅,影响精准有效监督。当前,检察机关难以依职权主动发现虚假诉讼行为,导致监督源头不畅,监督案源稀缺。尽管监督数量无法决定监督质量,但是在虚假诉讼监督中,如果没有一定的监督案源开展监督实践、积累监督经验,那么实现精准有效监督的目标,可能成为空中楼阁。

(四)监督方式落后

1. 监督素能不够。虚假诉讼隐蔽性强、手段复杂,对于检察人员的综合素能提出了更高要求。然而,进入大数据时代,相关检察人员的数字检察素能并未与时俱进、随之提升。此外,"重刑轻民"思想仍然深入人心,素能挖潜培育乏力,直接导致检察人员的虚假诉讼监督素质难以达标,监督能力相对薄弱。

2. 监督精度不足。实践中,虚假诉讼监督程序面临数字化程度不高、智能化水平偏低等困境。具体而言,在虚假诉讼的受理、审查、监督等关键监督环节,检察人员往往满足于传统监督、人工监督、被动监督等监督方式,监督程序效率不高,监督方式较为落后,监督效果事倍功半,监督精度普遍不高。

3. 监督场景陈旧。检察建议、再审检察建议、抗诉、纠正违法通知书是虚假诉讼检察监督的主要监督手段。实践中,检察机关开展虚假诉讼监督,思想观念落后,惯于就案办案,监督手段数字化属性不强,主要在于监督技术落后,监督应用不畅,监督思维老套。

---

① 参见最高人民检察院第六检察厅编:《〈人民检察院民事诉讼监督规则〉理解与适用》,中国检察出版社 2021 年版,第 52 页。

此外,虚假诉讼监督的监督场景相对陈旧,数字化、沉浸化、互动化、高效化的大数据监督场景尚未真正形成。

三、路径建构:大数据时代虚假诉讼数字化检察监督机制之应然图景

(一)转变监督理念

1. 由传统监督到数字监督。在虚假诉讼监督实践中,检察人员的监督理念仍然呈现相当程度的传统性、陈旧性和落后性,监督耗时费力却又收效甚微。当前,应当切实转变思想,狠抓大数据应用,充分挖掘数据潜力,以大数据赋能虚假诉讼防治,将检察监督从个别、偶发、被动监督,转变为全面、系统、主动监督,实现监督质量和监督效果双提升。

2. 由被动监督到主动监督。在虚假诉讼监督实践中,检察人员监督主动性不够,过于依赖当事人与案外人提供监督线索、启动监督程序,如此严重影响检察监督实效。对此,检察机关应当树立主动监督意识,主动履行监督职责,监督人民法院撤销因虚假诉讼产生的法律文书并依法制裁虚假诉讼行为人。① 同时,通过主动监督虚假诉讼行为,摆脱大而化之、粗枝大叶的落后监督思想,树立见微知著、精益求精的精准监督理念,切断虚假诉讼入口,维护良好社会秩序。

3. 由个案监督到类案监督。在虚假诉讼监督实践中,以个案监督为主,往往只能治标无法治本。对此,在虚假诉讼监督中,应当切实树立类案监督理念,强化预防治理作用,实现由"个案办理"走向"类案监督"。开展类案监督,应当以智能化技术归纳总结类案监督的主攻方向,通过知识图谱的方式构建算法模型及编制代码,利用业务场景的具象化选择实现智能化分析线索成案性、归纳案件材料争议焦点等,真正实现案件办理的智能化及高效化。②

(二)挖掘监督线索

1. 当事人申请监督层面。案件来源的合法性是监督权行使的基础,检察机关应当认真审查当事人提交的申请材料,耐心听取当事人的意见,分析诉讼过程中违背常理的异常现象。③ 尽管虚假诉讼尤其是合谋型虚假诉讼中当事人主动申请监督情形不多,检察机关仍要认真对待当事人监督申请。在当前申请再审作为申请检察监督的前置程序仍有存在必要的现实语境下,应重点归集虚假诉讼中受欺诈方的监督申请信息,进行智能化分析,自动提取申请人、被申请人、诉讼标的、诉讼案由、诉讼经过等核心数据,与公安侦查数据、法院裁判数据、相关银行流水、有关交易记录等关键数据进行碰撞,开展数字化研判,分析判断监督线索的真实性、合法性、合理性,以此作为启动后续监督程序的重

---

① 参见最高人民检察院第六检察厅编:《〈人民检察院民事诉讼监督规则〉理解与适用》,中国检察出版社 2021 年版,第 84 页。

② 参见丁霞敏:《数字检察赋能法律监督工作高质量发展》,载《检察日报》2022 年 7 月 27 日,第 3 版。

③ 参见张雪樵、万春、王轶主编:《民事检察业务》,中国检察出版社 2022 年版,第 315 页。

要依据。

2. 当事人以外控告层面。案外人发现民事案件涉嫌虚假诉讼的,可以向检察机关提出控告。实践中,由于各种客观条件限制,虚假诉讼中当事人以外的案外人提出控告数量相对有限,但是控告作为监督线索来源的重要性仍然不容忽视。应当充分发挥网上信访平台作用,将案外人关于虚假诉讼的控告信息及时录入"网上信访系统2.0",进行数字化处理。此外,可以通过"12309 中国检察网"网上信访大厅认真筛查相关虚假诉讼的控告数据信息。同时,可将案外人虚假诉讼控告数据与当事人申请监督数据、检察机关依职权发现监督数据等进行认真比对,判断案外人控告线索的监督可能与监督价值。

3. 检察机关依职权发现层面。虚假诉讼行为具有监督的当然性,检察机关有权依职权主动启动监督程序。但是,依职权主动发现虚假诉讼监督线索难度较大,影响精准有效监督。对此,应当构建民事裁判文书智慧监督系统,探索虚假诉讼数字化监督模型。关于智慧系统的研发和运行,首先由检察官归纳裁判文书的结构要素,再由系统按照模板对于裁判文书进行要素化处理,使之可以进行检索及大数据分析;其次由检察官分类提炼检察监督点,再由系统根据监督点对裁判文书进行电脑筛选,降低文书数量量级;最后由检察官进一步深入进行人工审查研判。①

(三)开发监督平台

1. 受理环节。一方面,发挥民事智能辅助监督平台作用。运用大数据、人工智能方式自动筛查申请监督数据,数字赋能挖掘当事人申请、当事人以外控告、检察机关依职权发现三大层面的监督线索,自动采集、分析、研判监督信息。另一方面,开发类案智能推送平台功能。形成虚假诉讼线索摸排的"互联网+"模式,对于虚假诉讼高发领域开展重点甄别,开发类案推送工具,运用大数据、智能检索手段,从海量法院裁判文书中搜索、比对、分析、研判、推送相关案例,结合检察案例库资源的相关类比、检索等功能丰富监督数据,畅通虚假诉讼监督受理渠道。

2. 审查环节。其一,数字阅卷分析监督数据。受理虚假诉讼监督线索后,查阅法院诉讼卷宗是深入审查的基础,鉴于民事审判执行的一些关键信息留在副卷中,为了提升监督精度,可以探索开展正卷、副卷一并调阅。同时,阅卷工作中,以数字化在线远程阅卷为主,辅之以传统线下阅卷,着力发挥卷宗作用。其二,数字听证运用监督数据。虚假诉讼监督中适用公开听证,有利于查明案件事实、强化释法说理、调和矛盾纠纷、推进司法民主。当前,应当积极搭建数字化听证平台,运用语音智能甄别算法等数据,搭配智能中控终端、公开听证一体机等硬件产品,将听证一体联动、系统数据汇聚、互联网直播扩展、远程视频接入等功能集于一体,从而发挥公开听证功能的作用,提升虚假诉讼监督的民主性、科学性、实效性。

---

① 参见贾宇主编:《大数据法律监督办案指引》,中国检察出版社 2022 年版,第 145 页。

3. 监督环节。一是借助数字化监督平台，形成监督震慑。借助智能化平台，自动发现虚假诉讼情形，主动开展虚假诉讼监督，针对虚假诉讼情形，及时制发再审检察建议和检察建议，使虚假诉讼难以藏身。二是构建智能化纠正违法平台，发挥监督力量。发挥纠违平台作用，自动排查虚假诉讼监督线索来源，深入细致比对监督数据，主动发现违法情形，及时提出、纠正违法通知，打击虚假诉讼不法行为。三是构建民事抗诉数字化场景，打造监督合力。围绕数字化场景之形塑，开发抗诉智能辅助平台，依托人工智能、大数据、知识图谱、OCR识别、自然语言处理等现代科学技术，提升虚假诉讼抗诉数字化、智能化水平，使虚假诉讼无处藏身。

（四）优化监督方式

1. 监督方式民主化。其一，开展虚假诉讼监督，应当充分发挥检察官联席会议作用，发扬内部民主。检察官联席会议是贯彻执行司法民主集中制的制度保障，也是完善内部监督制约的重要制度，对于保证查清案件事实、正确适用法律具有十分重要的意义。[①] 其二，开展虚假诉讼监督，应当有效运用公开听证机制，发扬外部民主。吸收人大代表、政协委员、人民监督员等与案件无利害关系的人员参加听证，有助于保证监督公正性，提升监督公信力。

2. 监督手段精准化。其一，开发数据运用工具。在虚假诉讼监督实践中，开发监督数据采集筛查工具，摆脱人工筛查弊端，破解监督线索不畅难题；开发监督数据分析比对工具，改变徒劳无功困境，助力监督工作精准开展；开发监督数据碰撞挖掘工具，避免陷入“数据迷宫”，推动审查工作提质增效。其二，开展精准有效监督。在虚假诉讼监督程序中，统筹运用数字化技术、思维、认知，提升监督精度。依托检察建议案件化办理平台，通过全流程案件化办理，避免一发了之、一送了之，强实时、跟进化、跟踪督办，对标社会治理能力现代化提升监督质效。

① 参见最高人民检察院第六检察厅编：《〈人民检察院民事诉讼监督规则〉理解与适用》，中国检察出版社2021年版，第96页。

认购碳汇在海洋环境公益诉讼中的适用规则构建

唐　张　张　团　梁馨文*

摘要：海洋作为全球最大的储存温室气体载体，对"碳达峰""碳中和"目标的实现发挥着重要作用。司法机关积极服务保障"双碳"目标，在海洋环境公益诉讼中探索适用认购碳汇，既是对替代性修复方式的创新，也能对海洋生态系统固碳功能损失提供有力救济。认购碳汇在司法实践中发挥优势作用的同时，也面临法律性质界定不清、适用前提条件与范围不明、碳汇损失计算标准不一、认购金使用缺乏有效监管等理论与实践困境。在"双碳"目标的社会背景下，确有必要构建认购碳汇在海洋环境公益诉讼中的适用规则，厘清认购碳汇作为海洋生态损害的替代性修复方式，明确适用位序规定，并从救济对象与关联性方面细化适用范围，同时归纳具体适用程序，为海洋保护领域司法实践提供操作手册。

关键词：认购碳汇　海洋环境公益诉讼　替代性修复　认购金

一、问题的提出

2020 年 9 月 22 日，国家主席习近平在第七十五届联合国大会一般性辩论上发表讲话指出："中国将提高国家自主贡献力度，采取更加有力的政策和措施，二氧化碳排放力争于 2030 年前达到峰值，努力争取 2060 年前实现碳中和。"①"双碳"目标是国家治理现代化进程面临的新形势、新挑战，法治建设为国家治理提供善治的基石，我国司法机关不断建立完善司法工作机制，服务保障"双碳"目标。2020 年福建省顺昌县法院办理的全

---

* 唐张，江苏省连云港市人民检察院党组成员、副检察长；张团，江苏省连云港市人民检察院第六检察部副主任；梁馨文，江苏省连云港市人民检察院第六检察部检察官助理。

① 载中国政协网，http://www. cppcc. gov. cn/zxww/2020/09/23/ARTI1600819264410115. shtml? eqid = feee0e6e000385020000000066475556a。

国首例“以碳代偿”非法狩猎刑事附带民事公益诉讼，率先探索以认购森林碳汇的方式进行生态环境替代性修复。与森林碳汇相比，海洋的储碳量是林业的数十倍，是全球最大的温室气体存储库，海洋经济快速发展的同时，非法捕捞、盗采海砂等违法行为也严重影响着海洋生态环境质量，造成海洋碳汇大量损失。为此，2022 年福建省连江县法院先行先试，提出以认购海洋碳汇的方式替代性修复盗采海砂所损害的海洋生态环境。海洋环境公益诉讼是守护海洋生态切实有力的方式之一，认购碳汇作为当前海洋环境公益诉讼中初步探索的责任承担新方式，其在公益诉讼中适用的必要性如何？适用的前提、范围以及碳汇损失计算标准是否明确？是否能够真正实现修复受损海洋生态的目的？

二、在海洋公益诉讼中适用认购碳汇的法理考量

（一）认购碳汇的内涵

碳汇是指自然界的生物吸收并固定、储存二氧化碳的过程、活动，根据储存载体的不同又可以细分为森林碳汇、海洋碳汇、草地碳汇、耕地碳汇。本文以海洋生态环境治理为研究主体，因此主要围绕海洋碳汇即“蓝碳”进行探究。海洋碳汇是深海、浅海、海岸带等海洋生态系统中的海洋生物“捕获”二氧化碳并将其固定、储存在海洋的过程、活动，主要包括红树林、海草床以及海洋微生物等“碳捕获”行为。认购碳汇是指温室气体排放权交易即“碳交易”的一种呈现方式，碳交易的运行规则是买方从卖方处购得温室气体减排额，在生产过程中用于减缓温室效应从而达成减排目的。认购碳汇，实际上是将市场机制引入温室气体减排的解决路径中，碳交易市场中以碳汇减排量为标的进行交易，买方根据需要认购一定数额能够吸收固定温室气体的“载体量”，卖方依据减排机制将认购资金进行“变现”。

（二）在海洋公益诉讼中适用认购碳汇的必要性

近年来，船舶污染、非法捕捞、盗采海砂等违法行为高发频发，海洋生态环境承受着陆地海面的双重污染，相较于陆地环境保护而言，海洋生态环境的治理稍显滞后。海洋环境公益诉讼是保护海洋生态的强有力抓手，通过提起诉讼追偿海洋生态修复费用，及时修复海洋环境，有力地维护海洋生态平衡。认购碳汇作为一种生态修复的创新方式，在海洋环境公益诉讼中进行适用，既是“双碳”目标在司法领域的落实，也是对生态服务功能的有效救济。

1. 认购碳汇是司法主体贯彻落实“双碳”目标的展现。基于自然方案中的海洋碳汇地位尤为重要，为了实现“双碳”目标，保护、增加海洋生态系统的碳汇功能是司法机关应该承担的责任使命。检察机关作为提起海洋环境公益诉讼的主力，以助力“双碳”目标为使命，坚持恢复性司法理念，将认购海洋碳汇的生态修复方式引入司法实践，发展碳汇、提升碳汇能力，在降低碳排放量的同时，实现碳生产率的提升，积极发挥司法职能护航“双碳”目标的实现。

2. 认购碳汇是海洋生态环境替代性修复方式的创新。一方面，体现了在司法办案中引入社会力量参与海洋生态环境修复。传统的替代性修复主要有增殖放流、海砂回填、劳务代偿等。以增殖放流为例，该方式是非法捕捞行为人在海洋牧场等地按照修复方案放流一定数量的鱼苗、虾苗等，直接实现海洋生态环境及服务功能等量恢复的修复方式。认购碳汇与传统修复方式不同，不直接作用于海洋生态环境要素，行为人与碳汇交易平台达成协议，缴纳碳汇认购金，创汇主体代替行为人履行修复受损海洋生态环境的义务。① 另一方面，认购碳汇为增殖放流效果评估难的问题提供了新的解决思路。在非法捕捞刑事附带民事公益诉讼案件中，增殖放流已然是最为常见的修复方式，但当前增殖放流后续的跟踪监测与效果评估不到位，放流鱼苗与自然生长鱼类难以划分，标记放流鱼苗回捕率低，缺乏可统一适用的监测评估标准，存在“一放了之”的问题，不能确保海洋生态环境是否得到切实修复。而在认购碳汇的适用情境中，是将行为人非法捕捞的海洋生物的数量、品种以及储碳量进行统计，行为人根据计算规则缴纳碳汇认购金，以此抵消海洋生态环境受损的碳排量，实现替代性修复环境目的。

3. 认购碳汇是对海洋生态系统碳汇功能损失的有效救济。《生态环境损害鉴定评估技术指南》中对生态服务功能作出解释，即生态系统在物质与能量循环转化中，为人类提供供给、调节、文化服务以及支持功能。海洋生态系统碳汇功能是指海洋生态系统吸收固定温室气体、释放氧气的调节服务功能，是生态服务功能的重要组成部分。行为人非法捕捞、盗采海砂等行为损害海洋生态资源，导致海洋生态固碳释氧、净化服务、生物累积、栖息地等生态功能的损失。行为人缴纳碳汇认购金专项用于海洋生态环境修复，等量弥补海洋生态系统碳汇损失。根据《民法典》第 1235 条第 1 款②规定，生态环境损害赔偿包括生态服务功能，认购碳汇也是对该规定的有效落实。

三、在海洋公益诉讼中适用认购碳汇存在的困境

（一）理论困境

认购碳汇，并非法律规定的责任承担方式，而是司法机关在“双碳”目标下积极探索的产物。当前，认购碳汇的法律性质③尚未达成统一认识，主要有以下三种观点：

第一种观点认为属于“替代性修复方式”。如前述 2020 年福建省顺昌县法院办理的全国首例“以碳代偿”非法狩猎刑事附带民事公益诉讼，该案中法院将认购碳汇作为替代性修复生态环境的责任承担方式。2021 年福建省南平市中级人民法院出台了《关于在全

---

① 参见易小斌：《认购碳汇替代生态环境损害修复的规范化进路》，载《检察日报》2022 年 11 月 10 日，第 7 版。

② 《民法典》第 1235 条第 1 款规定，违反国家规定造成生态环境损害的，国家规定的机关或者法律规定的组织有权请求侵权人赔偿生态环境受到损害至修复完成期间服务功能丧失导致的损失。

③ 认购碳汇法律性质的界定与碳汇载体并无直接关联，为了更全面地分析其法律性质，此处分析不局限于“海洋碳汇”。

市法院试行环境资源类案件被告人以认购碳汇方式替代性修复受损生态环境的通知》，要求积极推动碳汇认购修复模式的推广应用。《中国环境司法发展报告(2021)》指出，应逐步探索碳汇认购等新型生态司法修复模式。上述裁判、文件、研究报告等都将认购碳汇认定为替代性修复方式。①

第二种观点认为属于"生态补偿方式"。生态补偿是通过缴纳生态损害赔偿金的方式调节相关人员的利益关系，从而实现保护生态环境的目的。部分法院认为认购碳汇属于生态补偿，如贵州省雷山县人民法院出台的《关于建立司法碳汇补偿机制的意见(试行)》即是一例。

第三种观点认为属于"生态环境损坏赔偿责任的替代履行"。2022 年 6 月最高人民法院出台《关于审理森林资源民事纠纷案件适用法律若干问题的解释》，其中第 20 条将认购碳汇认定为森林生态环境损坏赔偿责任的替代履行方式。②

(二)实践困境

1. 适用前提与范围存在争议。当前，有关碳汇认购的法律政策规定主要集中在森林碳汇领域，基于法律规范的缺位，认购海洋碳汇适用的前提条件与范围没有统一要求。首先，在海洋环境公益诉讼案件中适用认购碳汇的前提条件不明确。认购碳汇不能直接实现等量恢复海洋生态及其服务功能，而在司法实践中关于适用认购碳汇的考量情形各异，未就海洋生态环境修复方式的使用位序达成一致意见。其次，认购碳汇的适用范围不明确。行为人认购碳汇主要发生在以非法捕捞、盗采海砂等类型为主的海洋生态环境领域案件中，与所损害的生态环境要素具备关联性，与该生态系统服务功能具备同质性。在涉海领域公益诉讼案件办理中，暂无将碳汇认购适用于与海洋碳汇损失无关的案件中的情形；但在其他生态环境领域公益诉讼案件中，出现了将森林碳汇认购的适用延伸到非法猎捕等破坏野生动物资源案件中的情形。如果不尽快明确认购碳汇的适用范围，则其在后续的司法探索实践中容易演变成"口袋式"的责任承担方式，海洋生态环境的修复效果将大打折扣。

2. 碳汇损失暂未形成统一计量标准。与森林碳汇日趋发展完善不同，我国海洋碳汇工作起步较晚，目前仍处于初步探索阶段，法律政策规定较为模糊，相关标准不统一，海洋固碳价值方面服务功能损失量缺乏规范化的计算标准与方法，这给司法机关在公益诉讼中适用碳汇认购造成了较大的工作阻力。

3. 认购资金的使用缺乏有效监管。与增殖放流、海砂回填等对海洋生态环境进行直

---

① 参见刘超：《"双碳"目标下"认购碳汇"司法适用的规范路径》，载《中国地质大学学报(社会科学版)》2022 年第 5 期。

② 《最高人民法院关于审理森林资源民事纠纷案件适用法律若干问题的解释》第 20 条规定，当事人请求以认购经核证的林业碳汇方式替代履行森林生态环境损害赔偿责任的，人民法院可以综合考虑各方当事人意见、不同责任方式的合理性等因素，依法予以准许。

接修复方式不同,认购碳汇实质上是行为人缴纳认购金,这笔资金必须得到及时"变现"并填补其所造成的海洋生态系统碳汇功能的损失,如此才能够认定真正修复了海洋生态环境。碳汇认购金数额大、投入修复周期长,认购资金的使用途径、流转效率、金额数量情况决定了海洋生态环境最终的修复情况。但认购资金的使用与管理,既缺乏制度保障,也缺乏监督机制。

四、认购碳汇在海洋公益诉讼中的适用规则构建

(一)厘清认购碳汇的法律性质

认购碳汇属于海洋生态环境替代性修复的责任承担方式。修复生态是承担环境侵权责任的方式之一。2020 年修改的最高人民法院《关于审理环境民事公益诉讼案件适用法律若干问题的解释》(以下简称《环境公益诉讼司法解释》)第 20 条不再将"修复生态"作为"恢复原状"的具体责任承担方式①,该条第 3 款对环境修复费用的含义作了细化规定,推动生态环境修复责任制进一步完善。近年来,随着海洋环境司法领域专门化、体系化建设的有序推进,海洋生态环境修复责任的履行方式不断创新,如增殖放流、海砂回填、劳务代偿等。认购碳汇就是由司法机关在积极响应"双碳"目标的责任担当下,所探索出的一种海洋生态环境替代性修复的责任承担方式。替代性修复,是指生态环境受到侵害后,难以通过直接修复履行环境侵权责任时的替代性履行方式。适用替代性修复的前提是受损害的生态环境无法完全恢复。《环境公益诉讼司法解释》第 20 条第 1 款规定,受损的生态环境无法完全修复到损害发生前的状态和功能的,可以适用替代性修复方式;《生态环境损害赔偿管理规定》第 9 条指出,生态环境在无法修复的情况下,可以开展替代修复,等量恢复环境及其服务功能。②

替代性修复主要是通过同地区异地点、同功能异种类、同质量异数量等方式,将生态环境等量恢复至其受损害前的状态与功能。认购碳汇不直接作用于海洋生态环境要素,属于替代性修复方式。其法律性质明确后,有利于认购碳汇在海洋治理中形成切实可行的法律规则。

(二)明确认购碳汇的适用前提与适用范围

认购碳汇作为替代性修复方式的一种,在海洋环境公益诉讼中不可随意适用,需要明确其适用前提与适用范围。2015 年施行的《环境公益诉讼司法解释》就规定了"直接

---

① 2015 年《环境公益诉讼司法解释》第 20 条第 1、3 款规定:原告请求恢复原状的,人民法院可以依法判决被告将生态环境修复到损害发生之前的状态和功能。无法完全修复的,可以准许采用替代性修复方式。生态环境修复费用包括制定、实施修复方案的费用和监测、监管等费用。

② 《生态环境损害赔偿管理规定》第 9 条第 3 款规定:生态环境损害无法修复的,赔偿义务人应当依法赔偿相关损失和生态环境损害赔偿范围内的相关费用,或者在符合有关生态环境修复法规政策和规划的前提下,开展替代修复,实现生态环境及其服务功能等量恢复。

修复 + 替代修复”的生态环境修复二元机制，直接修复的适用情景一般发生在环境损害较轻微、致损因果关系简单明确、通过直接劳动即可完成修复的环境损害案件中。替代性修复的适用前提是受损害的生态环境无法完全恢复。结合最高人民法院在解析《生态环境损害鉴定评估技术指南 总纲和关键环节 第 1 部分：总纲》（GB/T 39791.1—2020）中对“永久损害”的界定，“无法完全恢复”是指难以原地、原样修复。替代性修复方式又区分为直接作用于环境要素、间接作用于环境要素，认购碳汇属于间接作用于环境要素，因此在海洋环境公益诉讼中适用需要遵照下列环境修复方式的三个位序：第一，首先考虑采用直接修复方式，当难以原地、原样恢复受损海洋生态时，再考虑替代性修复方式；第二，在替代性修复方式的选择上，应优先考虑增殖放流、海砂回填等能够直接等量恢复海洋生态及其服务功能的方式；第三，当以上方法不具备使用条件或使用不经济时，再选择认购碳汇的修复方式。

认购碳汇适用范围主要涉及两个方面因素。（1）在救济对象方面，当前在适用认购碳汇的海洋公益诉讼案件中主要分为两种做法：一种做法是将认购碳汇认定为对受损的全部海洋生态环境的替代性修复，只采用这一种修复方式；另一种做法是将海洋生态系统与服务功能作出区分，采用“直接修复 + 认购碳汇”组合修复方式。以非法捕捞水产品为例，在修复方式的选择中，以增殖放流的方式修复海洋渔业资源损失，以认购碳汇的方式弥补海洋固碳价值服务功能损失。当两种修复方式并用时，认购碳汇就不是对受损的全部海洋生态环境的修复，而是对生态服务功能损害的修复，符合海洋生态环境修复的法理基础，应当作为主要适用对象。① （2）在关联性方面，受损的海洋生态环境要素与碳汇需具备关联性，将碳汇认购金用于增加碳汇时，应当优先增加同等类型的环境要素，此外，再考虑修复能够产生与原受损海洋生态同等质量的等量环境要素与生态服务功能。②

（三）规范认购碳汇的适用程序

在海洋环境公益诉讼中适用认购碳汇是司法机关对生态环境修复机制的一种全新尝试，在坚守创新的同时，需要规范认购碳汇的适用程序，提高司法公信力。结合前文总结的法律政策文件精神以及司法实践情况，大致可以将适用程序归纳如下：（1）组织专家评估认购碳汇与其他修复方式的优劣，以及是否符合适用条件与范围；（2）在充分尊重被告意愿的基础上，引导其自愿签订《认购碳汇承诺书》；（3）根据不同办案环节，可由检察机关或法院申请专业机构对海洋碳汇损失进行鉴定评估，量化损失价值，并出具《认购碳汇意见书》；（4）引导被告通过正规碳汇交易市场认购并核销与测算的固碳价值损失量相等量的经核证的海洋碳汇，或是将认购金缴纳至相关部门，由其投入专项海洋生态修复

---

① 参见王小钢：《〈民法典〉第 1235 条的生态环境恢复成本理论阐释——兼论修复费用、期间损失和永久性损失赔偿责任的适用》，载《甘肃政法大学学报》2021 年第 1 期。

② 参见秦天宝、王亚琪：《购买碳汇修复生态责任承担方式的司法适用》，载《法律适用》2023 年第 1 期。

工程。在具体施行中，有以下几个问题需要重视：

一是做好被告释法说理工作。司法机关在推行认购碳汇替代性修复海洋生态时，应当充分向被告说明其违法行为给海洋生态系统及服务功能造成的损害程度，认购碳汇是在受损海域无法原地、原样修复的前提下适用的，确保被告明白碳汇认购金的使用去向与达成效果，避免碳汇认购过程“口袋化”。①

二是完善认购碳汇的评估机制。碳汇认购金数额的确认，需要明确海洋碳汇损失计算方法和司法赔偿鉴定标准。引入碳汇专业研究机构与海洋领域专家学者的权威意见，结合个案情况评估计算海洋碳汇损失量，推动碳汇评估与生态损害鉴定评估的双向衔接。以非法捕捞案为例，根据自然资源部发布的《海洋碳汇核算方法》测算海洋生物的可移出碳汇，再根据碳与二氧化碳的转化系数，计算其储碳量，即海洋碳汇损失量 = 可移出碳汇 × 碳与二氧化碳的转化系数。结合碳交易市场发布的同期全国碳市场碳排放配额挂牌协议交易收盘价，可以计算出碳汇认购金。

三是加强对认购资金的监督管理。一方面，法院负责碳汇认购的执行，因此也需要畅通司法执行与碳汇交易平台之间的运行通道，除了法院以外，其他相关行政机关、检察机关、环保组织等可根据具体情况协同参与监督。另一方面，加强对碳汇认购金投入替代性修复全过程监督，确保及时“变现”，切实达到修复受损海洋生态环境的目的。

---

① 参见李戈、杨云：《认购碳汇可作为替代性修复 生态环境的责任承担方式》，载《人民法院报》2022 年 6 月 16 日，第 8 版。

检察机关案件管理现代化的结构性展望

黄志坚　严欢欢*

摘要：检察机关案件管理工作必须在新时代检察机关的整体运行中承载更多功能、发挥更大作用，形成并逐步完善现代化的案件管理体系，助推检察工作现代化。主要应包括案件管理理念的现代化、案件管理工作布局的现代化、案件管理工作体系的现代化、案件管理队伍建设的现代化。

关键词：检察工作现代化　案件管理现代化　案件管理体系

案件管理部门作为检察机关的案件监督管理部门，在检察机关业务建设和整体发展中发挥了重要作用。进入新的历史时期，深化司法体制改革、以司法办案为中心、发展全过程人民民主、数字检察的导向更加鲜明，检察机关专业化特点更加凸显。这些新情况、新特点，都要求案件管理工作必须在检察机关的整体运行中承载更多功能、发挥更大作用。构建现代化案件管理体系，是实现检察工作现代化的重要组成部分，也是以检察工作现代化服务中国式现代化的应有之义。

一、案件管理理念现代化

（一）新形势下案件管理工作的重新定位

1. 价值定位。案件管理的价值在于提升办案质效、强化内部监督、实现公平公正。其中，强化内部监督是案件管理部门的核心价值。检察机关案件管理实现集约化后，将大部分以前隶属于各业务部门的业务事务划分到案件管理部门，让业务部门承办人更加专心办案，提高了办案效率。同时，也实现了办案过程全过程管理，强化了内部监督。

2. 职能定位。最高人民检察院将案件管理部门定位为专门负责案件管理的综合性

---

* 黄志坚，江苏省南京市人民检察院案件管理部主任；严欢欢，江苏省南京市人民检察院案件管理部四级高级检察官。

业务部门，案件管理部门的监督属性、司法属性进一步凸显。第二次全国检察机关案管会议明确了案件管理部门检察业务工作中枢的地位，强调突出监督管理和服务保障两大主责，树牢科学管理、能动管理、智能管理理念，健全业务指导、评价、管控、保障和外部监督体系等。监督管理与服务保障是案管工作两大基本职能，相辅相成、相互促进，不可偏废。

（二）以理性思维处理好几个关系

1. 正确处理办案和管案的关系。首先，案件办理和案件管理的目标是统一的，就是保证司法办案公平公正，司法程序规范合法。其次，案件办理与案件管理应当各司其职，由案件管理部门专司管理职能，同时明确管理的界限，在加强全面管理的同时，充分尊重办案活动的亲历性、判断性、独立性，做到监督不越位、管理不替代。最后，案件办理是检察工作的重心，案件管理应服务于办案工作。

2. 正确处理监督管理和服务保障的关系。案件管理部门虽名称上不体现服务职能，但深入分析案件管理的各项职能后，不难发现服务或监督属性不是单一体现在某项案件管理职能中，即服务与监督属性不是纯粹的相互排斥，而是同频共振、一体两面、相辅相成的。如履行案件统一受理流转职能时，案件管理部门对预受理案卷材料审查后，录入受理信息、制作电子卷宗，帮助承办人从琐碎繁杂的事务性工作中解脱出来，同时规范受理标准，严把案件准入关，从源头上规范检察权运行。依托检察业务系统自动轮案，避免人为分案可能产生的权力寻租问题。[①] 又如开展流程监控时，既对办案流程不规范现象及时提醒并督促整改，又为办案人员提供规范指引；开展数据管理时，既通报案卡填录不准确问题，又提供多样化的数据查询服务、分析研判服务。这些都体现了案件管理工作的双重属性：在监督中有服务，在服务中有监督。实践中，需强化监督管理和服务保障并重的理念，坚持严管厚爱、双赢多赢共赢工作原则，确立“重沟通、重落实、重服务”工作思维，在改进监督方式过程中赢得理解和支持，推进检察工作整体、融合、协调、高质量发展。

3. 正确处理案件监督管理与其他内部监督管理的关系。一是正确处理与办案部门自我管理的关系。办案部门自我管理与案件监督管理部门管理，两者互为补充，不能替代。办案部门自我管理通过审查、审批和个案监督等形式，具有更加直接、便捷的特点。案件监督管理部门的管理则侧重于对案件流程监控、质量评查等进行监督检查，具有全局性、独立性、客观性特点。二是正确处理与纪检监察部门监督的关系。纪检监察部门“对人”，案件监督管理部门“对案”。当然，“人”与“事”是相关联的，案件监督管理部门

---

① 参见郭柯英：《案件管理工作理念研究——检察机关案件管理工作职能视角下“服务”与“监督”的博弈与选择》，载最高人民检察院案件管理办公室编：《检察业务管理指导与参考》（第3辑），中国检察出版社2021年版，第25页。

发现违法违纪行为,应当通知纪检监察部门;纪检监察部门需要检查案件办理情况的,应当会同案件监督管理部门。两者职能相互独立,互为补充。

4. 正确处理案件监督管理与接受外部监督的关系。检察机关的外部监督主要包括两方面:一是国家机关的外部监督,包括国家权力机关的监督和公安机关、法院对检察工作的监督;二是来自当事人、律师、人民群众等社会各界人士的监督。要构筑全方位的监督网,只有内外部监督相结合,才能促进和保障检察工作的深入发展。

二、案件管理工作布局现代化

(一)基层人民检察院案件管理部门承担主体职能,聚焦具体工作推进落实

由于案件体量主要在基层人民检察院,所以各基层人民检察院案件管理部门也是开展各项案管工作的主体。一是保障事务性工作的开展。由于基层人民检察院人员结构的特点,应集中有限力量,规范做好案件受理、涉案财物监管、法律文书公开、案卡填录审核、律师接待等大量基础性工作。二是承担线索发掘的主体职责。在开展基础性工作的同时,应建立监管线索排查机制,在日常工作中发现办案线索,落实上级人民检察院线索集中统一管理移送机制。三是服务本院检察业务的开展,主要是做好监管,提升本院案件质量。比如,案件评查方面:一方面做好上级人民检察院关于网上日常评查、异地交叉评查的“规定动作”;另一方面也要关注本院本地区案件质量,适时对本院案件开展专项评查等“自选动作”。

(二)市级人民检察院案件管理部门承担承上启下职能,加强统筹协调、督促指导

一是加强统筹协调。市级人民检察院要加强统筹协调与检查指导,对涉及面广的专项工作和重要任务,通过“招标式”项目管理,激发基层活力,在全市统一调配力量、统一组织实施、统一考核评价。二是加强精准指导。要注重解决各基层人民检察院工作发展不平衡的问题,精准出台帮扶措施,因地制宜、分类指导,既要促进优中更优,也要推动业务相对薄弱的地区及时补齐工作短板。三是推进问题解决。市级人民检察院要立足于为基层案件管理工作服务,解决基层工作中各种问题,支持基层案管依法履职。

(三)最高人民检察院和省级人民检察院案件管理部门承担牵头管总职能,重在发挥主导作用

最高人民检察院和省级人民检察院主要把业务数据分析研判、案件质量管理宏观指导和异地评查、“智慧案管”顶层设计等作为核心业务,实现案件管理现代化搭建平台,引领案件的管理工作健康发展。

三、案件管理工作体系现代化

(一)建立健全常态化、高效化的流程监控体系

首先,扩大监控覆盖面。在现有整改型提示之外增设预警性提示,如进入某个诉讼

阶段应当拟制的文书尚未拟制，由系统主动推送承办检察官进行预警提示；对于超过诉讼节点仍未拟制上一个诉讼节点的文书、办案超期、文书和案卡填写不一致的情况，由系统推送流程监控人员核实后再决定采取相应的监督手段。[①] 其次，丰富监控手段。探索建立流程监控和数据管理、案件评查有机结合的常态化模式，将业务监管、数据监管和系统规范运行有机结合，树立“案件大监管”的理念。最后，增强监控刚性。建立办案流程监控情况通报和反馈机制，及时通报全院案件办理情况，并对发现的检察官办案不规范问题，提出有针对性的建议和意见，督促整改反馈。

（二）建立健全规范化、办案化的案件评查体系

一是推动案件评查信息化。依托优质评查软件，采取“系统 + 人工”评查方式，研发高质量评查指引样板，科学设置系统评查项目。细化证据审查和采信、事实认定、法律适用、办案程序、文书制作与使用、释法说理、办案效果、落实司法责任制的评查要素和分值，对案件办理的全流程进行全面评查、综合评判，防止机械评查、僵化评查。探索智能辅助评查模型，设计评查要点自动提示；将流程监控、数据巡查和文书比对情况展示给评查人员，立体展现关联情况，辅助进行评查。[②] 嵌入快速检索数据库，全面收录各类罪名相关案例，并对上述案例蕴含的信息进行深度挖掘整合，形成优秀的司法案例信息资源。细化案件类型检索和审结处理情况（起诉、不起诉）检索，便于评查人员及时、有效查阅、比对，推动监管规范化、精准化。此外，评查范围从刑事检察逐步扩大到民事、行政、公益诉讼、刑事执行检察等，扩大评查覆盖面。

二是推动案件评查办案化。将案件评查作为一个独立的案件办理环节，建立从评查案件调取、受案登记、案件移送、评查办理到归档的一整套完整的“办案”流程。案件评查坚持全面、系统阅卷，确保亲历性、沉浸式还原案件情况。充分运用“文书比对”的方法，抓住案件争议焦点、难点，对案件的实体、程序、文书制作使用、效率效果等全面评查，考虑在证据采信、事实认定、法律适用、程序选择、释法说理等方面是否到位。将案件质量评查报告、评查表、问题清单等书面材料一并存入评查内卷，让案件评查人置身于承办人的位置，杜绝案件评查流于形式。尤其要重视评查报告的撰写，保持客观性、增强说理性，确保问题查得准、写得明、说得透，真正做到让被评查人高度认同、心服口服。

三是侧重实体问题评查。准确认定案件事实是正确适用法律的前提，事实认定的核心是证据。评查人员要精准围绕案件证据审查、非法证据排除等重要问题，以发现侦查活动和审判活动纠违线索、通过审判监督程序提起抗诉等为评查重点，探索促进案件质量评价体系和侦查、审判监督机制同落实。对不同的案件突出不同的评查重点。如无罪

① 参见秦蜻：《新时期改进和推动案件流程管理工作的路径》，载最高人民检察院案件管理办公室编：《检察业务管理指导与参考》（第 4 辑），中国检察出版社 2021 年版，第 118 页。

② 参见吴小倩、陈月影：《“智慧案管”建设相关问题研究——以浙江省“数智案管”建设为分析样本》，载最高人民检察院案件管理办公室编：《检察业务管理指导与参考》（第 3 辑），中国检察出版社 2022 年版，第 97 页。

案件要围绕罪与非罪的分歧、无罪原因,深入分析指控的犯罪事实是否清楚、证据是否确实充分、事实认定和证据采信有无争议、检察官履职是否到位;撤回起诉案件要围绕对案件处理是否符合法定条件等予以评定。

四是强化评查结果运用。评查案件的目的是把评查结果运用于司法责任的认定,促进办案质量提升。首先,追踪评查整改,纠正办案质量问题。严格落实办案主体责任,专项整改个性问题,集中治理共性问题,共同推动问题整改。其次,将评查结果与业绩考评紧密挂钩。将评查结果与检察官业绩考评指标结合,作为检察官等级晋升、择优遴选、员额管理的重要依据。同时对于案件评查中发现的一些较为严重的质量问题进行责任追究,必要时移送检务督察部门,倒逼检察官提升办案质量和规范意识。最后,探索指导性案例评查认定机制。对于评查过程中发现的有突出成效、示范、指导意义的优质案件,推荐列入指导性案例、典型案例评选库,充分发挥案件评查的正向激励和示范引领作用。

五是探索开展异地评查。打破同体监督不敢评、不愿评、整改难的困境,研发运用案件质量评查系统,推广全省大异地评查模式,按罪名跨地市级院异地开展案件质量专业化评查。江苏省多年的实践可为在全国更大范围内实行异地交叉评查提供可借鉴、可复制的样本。

六是探索开展预警评查。探索开展案件预警提醒评查试点,加强办案质量动态预警管控,防止案件“带病起诉”。预警评查的评查对象为已经起诉、尚未判决的案件,如果评查结果确系案件质量问题,案件管理部门应及时向承办人和办案部门制发提醒预警函,部门及时反馈处理意见,目的是及时发现和有效拦截存在实体问题或错误的案件,避免和减少被法院判决改判的情况发生。

(三)建立健全精准化、数字化的数据管理体系

一是增强业务数据的准确性。要从落实数字检察战略高度来看待案卡填录和审核工作的重要性,保证业务数据的真实准确、可靠可用,为数字检察提供必要的数据基础。首先,加强常规审核,从案件受理、案件办理到判决生效,对所有案卡信息进行链条式审核,确保源头数据准确。对案件管理部门和办案部门开展多样式培训,提高数据填录和审核水平。其次,立足文书统一进出口职能,进行文书组合比对,尤其是对重点数据仔细审核,根据批准逮捕书、起诉书等终结性法律文书进行细节性比对,规范卡表对应关系。再次,以问题为导向,加强数据核查,对核查发现的监督线索,及时向上级人民检察院和业务部门移送,促进案件质量提升。最后,依托平台智能采集,减少人工填录。从信息化、智能化发展趋势看,应当采取以机器抓取数据为主、人工填录数据为辅的填录方式。设置填录规则弹幕提醒、指导填录人员规范填录;隐藏无效数据填录数据项,减轻人工填录负担。进一步提升填录软件、纠错软件等辅助系统的智能化水平,形成自动填录高效、手动填录精准的和谐状态。

二是提升数据分析研判水平。一方面,做好数据分析,服务检察工作和领导决策。

研究数据变化规律，对检察权运行情况、案发态势、不规范问题等检察业务运行态势和趋势开展常态化的综合分析或者各类专项分析，为院领导决策和业务部门查找短板弱项提供有益参考。另一方面，做好数据分析，服务社会综合治理。通过数据分析，找准服务社会综合治理的落脚点，围绕刑事犯罪宏观态势分析，以及国家安全、社会稳定、民生保障等工作，对影响社会治理现代化过程中暴露出来的具体问题，深入分析犯罪突出特点和成因，提出相应对策建议，积极向党委、地方政府建言献策，发挥检察数据在预警预防各类犯罪活动中和社会综合治理方面的作用。

三是建立健全数据分析研判会商机制。建立健全由案件管理部门牵头、各办案部门参与的数据分析研判会商长效机制，共同对数据背后的业务运行情况进行分析研判。案件管理部门牵头做好会商意见的督导落实，做好业务数据向社会发布和解读工作，各部门共同发力，通过会商宏观指导各业务条线工作开展。①

四是助推数字检察发展。以数字检察促进更高水平能动履职，不断推动大数据与检察工作深度融合。运用大数据筛查、比对、碰撞，通过对信息链条的交集、串联信息点进行分析，打通“数据孤岛”，实现信息共享，推动法律监督工作向纵深发展。

（四）建立健全多元化、立体化的外部监督体系

一是服务保障律师阅卷权。建立完善现场阅卷、异地阅卷、互联网“云阅卷”等立体多维阅卷体系。特别是跨省市互联网“云阅卷”，是后疫情时代案件管理部门需要面临的新课题，这不仅是适应数字信息化的时代要求，也是节约司法资源、司法为民的重要举措。案件管理部门应及时审核律师提交的阅卷申请资料，对可以通过互联网阅卷的案件，优化全程留痕，及时规范办理。畅通问题反馈渠道，及时解答异地阅卷遇到的各类问题，耐心指导律师进行网上操作。对不能通过互联网阅卷的案件，及时与律师沟通，采取远程异地阅卷等其他方式保障律师阅卷权。同时，加强互联网阅卷安全保密工作，涉及国家秘密、商业秘密以及个人隐私，共同犯罪在逃、未成年人犯罪等情形的，不得互联网阅卷。

二是提升人民监督员工作质效。人民监督员工作是检察机关外部监督、提升履职能力的重要抓手。首先，扩宽监督广度。探索在不同案件、不同程序中引入人民监督员监督，如邀请人民监督员参与案件公开听证、案件质量评查、刑事执行监督、检察开放日、企业合规监督考察等。其次，提升监督温度。借力人民监督员助推疑难复杂案件办理，通过释法说理，引导犯罪嫌疑人认罪认罚、被害人息诉罢访等，实现政治效果、社会效果、法律效果的有机统一。再次，注重监督深度。针对人民监督员对检察机关提出的监督意

① 参见童建明：《构建新时代检察机关案件管理工作新格局　为服务“四大检察”全面协调充分发展提供坚强管理保障》，载最高人民检察院案件管理办公室编：《检察业务管理指导与参考》（第 4 辑），中国检察出版社 2021 年版，第 15 页。

见，应当认真研究，建立后续监督反馈机制，增强监督实质化。对于采纳人民监督员监督意见的，将后续落实情况反馈给人民监督员；对于未采纳监督意见的，也要及时向人民监督员作出解释说明，赢得人民监督员的理解，保障人民监督员履职实效。最后，强化监督专业度。针对人民监督员来自各行各业的特点，协调不同领域的人民监督员参加对应的监督活动，从专业角度审视司法，提供科学决策意见，充分实现人民监督员“术业有专攻”。

三是完善检察听证制度。检察听证是践行以人民为中心，以“程序正义”促“实体公正”的创新履职，应当充分发挥听证制度作用，为检察工作高质量发展凝聚更多“外脑”智慧。首先，完善听证员选任和管理机制。加强听证员库建设，以规范、民主、公开、公平为基础，向社会发布听证员选任公告，挑选具有不同专业背景、文化背景、工作背景的人员担任听证员。根据听证员专业能力分成不同的专业组，以匹配对应的专业案件。如以房产局和规划资源局的听证员组成的土地房屋征拆专业组，更多参与涉土地房屋拆迁类的民事、行政诉讼监督案件听证，更好地释法说理、讲明政策；以食品药品监督、危化品检验、环境保护等领域的专家学者为代表的食品药品资源环境案件专业组，更多承担食品药品、环境污染、安全生产等领域的案件，以专业的知识更好地服务业务办案，提升检察处理决定的科学性、准确性。其次，稳妥拓展听证类型。对于在事实认定、法律适用、案件处理等方面存在较大争议、有重大社会影响、需要当面听取当事人和其他相关人员意见的案件，应听证尽听证，范围覆盖“四大检察”，检察长带头主持听证，发挥“头雁效应”。再次，丰富听证形式。除了传统的邀请听证员现场听证外，因地制宜开展网上听证、直播听证、上门听证、社区听证等，提升检察影响力。最后，科学制订考核方案和强化定期通报制度。尊重听证员意见建议，及时将听证结论反馈给听证员，避免“走过场听证”，将公开听证效果与业绩考核挂钩，建立定期通报制度，选树优秀听证案例。

四、案件管理队伍建设现代化

工作都是人做的，要实现案件管理现代化，实现案件管理队伍的现代化是基础，要培养一支综合素质过硬的案件管理队伍，为案件管理现代化提供人才保障。

（一）完善案件管理部门的组织架构

根据最高人民检察院《检察机关岗位素能基本标准（试行）》，案件管理岗位需设置5个岗位，包括案件流程管理岗、案件质量管理岗、业务统计信息管理岗、业务信息化管理岗、综合业务管理岗，其相互配合做好案件受理、流程监管、质量评查、统计分析、综合管理、信息化建设、协调指导等各项工作。对于没有专门案件管理机构的检察院，可以考虑配备专门的检察官和检察官助理从事相关工作，筑牢案件管理工作基础。

（二）提升案件管理队伍的专业化水平

监督管理不是高人一等，但必须技高一筹。必须配备能够切实履行案件管理工作职能的监管人才。要正确看待现行案件管理队伍量小质弱的现实状况，配备与新形势下案件管理实际需求相适应的案件管理队伍，合理调整案件管理队伍的人员结构。案件管理队伍应配备一定数量法学素质高、业务经验丰富、熟悉“四大检察”、具有业务权威的员额检察官及检察官助理，确保业务监督管理的专业性、准确性、权威性。对于市级以上检察院，可以组建本辖区内的案件管理人才库、专业化履职团队等开展专项工作。

（三）切实加强案件管理人才的培养

案件管理部门应当克服“等、靠、要”的依赖思想，充分利用现有人才资源，把队伍建设和人才培养作为立身之本，想方设法加大条线自我培养力度，通过选拔优秀业务能手、加强岗位练兵、细化工作程序、模式化监督手段，与业务部门建立轮岗锻炼制度等方式，不断培养优秀的案件管理人才，形成合理的人才梯队，从根本上提升案件管理可持续发展水平。着重培养案件管理人员的政策把握能力、法律适用能力、数据统计能力、分析研判能力、程序监管能力、质量评查能力、综合文字能力等；对于案件管理人员自身，尤其要充分运用“检答网”这一学习平台，多浏览，多提问，开展自主学习和互助交流，努力提升自身专业素质。

数字检察建设中的问题探究和路径完善

叶　强　裴　昱*

摘要：数字检察建设是检察工作迈向国家治理现代化的“船”和“桥”，是打造智慧法治社会的重要依托。数字检察推动了传统监督模式的重塑变革，主要体现在从“被动滞后式监督”向“积极能动式监督”的转变，从“个案办理式监督”到“类案治理式监督”再到“诉源治理式监督”的转变，从“人力驱动式监督”到“数据驱动、人机耦合式监督”的转变这三个方面。但同时，数字检察过程中存在数据壁垒现象突出，各机关协作不足，专业人才、技术供给不足，数字安全风险突出等问题。对此，应当转变思维范式，树立共赢、协作、融合的检察理念；搭建数据共享平台，破除数据壁垒和“数据孤岛”的瓶颈；培养复合型人才，打造专业化队伍；构建相配套的数字检察安全保护措施等。

关键词：数字检察　监督模式　重塑变革

2021 年 6 月，党中央印发《关于加强新时代检察机关法律监督工作的意见》，提出加强检察机关信息化、智能化建设，运用大数据、区块链等技术推进公安机关、检察机关、审判机关、司法行政机关等跨部门大数据协同办案。2022 年 6 月，全国检察机关数字检察工作会议召开，会议要求“深入贯彻习近平法治思想，以‘数字革命’驱动新时代检察工作高质量发展”。着眼于数字法治及“检察大数据战略”的时代发展趋势，探讨检察机关如何加快数字检察建设，深入推进“数字赋能监督，监督促进治理”的法律监督模式变革已正当其时。

回顾数字检察建设历程，不可否认的是的确取得了许多令人瞩目的成绩。2021 年 11 月推出的自动汇集大数据的检察业务应用系统 2.0 已在全国检察机关全面部署应用；

---

* 叶强，江苏省邳州市人民检察院检察长；裴昱，上海财经大学法学院刑事诉讼法硕士研究生。本文系最高人民检察院检察理论研究课题“云环境下电子证据的鉴真问题研究”（课题编号：GJ2018D56）的阶段性成果。

浙江省建设的“浙检数据应用平台”实现了多跨数据资源在检察履职中有效配置；①广东省深入挖掘数据“富矿”，研发了另案处理监督模型、虚假诉讼监督模型等多个监督模型，实现了“业务数据化”向“数据业务化”的深度转变。② 与此同时，在科技与检察工作深入融合的过程中，也面临着一些挑战，如数字人才短缺、数据共享不畅、数据应用不深、数据安全等问题。鉴于此，本文将尝试梳理数字检察与传统法律监督模式的差异，在归纳数字检察创新特点的基础上剖析现阶段数字检察建设过程中面临的挑战，希冀能够以问题为导向，破解数据检察运用过程中的难题，助推检察工作实现数字化转型。

一、数字检察背景下监督模式的转型

数字检察工作的推进，需要推动检察机关从传统的“数量驱动、个案为主、案卷审查”个案办理式监督，转变为“质效导向、类案为主、数据赋能”的新型治理式监督。这意味着数据赋能法律监督要打破传统法律监督模式，实现监督模式的变革和创新。在这一过程中，检察机关要实现从被动监督到主动监督、从个案监督到类案监督、从“单兵作战”到内外融合、从监督办案到社会治理的转变，实现治罪与治理并重。③

（一）从“被动滞后式监督”向“积极能动式监督”的转变

不同于数字检察背景下检察机关积极、主动、高效地行使法律监督职能，提升刑事、民事、行政和公益诉讼等领域监督工作质效的积极主义监督观④，传统的法律监督往往呈现被动性和滞后性。检察机关的法律监督线索主要来自诉讼程序和当事人举报和申诉，因无法主动掌握监督线索和信息，监督模式呈现“别人送什么、检察办什么”的被动状态，无法主动掌握信息和数据成为制约法律监督工作进一步开展的重要因素。⑤ 相比之下，科技赋能下的法律监督则更具能动性。以云南省昆明市人民检察院推出的“昆检慧图”大数据视觉化应用平台为例，该平台借助数字地球科技，将网格中心案件以数据视觉化方式呈现，通过不同维度叠加分析，快速锁定涉案重点区域，让检察官更直观、更主动地发现问题并进行溯源分析。⑥ 此外，“积极能动式监督”还体现在预测预警上。2018 年 3 月，浙江省江山市人民检察院干警关注到网格员上报的一则拆除广告牌的信息后，运用大数据检索迅速排查其他类似危险广告牌信息 29 例，该院及时与相关部门进行沟通并

---

① 参见刘品新、翁跃强、李小东：《检察大数据赋能法律监督三人谈》，载《人民检察》2022 年第 5 期。

② 参见《数字检察：提升法律监督质效的引擎》，载《检察日报》2023 年 2 月 26 日，第 4 版。

③ 参见徐日丹、刘亭亭：《让大数据激发法律监督新动能——全国检察机关大数据法律监督模型竞赛初评侧记》，载《检察日报》2022 年 6 月 17 日，第 1 版。

④ 参见胡铭：《论数字时代的积极主义法律监督观》，载《中国法学》2023 年第 1 期。

⑤ 参见贾宇：《论数字检察》，载《中国法学》2023 年第 1 期。

⑥ 参见《“昆检慧图”来助力！“数字引擎”释放公益监督新动能》，载微信公众号“云南省人民检察院”，https://mp.weixin.qq.com/s/qo4yICvdqCyPJ6XaNQBdLg，最后访问日期：2023 年 1 月 28 日。

对其进行拆除,化解了安全隐患。[①] 由此可以看出,科技赋能下的法律监督模式打破了被动收集线索的瓶颈,不仅能够积极主动地监测信息并发现问题和线索,也使监督工作更加深入和实效。

(二)从"个案办理式监督"到"类案治理式监督"再到"诉源治理式监督"的转变

通常,传统模式下的检察监督往往侧重于个案的"对错",通过提供的线索来发现个案中是否存在法律适用有误、相关工作人员行为异常等问题。在传统监督模式下,监督手段局限于人工审查,监督范围局限于个案审查,监督方式局限于卷宗审查。[②] 通过个案分析完成个案的监督,产生的效果自然也局限于个案,很难达到举一反三的效用。相比之下,在数字检察背景之下,检察路径更倾向于"解析个案、梳理要素、构建模型、类案治理、融合监督"的模式,即从个案中总结规律、特征后,根据这些规律、特征在海量数据中筛查出类案,在批量类案中发现立法、执法、司法、机制等方面存在的漏洞,最终达到类案治理、融合监督的作用。[③] 以浙江省绍兴市检察机关研发的"民事裁判文书智慧监督系统"为例,其通过裁判文书汇集、走访调研等形式,依托大数据技术,梳理出一线办案中民间借贷、劳资纠纷、交通事故责任赔偿和婚姻财产等类型案件存在类案监督的可能性,并对此类型案件展开重点监督。在此系统辅助下,检察院在打击"套路贷""伪造交通事故骗保"等类型化的虚假诉讼案件中取得明显成果。[④] 基于该类型案件的高发频率,检察机关也积极联合相关部门出台针对性文件,加大对相关线索的挖掘力度,从源头上铲除虚假诉讼等非法活动的滋生土壤,达到诉源治理的新高度。

(三)从"人力驱动式监督"到"数据驱动、人机耦合式监督"的转变

传统模式下的检察监督对时间和空间有着较高的依赖程度,监督线索依赖于人工审查,检察人员在确定线索与案件具备因果关系的前提下才展开监督审查,必要情况下甚至需要现场勘查。然而,由于线索的碎片化、零散性特点,以及人力资源的限制,传统检查监督难以取得理想质效。"数据驱动"模式下的检察监督则突破了物理的局限性,检察办案涉及的多元、多维度、多模态大数据多以电子数据形式呈现[⑤],检察人员可以通过数据筛查、碰撞、挖掘与关联、比对,深入研判与分析案件线索,提高监督线索的可靠性。例如湖北省人民检察院利用大数据法律监督模型,打造出了政务数据"云监督",让监督线索"自动上门"。模型的数据来源于省检察院数据治理平台接入的全省 42 个执法领域 3000 多个单位的执法等相关信息,能通过多维度的数据比对、关联、碰撞、筛查,推送监督

① 参见赵辉、陈露:《数字检察视阈下"网格 + 检察"大数据分析平台的构建》,载《上海法学研究》集刊,2021 年第 15 卷。

② 参见贾宇:《论数字检察》,载《中国法学》2023 年第 1 期。

③ 参见翁跃强等:《大数据赋能法律监督的价值与应用》,载《人民检察》2022 年第 11 期。

④ 参见金庆微:《数字检察引领下民事诉讼类案监督的实践与发展》,载《中国检察官》2021 年第 11 期。

⑤ 参见蒋占卿、沈尧:《大数据时代犯罪时空新认识》,载《甘肃政法大学学报》2021 年第 4 期。

线索。自该平台应用以来,通过线索推送,共建议移送案件为 4823 件,公安机关立案 3968 件。[①] 数字技术支撑下检察工作突破了时间、空间的限制,跨时空开展监督已成为可能。

此外,通过搭建互联互通、数据共享等应用平台与系统,也增强了案件流转、提升了办理质效。[②] "人机耦合式"工作模式,使科技更有效地辅助检察工作的开展。以浙江省宁波市镇海区的看守所数字检察系统为例,该系统能够自动发现并比对异常行为,如是否超期羁押、是否分押分管等,并实时发出预警,还会着重向检察官实时推送禁闭、械具使用及审批信息等内容,并整合在押人员出入所身体检查记录。同时,一键预约功能升级为双向沟通功能,通过系统定期回复在押人员的问题。[③]

二、数字检察发展过程中的问题探究

实践经验表明我国在数字检察探索过程中已经取得了初步成果,数字检察在提升监督质效、发挥检察权主观能动性,以及推动法治监督治理体系的重塑变革中发挥着重要作用。但不可否认的是,现阶段数字技术在检察监督工作中的运用仍存在短板,正视其局限性,警惕数字技术走向"双刃剑"的另一端,这是当下亟须解决的问题。

(一)"数据壁垒"现象突出,各机关协作不足

数据是数字检察的基石。实施检察大数据战略,数据获取是基本前提。[④] 与司法审判权的中立性不同,检察监督权更强调能动性,检察系统需要积极主动地行使检察权,实现助力国家治理体系和治理能力现代化的价值目标。[⑤] 这就意味着检察机关要主动对社会各部门进行监督,主动建立信息共享机制。然而现实中,数据信息的获取存在很多难题。第一,"数据壁垒""数据孤岛"现象突出,数据共享机制不全,共享渠道不通畅。一方面,很多部门和领域的数据库信息开放和共享仍处于尚未完全开发的初级状态。[⑥] 因此建立全数据共享平台暂无法实现。另一方面,即使数据建设已经非常完善,但出于维护本单位的利益、保密工作或是对责任的回避等原因,相关主体也不愿配合提供案件信息,甚至导致"数据壁垒"的现象的发生。第二,数据内容参差不齐,洗刷难度大,进一步加剧了"数据壁垒"的现象。共享信息能够被直接使用还需经历将非结构化数据转化为结构化数据的过程,而大数据结构化提取技术很难实现对数据质量的保证。例如,浙江省宁

---

① 参见张璁:《数据"慧眼"赋能法律监督》,载《人民日报》2022 年 7 月 28 日,第 19 版。

② 参见高景峰:《法律监督数字化智能化的改革图景》,载《中国刑事法杂志》2022 年第 5 期。

③ 参见蓝恒、吴旻、周悦:《科技赋能监所检察让监督更精准——宁波镇海:建成集执法监督与权益保护、司法办案与检察办公为一体的看守所数字检察系统》,载《检察日报》2023 年 1 月 10 日,第 6 版。

④ 参见宋春波:《全力推进数字检察建设》,载《法治日报》2022 年 10 月 17 日,第 7 版。

⑤ 参见邵晖:《能动检察的证成与探索》,载《国家检察官学院学报》2022 年第 6 期。

⑥ 参见《大咖来袭! 车浩:大数据法律监督的技术赋能、价值诠释与深度运用》,载微信公众号"杭州检察"2022 年 9 月 14 日,https://mp.weixin.qq.com/s/an4QOaHdT6F2JLgeixfulg。

波市人民法院下载获取的判决文书中就包含了大量重复文书、空白文书甚至一些数据不完整的无效判决书。[①] 这类数据不仅无法有效提取,甚至会在分析碰撞过程中降低数据结果的可靠性。

(二)专业人才、技术供给不足

业务是数字检察的核心。在加快检察监督工作信息化、数字化建设过程中,充分挖掘和深度运用海量数据是关键。2022 年 6 月时任最高人民检察院检察长张军在全国检察机关数字检察工作会议中指出,“业务数据化”只是数字检察建设万里长征的第一步,更重要的是实现“数据业务化”。尽管数字技术在提升检察质效、规范办案程序等方面有不错表现,但从总体上来看,检察业务的数字化程度仍停留在“业务数据化”层面,数字技术尚未完成与检察业务的融合贯通。本文认为原因主要有以下几方面。首先,数字检察系统或平台开发存在技术制约。人工智能或是大数据技术尚在起步阶段,数据抓取、分析技术仍有很多难题无法突破,加上司法工作的复杂性和价值因素,现阶段检察智能化工程尚未发挥最大价值。部分地区还停留在“智能化系统建设”阶段,处于“业务数据化”发展层次,并没有实质跨越到“智能制造”阶段。[②] 其次,缺乏具备技术与法律知识的专业复合型人才。由于法律文本的复杂性及高度专业化,司法人工智能建设过程中的一大技术难题就是如何将法律术语上升为结构化的数字表达。因此数字检察业务建设过程中要依赖专业复合型人才提供专业的新的意见和发展路径。然而,目前我国司法数字化建设还处于起步阶段,面临着新型人才短缺的重大掣肘。最后,技术本身存在安全问题。技术是把“双刃剑”,目前技术本身存在的“算法黑箱”“算法歧视”等问题尚无法解决,通过数字技术得到的结果自然也存在疑问。

(三)数字安全风险突出

安全是数字检察的底线。数字检察,是指检察机关运用数字赋能深入法律监督,通过数据共享、线索归集、类案办理,能动推进社会治理体系、治理能力现代化的数字监督思维、理念、程序、效应的集成、跨越、引领、再造、重塑性变革。[③] 数据赋能为监督工作开辟了新的路径,但同时存在潜在的安全风险。第一,数字技术的优势之一是快速处理各类数据,迅速查找出关联性信息并给出风险预测,因此不加区分地海量收集数据是技术运用的前提。然而,监督线索来源的拓宽也极大地增加了数据暴露的风险。第二,受制于专业性,现阶段数字技术建设过程中,技术和信息提供极度依赖于第三方平台。这就

① 参见袁璐、吕静波:《新时代数字检察背景下的刑事审判类案监督的实践与思考——以大数据筛查判决书中法律适用、量刑错误为切入点》,载《第二届新时代优秀检察成果·智慧检务建设论文集(二)》,正义网络传媒有限公司 2021 年 12 月,第 323 ~ 333 页。

② 参见 2021 年工业和信息化部、国家发展和改革委员会等 8 部门:《“十四五”智能制造发展规划》。

③ 参见张晓东:《数字检察赋能监督促进治理》,载微信公众号“最高人民检察院”2022 年 7 月 21 日,https://mp.weixin.qq.com/s/HlyRPQi6JRPPwC6leBmA4g。

意味着在进行技术分析和适用过程中,数据流转交接是必不可少的环节。目前并没有完备的规制和信息使用措施,相关人员应当如何调取数据、如何处理数据,不同主体间信息共享和保密规定是否一致等问题尚未达成共识,这些问题都给数据安全带来极大隐患。第三,在国家安全、公共利益的例外事由遮蔽下,刑事诉讼领域的个人信息保护被多数国家部分或者全部排除在个人信息保护法之外。[①] 有了数字技术加持的检察监督权,个人信息和线索更是无处遁形。这意味着检察机关的权力赋能和公民私权利的保护这一对矛盾和价值冲突更加锐化。什么情况下检察机关可以调查公民信息,什么类型的信息需要保护,信息安全被侵犯后如何救济等,这些问题都有待回应。

三、数据检察的完善路径

数字化建设已经是司法改革过程中的关键一环,数字检察作为数字公正的法律监督力量,直接关系着数字法治体系的整体建构,关系着数字经济时代司法正义的最终彰显。[②] 如何提升对大数据的深度运用能力,破解数字技术运用过程中的壁垒,使之融合到法律监督过程中,关系到检察工作"本"的提升和"质"的嬗变。

(一)转变思维范式——共赢、协作、融合

理念是行动的先导。传统法律监督模式中,监督质效不高主要体现在被动性、碎片化和浅层次这三方面[③],其中一个原因是缺乏适配的检察理念。检察工作的顺利开展,必须要多部门的协调配合,从而达到有机贯通,协调发展。传统观念中,被监督主体往往存在抵触心理,认为检察监督是对本来工作开展的制约和束缚。因此,我们应当在检察监督过程中提升战略认识,立足于社会治理大格局,树立"共赢"式思维。推进国家治理体系和治理能力现代化过程中,唯有合作才能实现共赢。在"共赢"式思维指导下,还应当普及"协作式"思维,通过各部门之间的数据共享,不仅能够在工作过程中实现监督,也能够在监督过程中更好地指导工作,真正地将检察监督实质化、日常化。同样地,应当意识到数字检察不仅是技术工具,更是一种思维方法。检察机关一方面要意识到数字技术仅是检察工作开展的辅助工具,避免形成"唯数字论"的惰性思维,在利用技术提升工作效率的同时,也要辨别和思考数据的真实性和可靠性。另一方面,也要树立"融合监督"的理念,统筹检察司法的社会关系协调与法律监督的社会正义守护双重价值诉求。[④] "监督"并非"监视",要把握好"监督"的度,避免过度干预其他部门的工作,也要从实际出发,将数字理念、数字技术与检察业务真正融合,将数字逻辑的严谨性和推理性与检察工作的价值性、能动性相融合。

---

① 参见程雷:《大数据背景下的秘密监控与公民个人信息保护》,载《法学论坛》2021 年第 3 期。

② 参见高景峰:《数字检察的价值目标与实践路径》,载《中国法律评论》2022 年第 6 期。

③ 参见贾宇:《论数字检察》,载《中国法学》2023 年第 1 期。

④ 参见白秀峰、许奎:《数字检察法律监督新范式探索》,载《人民检察》2022 年第 21 期。

（二）搭建数据共享平台，破除"数据壁垒"

毋庸置疑，数字检察的核心是数据。在实践过程中，很多监督盲区和治理难点就是"数据壁垒"，如"纸面服刑"、数据造假引发虚假诉讼等。因此构建全领域数据共享平台，加强与各主体的信息交流，是数字检察建设过程中的重中之重。建立共享互通的数据库，首先需要打破部门"数据壁垒"。通过融通公、检、法办案数据信息，推进"两法衔接平台"建设，保证司法数据信息的共享，辅之以其他行政机关部门的数据系统，逐渐扩大数据融通的范围，构建检察大数据中心。由于不同部门之间技术发展、隐私保护要求不同，数据共享范围不同，必要时可以依托国家平台，接通数据获取端口。其次要打破地区"数据壁垒"，构建统一的数据共享标尺。数据检察工作有效开展的一大制约因素，是地区之间数据的不统一和不互通。以行政监督为例，各地经济发展不同，行政处罚信息也不一致，因此监督和效果要求自然不同。走向协调、统一融通的数字检察时代，意味着建立统一协调的办案机制。但这并不意味着监督措施的一致性，而是通过各地区之间的数据融通共联、信息的自动比对，为检察人员实施监督决策提供借鉴依据，充分保证类案监督、类案处理，从而提高检察监督的信服度。① 跨地区、跨部门的平台建设必然是一项繁重且琐碎的工程，同时又是数字检察建设过程中的中心环节，应做好持久战的准备，推动人员和技术的升级，凝聚社会各方力量，不断推进全数据共享平台建设。

（三）培养复合型人才，打造专业化队伍

技术壁垒是否突破，人才是核心。技术的进步依赖人才的发展。监督程序的复杂性及丰富性以及数字技术的专业性对数字检察研发人员的要求极为严格。从浙江省宁波地区检察院数字化建设进程来看，专业建设团队主要投入数据筛查和梳理中，建模规则、案件技术信息的管理缺乏技术投入，因此影响了系统开发的广度和深度。由此可见，人才建设也是数字检察建设过程中的重要内容。本文认为，首先应当加大懂技术又懂法律的专门性人才培养力度，使其投身于专业化数字检察应用研究的科研工作当中，为数字检察建设提供专门的人才上的支持，打破技术研发瓶颈的同时，使检察产品真正贴合实际需求。其次，应加强与检察业务专家和科研单位、院校的合作，建设高质量的检察智库和专家人才建言献策系统，从方针和政策上为数字检察建设引领护航。"积力之所举，则无不胜也；众智之所为，则无不成也。"积累社会各方的智慧，数字建设必然稳步向前。最后，实践是检验真理的唯一标准，可以通过对检察工作人员进行实战培训，鼓励团队运用数据思维，采取数字方法解决检察过程中的问题，建设一支有能力、有技术的实战队伍，不断完善数字检察配套机制的构建。

需要注意的是，技术本身存在"算法黑箱"和"算法歧视"的风险问题，且尚无法破解，在体系化建设过程中，要加强数字运用的"可解释性"和"透明性"，尽可能地将数字运用

---

① 参见王茉莉、王岭：《以大数据赋能刑事法律监督》，载《检察日报》2022年9月14日，第3版。

技术过程透明化，接受社会公众的监督。此外，辅之以释法说理，破除公众的不信任感，也是人才建设过程中的一项重要任务。

（四）构建配套数字检察安全保护措施

1. 破解数据安全的困境，规制信息提取是前提。在运用大数据技术提取信息过程中，保证相关信息数据能够被合理使用、合理支配，最有效的方法是让每一流程都处于公开透明的运行过程中。建立全流程数据提取安全规制机制，保证法律人每一次的点击、每一次的数据浏览、办案时长、数据下载等实时数据都能够及时被记录下来并上报到上级部门和系统，同时让办案人员对于异常办案流程做好反馈，辅之以大数据绩效考核机制，保证司法监督机制全流程都“有迹可循”，能够在很大程度上规制数据的提取和使用。尽管数据在线化采集的初衷仅仅是获取数据源，但这无形中也带来了“数字化监督效应”，在司法人员心理上产生了威慑力，督促其规范司法办案行为。[①] 阳光是最好的“防腐剂”，“在办案中监督、在监督中办案”，让监督者也处于监督环境中，数字化检察建设方能事半功倍。

2. 建立数据分类分层提取和保护体系。本文认为，数据分类分层提取和使用应当以信息的隐私程度和涉案类型为参考依据。参考大数据侦查过程中的信息提取，信息往往根据与公民的贴合和隐私程度采取不同层级的提取机制。强调跨部门、跨场景、跨领域的检察监督，数据收集范围更广、提取程度更深。因而加强数字检察法治建设，需要加强与《网络安全法》《数据安全法》《个人信息保护法》等相关法律法规的有效衔接，将信息安全和隐私保护嵌入监督过程中，建立健全分层数据提取体制机制。[②] 例如，隐私程度高、安全隐患大的数据应当设立更加严格的审批门槛和提取机制，反之则相对宽松。这是完善数据安全保护体系需要重点关注的问题。另外，不同于大数据侦查，检察监督的数字化过程涉及“四大检察”“十大业务”，更需多部门的协调、配合和反馈。针对不同检察业务或是不同部门的信息提取，要求自然也不同。刑事检察监督工作严厉性最高，对数据所呈现的信息要求需要更加全面具体，也就意味着提取机制更加严格。检察机关在行使检察监督权时应当结合数据分类分层标准，针对监督行为对信息的干预程度，构建一套合比例、宽严相济的数据提取机制。

3. 加强权利救济保障。检察机关应当赋予公民知情权和救济机制，搭建好监督和公民沟通平台，提升公民的参与度。“检察官作为公共利益的代表”，以人民为中心，是检察工作的根本立场，要打通公民与监督工作的衔接渠道，必要的情况下及时告知信息的提取和使用方式。同时，也要辅之以救济途径，完善申诉和举报途径和渠道建设，针对违法违规使用信息的检察人员，应当及时给予处理和整顿。此外，也可设置相应的小程序或

---

① 转引自王燃：《大数据司法监督机制研究》，载《湖南科技大学学报（社会科学版）》2021 年第 3 期。

② 参见揭萍、孙雨晨、王攀：《数字检察中的数据安全：风险、困境与保护》，载《中国检察官》2022 年第 23 期。

是 App 为公民提供信息传递和交流渠道，一方面可以及时获得监督信息源；另一方面也能够为公民提供更为便捷和优质的法律监督服务，加强检察监督工作和公民参与的深度融合。①

四、结语

“以科技为支撑，以‘数字革命’赋能新时代法律监督。”2023 年全国检察长会议强调，要以检察工作现代化服务中国式现代化。深入推进检察工作数字化建设，利用大数据、人工智能等科技助力“数字检察”建设已是大势所趋。不可否认的是，新事物的发展总会面临各种瓶颈和障碍。利用好数字技术助力检察监督的建设完善，推动检察机关跨部门、跨区域、跨系统、跨业务实现检察监督工作的协调融合和互联互通，打破“数据壁垒”，不仅需要转变思维范式、加强与各部门各机关的沟通，还需要打造专业化人才队伍，为“数字检察”建设提供技术和专业上的支持。我们应当意识到，“数字检察”建设不会一蹴而就，推进国家治理能力和治理体系现代化建设还有很长的路要走。

① 参见胡铭：《全域数字法治监督体系的构建》，载《国家检察官学院学报》2023 年第 1 期。

员额检察官退出与保障问题的研究与思考

——以Z市检察机关员额检察官退出与保障情况为视角

张　琨　马春艳*

摘要：员额检察官退出与保障问题是检察官队伍管理中不可或缺的一环，当前在员额检察官退出问题上存在认识不到位、退出流转标准不够明确、退出保障机制不够健全、预期效果不够明显等问题，需在流转管理、后续衔接保障、退出引导及职业培养规划等方面细化规则、健全机制，为优化配置司法资源、科学动态管理检察官队伍提供理论依据和设计路径，充分发挥员额制推进司法制改革的综合效能。

关键词：员额检察官退出　流转管理　保障落实

自员额制改革实施以来，员额检察官退出与保障机制作为促进检察队伍人岗相适、能进能出的重要制度安排，有力推动了检察队伍持续健康发展，成为让员额检察官制度"活起来"的重要保障。2017年，江苏省人民检察院出台《江苏省检察机关员额检察官退出管理办法（试行）》（以下简称《退出管理办法》），对开展检察官退出员额工作提供了依据和指导。如何进一步完善检察官退出员额与保障衔接机制，推动员额检察官管理整体上更趋完善，是当前亟须思考和解决的重要问题。本文以设区市Z市检察机关员额退出情况为分析样本，分析其中存在的问题并寻找解决路径。

一、当前员额检察官退出的基本情况

《人民检察院检察官员额退出办法》《退出管理办法》对退休、辞职、转任非业务岗位、调出所任职检察院等退额情形作出了明确规定。自2016年以来，Z市检察机关共有112名检察官退出员额，其中因转隶退额58人，因跨序列交流退额26人，检察机关内部交流

* 张琨，江苏省镇江市人民检察院组织人事处处长；马春艳，江苏省丹阳市人民检察院党组成员、政治部主任。

退额 5 人,调出检察机关退额 21 人,因退休退额 21 人,因个人原因主动退额 6 人,因违法违纪被动退额 1 人。呈现出以下三个特点:

第一,退出员额的检察官数量相对较少。除因转隶退额的 58 人外,自 2016 年以来 Z 市退出员额的检察官人数为 54 人,在全市员额检察官总数 281 人中占比较小。退出员额的主要原因是退休和跨序列交流退额,分别约占非转隶退额人员的 38.89% 和 48.15%,但是人员跨序列流动总体数量偏少,平均每年仅 4 人。

第二,客观上因退休等自然原因退出员额的情形占多数。《退出管理办法》对包括办案质量、数量、效率达不到规定要求,政治素质和业务素质达不到员额检察官标准等情形在内的 5 种应当退出员额情形作出了规定,但是,自 2016 年以来,Z 市退额的 54 名员额检察官中,因退休或个人身体等自然原因退额的检察官为多数,占比达 50%。

第三,主观上不愿退出员额的情形还一定程度存在。因员额检察官与司法辅助人员和司法行政人员在薪资待遇上有相当差距,退出员额对检察官切身利益有重大影响,主动退出员额的检察官占比较低。其中,因健康或个人其他原因,连续超过 1 年或者 2 年内累计超过 1 年不能正常履行检察官职务或辞职而退额人员仅有 1 人。

二、员额检察官退出与保障的实际运行困局

员额检察官退出与保障机制的运行,是充分调动检察官及助理能动履职的积极性、优化人力资源、提升办案质效的关键之一。但从 Z 市员额检察官退出的基本情况和特点可以发现,实践中员额检察官退出与保障机制的贯彻落实尚未真正落地落细。

第一,退出机制的预期效果还不够显著。2014 年《关于司法体制改革试点若干问题的框架意见》中提出“完善司法人员分类管理、完善司法责任制”,实施检察官员额改革,员额检察官是经过一定程序遴选出的一线独立办案人员,目的是将想办案、能办案、办案高效的检察队伍精英充实到办案一线。但实际运行中,这种检察官动态调整的初衷和现实效果还是与预期目标存在些许出入,检察官办案质效提升尚且不够明显、案件质量瑕疵问题时有出现、检察官日常监督有待实化细化等现实情况和问题,一定程度上说明了退出机制给检察官进一步传导办案压力,激励督促其办好案、能办案、善办案的作用尚未能充分发挥出来。同时,中央政法主管部门明确检察官的员额比例控制在 39% 以下,各地区遴选员额检察官严禁超出比例“红线”,并要为未入额的优秀人才预留一定的入额空间。这意味着有相当数量的办案经验丰富、业务素质较强的检察辅助人员无法被纳入员额管理之中,摆在他们面前的除了从事检察辅助人员岗,便是交流转任至检察系统以外的部门,这对此类人员干事创业的积极性有着较大的影响。[①] 因此,尽管退出员额本身系

① 参见何敏、张小燕、黄博儒:《检察官员额退出机制的理性构建》,载《成都理工大学学报(社会科学版)》2020 年第 1 期。

一种输出不适应人员、输入优秀新鲜血液的职务衔接管理形式，是助力构建“有进有出”“能上能下”的员额检察官动态退出增补管理机制的手段，更是推动检察队伍适度流动以保持生机活力的内在要求，但机制设置的初衷在现实运行中尚未达到预期的理想目标。

第二，退出流转的标准还不够明确细化。依据《退出管理办法》的相关规定，检察官退出员额后仍在职的，按照检察辅助人员或司法行政人员序列管理。实践中，检察官、检察辅助人员、司法行政人员实行单独职务序列管理，职级和行政级别关系不大。在检察官因岗位调整、交流转任、违纪违法等主动和被动退额的不同情形和事由而流转为其他职级层次的过程中，相关配套对应的具体转任职务职级流转标准尚没有明确化、具体化，检察官和检察辅助人员、司法行政人员以及检察系统外部公务员的交流渠道还缺乏有力的机制保障。如对因岗位调整、组织安排交流等需要退出员额的人员，在与地方组织部门沟通对接中，对于转任标准还有待进一步厘清，适当调高职级、提拔任用等激励机制尚不健全。对因不敢担责、不愿负责、违纪违法等事由而退出员额的人员，如何通过降低对应职级等方式达到流转惩戒警示的制度供给还不足，也不能对尚未入额的检察辅助人员起到很好的引导作用。

第三，与退出相衔接的保障机制还不够健全。实践中，员额检察官退出检察官单独职务序列后，如何在跨序列交流员额检察官的职级对应方面，结合各地实际情形针对性确定相当层次的普通公务员职务职级，仍缺乏进一步明确细化的机制保障。从待遇看，部分人员转任后工资待遇远低于同级检察官身份待遇，如三级高级检察官转任三级调研员后，其原有待遇必然有较大幅度下降。从职数看，2022 年之前员额检察官实行按期晋升，一个普通员额检察官最快 7 年即可晋升为四级高级检察官，而司法行政人员、检察官助理及其他普通公务员晋升至副处级的时间则远远高于 7 年。受地方组织部门职数比例和数量限制，员额检察官转任时直接提高一级定级，必然会挤占其他序列人员的高级职数，从而造成新的队伍管理矛盾。不仅如此，在实际操作过程中，受职数限制，部分员额检察官转任时，如相应职数已满还可能被降低职级，个别地方出现将一级检察官对应一级科员的情况，相关待遇和保障更是无法落实。

第四，对退出员额机制的认识不到位。能够进入员额队伍的检察官都是能力、经验、素质等各方面较为突出的检察人员，但随着办案要求的不断提高、办案责任的不断压实、检察贡献度要求的越发重要，检察官们需要不断学习提升、更新知识储备来加强自身专业和综合素养能力，以适应新形势、新要求。因此，并非所有人都能及时调整状态以跟上步伐。现实中，对在实际办案中因履职能力不适应、工作业绩不够突出等可能不宜再担任检察官的部分员额检察官而言，退出员额形式中的惩戒性、淘汰性以及免职色彩较为浓重，退出即意味着不够优秀和专业、非精英化、不符资质，这使他们易产生为了不出事而宁愿少干事的避责意识和不愿退额的想法，表明他们对退出员额制度的认识不足，更缺乏退出员额的自觉性、自愿性。同时，部分有能力的检察干警也认为员额编制数相对固定,现任检察官退额难,自己入额希望不大,这在一定程度上影响了他们的工作积极性。

三、员额检察官退出与保障机制问题的破局

实践中,应坚持实事求是、灵活调整的退出流转取向,在综合考虑不同的退出情形事由,员额检察官的对应等级,以及德才表现、任职资历、工作经历等条件基础上,进一步加强与地方组织部门的沟通协调,通过强化引导规划、细化相关内外部流转规定、做好后续衔接保障等方式,推动健全退额保障机制。①

第一,细化退出员额人员的职级确定规则。要区分好主动退额、被动退额、组织安排等不同情形事由,坚持组织统筹与个人意愿相结合,针对性确定检察系统内外部退出员额人员的职业发展和相应等级或职级待遇调整。一是对因岗位调整而退出员额的人员,可在转任时适当对应现有待遇提高一级定级,对其中工作实绩突出、工作能力强的人员,建议根据工作表现适当提拔至相应重要岗位,以充分发挥其才干、激发其工作热忱。二是对因违法违纪而被动退额的人员,可在转任相应职务职级时考虑"就低"原则,综合相关违法违纪情形做降级处理,同步做好解释说明工作。三是对因身体健康等个人原因无法承担办案任务而选择主动退额的人员,可通过对应检察官和检察辅助人员、司法行政人员的相同等级来确定其职务职级。四是针对受组织安排交流转任至检察系统外部的退出员额人员,在做好思想动员工作的基础上,积极争取党委、人大、政府的支持,综合其检察官对应的行政职级、工作年限和现实表现,建议可通过适当"就高"调高职级、提升相关待遇保障的方式,妥善解决该类人员的职业发展和薪酬待遇,作出对其有利的安排。

第二,强化退出员额人员的待遇保障落实。在贯彻落实职务职级流转工作过程中,要比照相应等级职级,结合各单位现有职数职级限制的实际情况,围绕对应待遇津贴等薪酬保障方面,及时调整转任策略,灵活做好退额后的待遇保障衔接工作。如针对在职务职级转化中,遇到转任相应层次职数已满的情况,在与地方组织部门充分沟通对接的基础上,可考虑采取对应职级和待遇、不占用职数的办法予以协商解决,同步做好相关人员的解释说明工作,并注重结合退额人员的实际情况和意愿,妥善安排其至合适的工作岗位,确保其待遇保障落实到位。

第三,健全退出员额人员的管理机制。结合员额检察官进出相结合原则,注重畅通检察辅助人员和检察官的双向交流渠道,要全面充分考量退出员额的不同事由和情形,为在职在岗的退额人员保留参加遴选资格,鼓励其继续在检察辅助岗位上积累经验、加强业务技能学习和提升,为其将来可能再次通过遴选程序入额提供合理的条件。同时,根据不同的退额情形,针对性设置半年至3年不等的考核缓冲期,倒逼其不断学习、提升

---

① 参见龙宗智、符尔加:《构建合理、有效、协调的员额检察官退出制度》,载《人民检察》2017年第22期。

自我,真正实现人才回流。如对因工作需要调整至非业务岗位而退额人员,在经过一段时间的试岗锻炼后仍有强烈入额意愿、业务能力较强,在开展谈心谈话、民主测评、党组研究审议的基础上,可将其作为入额遴选优先人选,设置半年至 1 年不等的考核期限、明确检察贡献度完成任务数量,助力实现职业保障;[①]对因个人原因申请退额后又有意向重新入额的人员,结合其办案资历,通过开展辅助办案数量和质量考核、涵盖多种检察贡献度要求在内的综合业绩评价以及民主测评等多种方式,并设置 1 年至 2 年不等的考核期限,综合把关其重新入额的资格。

第四,加强正向引导和职业规划培养。一方面,注重加强思想引导,政治部门通过开展谈心谈话、隐名发布部分退出员额检察官典型事例等形式,深入做好极少数履职达不到要求员额检察官的思想动员工作,帮助其把握退出员额标准,引导其认识到退额仅是岗位调整,并不等于惩戒,同时也达到给潜在的主动退出员额人员以参考和启发目的,助力检察员额管理工作质效和检察队伍思想稳定。另一方面,进一步建立健全岗位流动培养机制,在明确检察官“有因可退”的基础上,政治部门通过谈心谈话等方式帮助其明确自身下一步的职业打算和期望,并联合相关综合和业务部门及时开展岗位培训和规划引导,帮助此类人员尽快尽早适应新岗位、新要求,以更好规划自身职业发展、拓宽职业发展空间。此外,注重充分用好用足退额人员的丰富办案经验优势和才干特长,通过“老带新”、“传帮带”、优秀办案事迹讲述等形式,激励其参与检察工作的积极性与主动性,同时也能帮助新进检察机关的“新苗”“蓓蕾”人员在司法办案、综合文稿等方面提升处理业务和综合事务的能力,推动实现司法资源的优化重组。

---

① 参见徐细州:《动态调整视域中的员额检察官增补退出机制完善》,载《中国检察官》2019 年第 5 期。